Karl Peltzer - Der treffende Reim

Karl Peltzer

Der treffende Reim

Ein Wörterbuch der Endreime
mit einem Anhang über deutsche Metrik

3. Auflage

Ott Verlag Thun

3. Auflage 1980

ISBN 3-7225-6123-X
Gedruckt in der Schweiz
Umschlag: Jean Masset, Graphiker, Basel
Gesamtherstellung: Ott Verlag AG

Vorwort

Wozu ein Wörterbuch der Endreime? werden viele fragen. Man kann entweder dichten oder kann es nicht. Als ob die Begnadung, Verse schreiben zu können, ausschließlich von dem Umfang der Kenntnisse der Reime abhinge. Und so kommt es, daß viele ohne Scheu zu einem orthographischen, Synonym- oder Fremdwörterbuch greifen, den Gebrauch eines Reimwörterbuches aber nicht gern zugeben. Das ist natürlich barer Unsinn, denn ein solches Wörterbuch ist genau so eine Arbeitshilfe wie jedes andere Nachschlagewerk.

Ein Reimwörterbuch ist auch nicht ausschließlich für gottbegnadete Dichter bestimmt. Man denke nur an Werbefachleute, die Verse mit Gebrauchswert schmieden müssen, an die Schlagertexter und schließlich an die Unzahl der Gelegenheitsdichter, die sich und anderen zur Freude ihre mehr oder minder krausen Gedanken reimen und in lustige Verse bringen.

Das Spiel mit dem Gleichklang der Sprache ist uralt. Goethe schrieb es einem persischen Liebespaar in seinem «Westöstlichen Diwan» zu. Wenn nun die Frage gestellt wird, warum überhaupt gereimt wird, so lautet die Antwort: aus Freude am Gleichklang. Daneben hat der Reim aber noch eine andere Wirkung: Gereimtes behält sich besser, bringt das Gemüt in stärkere Schwingungen, geht – wie man so sagt – besser «unter die Haut». Man denke nur an die erzieherischen Kinderreime, an gereimte Werbetexte und an die Fülle der gereimten Merksätze, wie wir sie alle noch aus der Schulzeit kennen.

Nicht immer handelte es sich um den Gleichklang der Endsilben. Es sei nur an die Alliteration, den Stabreim, erinnert, bei dem es auf den gleichen Anlaut der betonten Silben aufeinanderfolgender Wörter ankommt, wie zum Beispiel: Kind und Kegel, Wind und Wetter. Oder an die Assonanz, den sogenannten Halbreim oder an den unvollständigen Reim, bei dem es nur auf den Gleichklang der Selbstlaute am Versende ankommt, wie zum Beispiel: laben – klagen.

Der Endreim hat sich aber mehr und mehr durchgesetzt, wenn es auch Stilepochen gab, in denen auf den Reim ganz verzichtet wurde. So hat zum Beispiel Arno Holz in seinem 2. Heft «Phantasus» (1898) und in seiner Streitschrift «Revolution der Lyrik» (1899) dem Reim den Kampf angesagt, weil er bei vielen Halbdichtern nicht mehr als Spielerei geworden war. Er hob daher den Rhythmus auf den Schild, aber auch dieser artete schließlich in Spielerei aus.

Was die Metrik anbelangt, die im Anhang kurz behandelt wird, wollen wir uns nicht in den Gelehrtenstreit einlassen, ob man vom Versfuß oder besser vom Takt sprechen soll. Ich werde aber beide Richtungen zu Wort kommen lassen, denn die Neuerer haben viele «Pluspunkte» für sich, worauf ich im Text noch zu sprechen komme.

Schließlich weise ich darauf hin, daß das vorliegende Buch «Der treffende Reim» zweckmäßig in Verbindung mit dem «Treffenden Wort», einem Synonym-Wörterbuch, verwendet wird, denn erst dadurch wird es leichter, den treffenden Reim zu finden.

Der Gedanke, ein «Reimlexikon» herauszubringen, ist durchaus nicht neu. Es kann sich bei solchen Büchern um ein philologisches Sprachwerk handeln, bei dem die Reime bestimmter Dichtungen untersucht werden, wie zum Beispiel die Veröffentlichung des Pellegrino Moretos, die sich mit den Reimen italienischer Dichter, wie Petrarca, Dante u.a.m. befaßt. Andere Bücher sind ausgesprochene Arbeitshilfen, wie zum Beispiel das Werk von Philipp von Zesen (1643) oder aus neuerer Zeit das «Reimlexikon» von Willy Steputat oder das Büchlein «Reim dich oder ich freß dich» von Hans Harbeck.

Dieser letzte Titel leitet zu einer Feststellung über: Der Reim darf nicht zum Gedanken, sondern dieser zum Reim führen. Wer es anders macht, ist ein schlechter «Dichter». Er hat die Methode eines Roßtäuschers. Das schließt allerdings nicht aus, daß bei der Suche nach einem geeigneten Reim neue Gedanken auftauchen können.

Was nun das «Freß-dich» anbelangt, so lenkt es unsere Aufmerksamkeit ferner darauf, daß der Reim allein die Qualität der gebundenen Sprachform noch nicht bestimmt. Abgesehen von dem Gewicht des Gedankens, seiner Einbettung in Gefühlswerte und Klangformen, in Bilder und Spannungselemente, kommt es auf die Beherrschung der Metrik an, weshalb in diesem Buche darüber im Anhang gesprochen wird.

Der Titel «Der treffende Reim» verpflichtet zur Darreichung eines größeren Wortschatzes. Das bedeutet, daß dem Leser nicht nur Stammwörter geboten werden, sondern auch Ableitungen durch Vorwörter, wie zum Beispiel zum Stammwort «Bruch» die Ableitungen: Abbruch, Anbruch, Durchbruch, Einbruch usw. Natürlich wird man nicht etwa auf Einbruch Anbruch reimen. Auch die Ableitungen durch Endsilben sind berücksichtigt worden, doch wird man tunlichst vermeiden, schwache Endsilben zu reimen, sondern noch eine Stammsilbe hinzuzunehmen, zum Beispiel: **leidlich** – verm**eidlich.** Aber darüber wird noch zu sprechen sein. Bei manchen Endsilben, die aufgeführt sind, ist ein vollkommener Reim nicht möglich, wie zum Beispiel bei der Endsilbe «– ärts». Wenn sie dennoch aufgeführt wurde, dann deshalb, weil diese Wörter mit anderen Endsilben gepaart werden können, zum Beispiel «– ärts» mit «– ärz», oder weil bestimmte Klangeffekte oder Hervorhebungen erzielt werden können. Um den Benutzer dieses Buches auf solche Wörter aufmerksam zu machen, wurden sie durch Punkte gekennzeichnet.

Ein Wörterbuch kann niemals umfassend genug sein, allerdings sind aus ökonomischen Gründen Grenzen gesetzt. Auch bei diesem Buch wurde von diesem Grundsatz ausgegangen. Ein großer Wortschatz wird geboten, soweit es die Grundformen anbelangt. Daneben wurden auch durch Deklination oder Konjugation abgewandelte Formen aufgenommen, insbesondere dann, wenn es sich um unregelmäßige Modifikationen handelt, wie zum Beispiel: schwimmen – schwamm – geschwommen. Es ist aber verständlich, daß nicht alle Abwandlungen gebracht werden konnten, wie zum Beispiel von «lieben» die Formen: liebe – liebst – liebt – liebte – liebten – liebtest – liebtet – geliebt – liebend usw. oder etwa von «Tisch»: Tische – Tischen – Tisches usw.

Ich spreche dem Verlag für die Herausgabe dieses Buches, das eine Lücke in der einschlägigen Literatur füllt, meinen besten Dank aus. Möge «Der treffende Reim» dazu beitragen, die Freude am Reim zu erhöhen und die Kunst vermitteln, schöne und vollkommene Reime niederzuschreiben und abgedroschene Paarungen und Kunstfehler zu vermeiden.

Wiesbaden, im Januar 1966 | Karl Peltzer

ā

a capella
ad acta
Adria
Afrika
Agenda
ah!
aha!
allda
alleluja!
Allotria
Alpaka
Amalia
Amanda
Amerika
Angelika
Anita
Anna
Ära
Arabella
Arena
Armada
Aroma
Asthma
Attika
Aula
Aura
bah!
Balalaika
Banderilla
Barbara
Basilika
basta!
Bavaria
beinah
Bella
Belladonna
Berta
Blanka
Boa
Bodega
Bora
Borgia
Bossa-nova
Buddha
Capua
Causa
Cholera
Christa
contra
da
Dalai-Lama
Delila
Delta
Dilemma
Dina
dingsda
Dogma
Donja
Donna
Dora
Doria
Dorothea
ebenda
eiapopeia
Elektra
Eklat
Elisa
Elvira
Emma
Erika
Erna
Eroika
Estanzia
Etat
etwa
Eulalia
Europa
Eva
evviva!
Extra
Fata Morgana
Fatima
Fauna
Felizia
Feodora
Filia
Firma
Florida
Fortuna
Fra
Franziska
Freia
Frieda
Galatea
Galiläa
Gamma
Geisha
Genoveva
Genua
Gerda
Germania
Gerta
Gisela
Gloria
Golgatha
Gorilla
Granada
Grandezza
Gudula
Habana
halleluja!
Halma
Hanna
Hansa
Harmonika
Havanna
Hazienda
heda!
heiapopeia!
heida!
heißassa!
Hekuba!
Helena
Helga
Helma
Henna
Hera
Herta
heureka!
Himalaja
holla!
Hoppla!
hopsa!
hopsassa!
Hosianna!
Hulda
hurra!
Hydra
iah
Ida
Ilona
in absentia
Indra
Influenza
Inka
in natura
in summa
Interna
Iota
Iowa
Irma
Isa
Isabella
ja
Java
Jehowa
Joga
Josepha
Jota
Juda
Judäa
Judika
Julia
Juliana
Junta
Jura
Justitia
Jutta
Kaaba
Kaballa
Kalkutta
Kamarilla
Kamera
Kamilla
Kanada
Kanossa
Kapella
Kapua
Karola
Kassandra
Klara
Klarissa
Klaudia
Klima
Kobra
Koda
Koka
Koma
Konkordia
Kopra
Kordula
Korea
Kornelia
Korsika
Kreta
Krishna
Krypta
Kuba
Lametta
Laura
Lava
Lea
Leda
Lena
Lepra
Lhassa
Liga
Lila
Lima
Lira
Lisa
Litewka
Livia
Loggia
Lola
Lucretia
Luna
Luzia
Lydia
Lyra
Madonna
Magda
Magdalena
Magma
Maja
Majolika
Malaria
Mama
Manna
Margareta
Maria
Martha
Matura
maxima
Maya
Mazurka
Medea
Media
Medina
Medusa
Mekka
Mensa
Miasma
Micha
Minerva
Minna
Mirza
Mischna
Mitra
Mokka
Monika
Montana
Nagaika
nah
na – ja!
Nanna
natura
Nikita
Nikola
Nizza
Noah
Nonplusultra
Nota
Nova
Nutria
Octavia
Okarina
Olga
Oliva
Olympia
Oma
Omega
Opa
Opera
Ophelia
Ottilia
Pa
pah!
Pamela
Pampa
Panama
Papa
Paria
Pascha
Pasta
Patina
Patrona
Paula
Pergola
Peseta
Petra
Petronella
Phantasma
Phlegma
Piazza
Pieta
Plasma
Podagra
Polka
Polyhymnia
prima
Primadonna
Prisma
pro forma
pro memoria
Propaganda
Proserpina
Puma
Pußta
Quadriga
Raa
Radscha
Rah
Razzia
Rebekka
Regatta
Regina
Renata
Reseda
Rheuma
Ricarda
Rikscha
Rita
Riviera
rosa
Rumba
Rustika
Saba
Sabina
Saga
sakra!
Santa Lucia
sasa!
Sascha
Sauna
Schlaraffia
Sekunda
sela!
Selma
Senora
Senorita
Senta
Sibylla
Siesta
Skala
Soda
Sofa
Soldateska
Sophia
Sophisma
Spektra
Stella
Suada
Suleika
Summa
Susa
Susanna
Szylla
tabula rasa
Taiga
Tarantella
Tausendsassa
Terrakotta
Thalia
Thea
Thekla
Theodora
Thusnelda
Tombola
Tonika
trara!
Trauma
Trema
Trina
Troika
Tscharda
Tuba
Tundra
Tunika
Ultima
ultra
Umbra
Urania
Utopia
vallera!
Valuta
Veranda

Veronika
vice versa
Viktoria
Villa
Viola
Vista
Walpurga
Wanda
Wilma
Wodka
Wolga
Zarathustra
Zebra
zirka
→ a, ah, alla, ama, ana, anda, ara, ema, ena, ida, ima, ina, ona, ora, oria

a

Deka
Fauxpas
ha!
haha!
Hussa!
Juchheirassa!
Juchheißa!
na!
nana!
oha!
Pas
tralla!
trallala!
→ ā, anna

ā

äh!
bäh!
geschäh
hä!
jäh
mäh
näh
Porträt
sä
säh
tschingderadä!
→ ähe, ähen,

äb

Äskulapstab
begrab
Bettelstab
gab
Gehab
Generalstab
Geschab
Grab
hab
Lab
Marschallstab
Maßstab
Pilgerstab
Satrap
Stab
Vortrab
Wanderstab
Zauberstab
→ äbe, äben,

ab

•ab
•bergab
•fernab
•fortab
•Glückab!
•herab
•hinab
•stromab
•treppab
•weitab
→ ap, app

abbe

Krabbe
schlabbe
schwabbe

abbel

Gebabbel
Gegrabbel
Gekrabbel
Gekabbel
Gesabbel
Geschwabbel
Sabbel

abbeln

babbeln
brabbeln
grabbeln
kabbeln
knabbeln
krabbeln
sabbeln
schwabbeln
→ abbel, appeln

abber

Geknabber
Gesabber
Geschlabber
Sabber

abbern

beschlabbern
knabbern
labbern
sabbern
schlabbern
schwabbern

abbes

Labbes
Schabbes
→ abbe

äbchen

Gräbchen
Räbchen
Stäbchen
→ äb

äbe

Abgabe
Angabe
Aufgabe
Ausgabe
Babe
Beigabe
Bekanntgabe
Bettelknabe
Buchstabe
Ehrengabe
Gabe
Gehabe
Geschabe
Getrabe
Gottesgabe
Grabe
Habe
Handhabe
Herausgabe
Himmelsgabe
Hingabe
Honigwabe
Knabe
Kundgabe
Labe
Liebesgabe
Maßgabe
Morgengabe
Nabe
Opfergabe
Preisgabe
Rabe
Rückgabe
Schabe
Schwabe
Stabe
Trabe
Übergabe
Unglücksrabe
Vorgabe
Wabe
Waisenknabe
Wiedergabe
Zugabe
Zurückgabe
→ äben

äbe

gang und gäbe
Stäbe
→ ebe

abel

Abel
admirabel
adorabel
akzeptabel
Babel
blamabel
diskutabel
Fabel
formidabel
Gabel
Gefabel
Gelbschnabel
Grünschnabel
Heugabel
honorabel
inakzeptabel
indiskutabel
inoperabel
irreparabel
Kabel
kapabel
komfortabel
konvenabel
lamentabel
miserabel
Nabel
Parabel
passabel
probabel
profitabel
praktikabel
rentabel
repräsentabel
respektabel
Schnabel
Stimmgabel
transportabel
unrentabel
variabel

äbel

Geschnäbel
Näbel
Säbel
Schnäbel

äbelchen

Näbelchen
→ abel, äbel

abelig

gabelig
schnabelig
→ abel, ig

abeln

aufgabeln
fabeln
gabeln
kabeln
Notabeln
→ abel

äbeln

säbeln
schnäbeln
→ äbel

äben

achthaben
anhaben
aufhaben
ausgraben
ausschaben
begaben
begraben
behaben
eingraben
erhaben
gaben
gegraben
gehaben, sich
graben
Guthaben
haben
innehaben
laben
Laufgraben
liebhaben
nachgraben
schaben
statthaben
teilhaben
traben
überhaben
umgraben
umhaben
untergraben
verausgaben
vergraben
voraushaben
Vorgaben
wahrhaben
Wallgraben
Wassergraben
wiederhaben
→ äbe

abend

Abend
Feierabend
Frühlingsabend
Heiligabend
Herrenabend
hochtrabend
Lebensabend
Polterabend
Silvesterabend
Sonnabend
Vorabend
Weihnachts-abend
wohlhabend
→ äben

abende

Abende
Wohlhabende
→ abend

aber

aber
Araber
Befehlshaber
Gehaber
Gewaber
Gewalthaber
Haber
Inhaber
Kandelaber
Liebhaber
Machthaber
makaber
Schaber
Teilhaber
Traber

äber

•Gräber
•Schatzgräber
•Totengräber
→ eber

abern

labern
Kandelabern
Trabern
wabern
→ aber

äbig

behäbig
schäbig
•
gäb' ich
vergäb' ich

äbler

Generalstäbler
Säbler
Schnäbler

abst

gabst
labst
Papst
schrapst
trabst
→ äben

äbst

gäbst
gräbst
→ äben

abt

begabt
habt
labt
minderbegabt

verausgabt
→ äben

äbte

begabte
labte
verausgabte
→ äben

abte

gehabte
klappte
schnappte

äbte

Äbte
schleppte
→ epte

abung

Ausgrabung
Begabung
Eingrabung
Grabung
Handhabung
Labung
→ ung

äch

allgemach
brach
danach
darnach
demnach
gebrach
gemach
hernach
hiernach
hintennach
nach
Prunkgemach
Schlafgemach
Schmach
sonach
sprach
stach
wonach
→ ächen

ach

Abdach
ach!
Almanach
altersschwach
Bach
bewach
Dach
einfach
Fach
flach
gach
Gefach
Gekrach
gemach
hundertfach
jach
Krach
mannigfach
mehrfach
Obdach
Schach
Scharlach
Schubfach
schwach
Staubbach
Sturzbach
traumwach
Überdach
Ungemach
vielfach
Vordach
Wallach
zwiefach
→ achen

äch

bräch
Gespräch
spräch
Stadtgespräch
Zwiegespräch

äch

räch
schwäch
→ ech

äche

Absprache
Ansprache
Aussprache
Brache
Einsprache
Fürsprache
Lache
Muttersprache
Plache
Rücksprache
Sprache
Zwiesprache

ache

Ansichtssache
Apache
Bagatellsache
Blache
Blutrache
Drache
dreifache
Ehrenwache
Formsache
Gekrache
Gelache
Geschmack-
sache
Lache
Leibwache
Mache
Nachtwache
Nebensache
Rache
Sache
Spielsache
Stimmungs-
mache
Streitsache
Tagwache
Tatsache
Totenwache
unverrichteter-
sache
Ursache
verflache
Wache
→ ach, achen

äche

bräche
Gespräche
spräche
stäche

äche

Altersschwäche
Bäche
Fläche
Grünfläche
Oberfläche
räche
Schwäche
→ ach, eche

achel

Kachel
Stachel

ächel

Gefächel
Gelächel
→ echel

ächelchen

Dächelchen
Sächelchen
→ ache

acheln

anstacheln
kacheln
stacheln
→ achel

ächeln

fächeln
hohnlächeln
lächeln
Lächeln
umfächeln

ächelnd

kaltlächelnd
→ ächeln

ā-chen

Mamachen
Papachen
→ ama

āchen

besprachen
bestachen
brachen
erbrachen
erstachen
Lachen
sprachen
Sprachen
stachen
unterbrachen
versprachen
zerbrachen

achen

abdachen
abmachen
anfachen
anlachen
aufwachen
auslachen
ausmachen
belachen
bekanntmachen
bereitmachen
bewachen
breitmachen
Drachen
dünn(e)machen
durchmachen
durchwachen
einmachen
entfachen
erwachen
festmachen
flottmachen
freimachen
Frühlings-
erwachen
gleichmachen
großmachen
gutmachen
haltmachen
hohnlachen
irremachen
kaltmachen
kehrtmachen
klarmachen
krachen
kundmachen
lachen
losmachen
machen
mannigfachen
Nachen
nachmachen
Rachen
Reinemachen
reinmachen
richtigmachen
Sachen
scharfmachen
schlechtmachen
schönmachen
Schwachen
selbermachen
sichtbarmachen
totlachen
totmachen
überdachen
überwachen
unsichtbar-
machen
vereinfachen
verhundert-
fachen
verkrachen
verlachen
vermachen
vermannig-
fachen
verursachen
vervielfachen
vollmachen
vormachen
wachen
weismachen
wiedergut-
machen
wirklichmachen
Wolfsrachen
zulachen
zumachen
zurechtmachen
→ ach, ache

ächen

versprächen
zerbrächen
→ äche

ächen

→ äche, echen

achend

abdachend
alleinselig-
machend
→ achen

acher

Bewacher
Faxenmacher
Flaumacher
Flausenmacher
Gerüchtemacher
Geschäfte-
macher
Gleichmacher
Krawallmacher
Lacher
mannigfacher
Miesmacher
Radaumacher
Schacher
Scharfmacher
Schrittmacher
schwacher
Spaßmacher
wacher
Widersacher
Windmacher
Wort(e)macher
→ ach

ächer

Dächer
Fächer
Gemächer
Rächer
Schächer
schwächer
→ echer

acherer

Schacherer
schwacherer
wacherer
→ acher

achern

jachern
Lachern
prachern
schachern
Widersachern
→ acher

ächern

fächern
Gemächern
schwächern
→ echern

aches

Gekraches
mach' es
verlach' es
Waches
→ ache

ächlein

Dächlein
Sächlein
→ ache, ein

ahlich

fachlich

sachlich
→ ich

ächlich
gemächlich
hauptsächlich
nebensächlich
oberflächlich
sächlich
schwächlich
tatsächlich
unaussprechlich
→ echlich, ich

achs
gebrach's
sprach's
zerbrach's

achs
Achs
mach's
verlach's
→ ach, ache, achen

achs (acks)
Anwachs
Bohnerwachs
Dachs
Flachs
Frechdachs
Lachs
Wachs
wachs
Zuwachs
→ ack, acken, acks, ax

ächs (äcks)
Gewächs
→ äcks, echs

achse (ackse)
Achse
flachse
Sachse
→ ach, ackse, axe

ächse (äckse)
Dächse
Gewächse
→ äckse, echse, exe

achsel (acksel)
Achsel
Gekraxel

achseln (ackseln)
Achseln
kraxeln

achsen (acksen)
auswachsen
bewachsen
durchwachsen
erwachsen
gewachsen
lachsen
Sachsen
umwachsen
verwachsen
wachsen
→ ach, achse, acksen,

ächsen (äcksen)
Dächsen
Gewächsen
→ echsen

ächst
brachst
sprachst
stachst
→ ächen

achst
lachst
machst
wachst
→ achen

achst (ackst)
flachst
gewachst
wachst
→ achsen, ackst

ächst
allernächst
demnächst
brächst
nächst
zunächst
→ äche

ächst (äckst)
wächst
→ äckst, echst

ächt
bracht
spracht
stacht
→ ächen

acht
abgemacht
Acht
acht
Allmacht
althergebracht
Anbetracht
Andacht
angebracht
angefacht
angelacht
aufgebracht
aufgewacht
ausgedacht
ausgemacht
bedacht
belacht
bewacht
dacht
durchdacht
durchgebracht
eingebracht
Eintracht
erdacht
Farbenpracht
Fastnacht
Fracht
gebracht
gedacht
gemacht
Gracht
Großmacht
Heeresmacht
Himmelsmacht
Hochzeitsnacht
Jacht
kracht
lacht
Liebesmacht
Liebesnacht
Macht
Maiennacht
Mitternacht
Nacht
Obacht
Ohnmacht
Pacht
Pracht
sacht
Schacht
Schlacht
selbstgemacht
Silvesternacht
Sommernacht
Torwacht
Tracht
überdacht
Übermacht
umgebracht
unbedacht
ungeschlacht
verbracht
Verdacht
verkracht
Volkstracht
vollbracht
Vollmacht
vorbedacht
Vormacht
wacht
Wacht
Walpurgisnacht
Wehrmacht
Weihnacht
wohlbedacht
zugebracht
zugedacht
zugelacht
zugemacht
Zwietracht
→ ache, achen

ächt
gerächt
geschwächt
ungerächt
ungeschwächt
→ äche, echt

achte
Achte
aufgebrachte
Schachte
verkrachte
zugebrachte
→ ache, achen, acht, achten

ächte
Ächte
Feindmächte
Nächte
Rauhnächte
Schächte
Schneewächte
vollbrächte
→ acht, achten, ächten, echt, echte

achtel
Achtel
Dachtel
Schachtel
Spachtel
Wachtel

achteln
achteln
einschachteln
schachteln
spachteln
Sparteln
verschachteln
→ achtel

achten
achten
ausschlachten
beachten
bedachten
befrachten
begutachten
beobachten
betrachten
brachten
dachten
entmachten
erachten
gedachten
geringachten
Gutachten
hochachten
lachten
machten
mißachten
nachten
pachten
sachten
schlachten
schmachten
trachten
übernachten
umnachten
unbedachten
unbewachten
verachten
verbrachten
verfrachten
vermachten
verpachten
verschmachten
wachten
wertachten
zubrachten
zulachten
zumachten
zuschachten
→ achen, acht, achte

ächten
ächten
brächten
dächten
Flechten
flechten
knechten
Mächten
rächten
schwächten
Wächten
→ ächte, achten, echten

achtend
achtend
→ achten

achter
Achter
Begutachter
Beobachter
Betrachter
Frachter
gemachter
Gutachter
Schlachter
vereinfachter
verkrachter
→ achten

ächter
Ächter
Gelächter
gerächter
geschwächter
Hohngelächter
Kostverächter
Nachtwächter
Pächter
Schächter
Schlächter
Verächter
Verpächter
Wächter
→ echter

achtern
achtern
→ achter

achtet
ausgeschlachtet
demungeachtet
dessen-
ungeachtet
geachtet
unerachtet
ungeachtet
→ achen, achten

ächtig
allmächtig
andächtig
bedächtig
eigenmächtig
einträchtig
grobschlächtig
großmächtig
mächtig
mitternächtig
nächtig
niederträchtig
ohnmächtig
prächtig
schmächtig
trächtig
übermächtig
übernächtig
verdächtig
→ ächten

ächtige
Allmächtige

Bevollmächtige
Verdächtige
→ ächtig, ächtigen

ächtigen
beeinträchtigen
bemächtigen
entmächtigen
ermächtigen
nächtigen
prächtigen
verdächtigen
→ ächtig, echtigen

ächtiger
•Allmächtiger
•Mächtiger
→ ächtig

ächtigt
ermächtigt
nächtigt
→ ächtigen, echtig

ächtigung
Ermächtigung
Nächtigung
Verdächtigung
→ echtigung, ung

ächtlich
bedächtlich
beträchtlich
mitternächtlich
nächtlich
verächtlich
→ echtlich

achtlos
achtlos
bedachtlos
machtlos
prachtlos
verdachtlos

ächtnis
Gedächtnis
Vermächtnis
→ is

achts
macht's
Mitternachts
nachts
→ acht

achtsam
achtsam
bedachtsam

achtung
Achtung
Beachtung
Beobachtung
Betrachtung
Hochachtung
Mißachtung
Pachtung
Übernachtung
Umnachtung
Verachtung
Verschmachtung
→ ung

ächtung
Ächtung
→ echtung

achung
Abdachung
Abmachung
Aufmachung
Bekanntmachung
Bewachung
Kundmachung
Mobilmachung
Überdachung
Überwachung
Vereinfachung
Verflachung
→ ung

ächung
Schwächung
→ echung, ung

achwerk
Dachwerk
Fachwerk
Machwerk
→ erk

ächz
Geächz
Gekrächz
rächt's
schwächt's
→ echts

ächze
ächze
Geächze
Gekrächze
krächze
→ echzen

ächzen
ächzen
krächzen
→ echzen

ack
Anorak
back
Beigeschmack
Bettelpack
Bettelsack
Claque
Cognac
Dämelack
Drecksack
Dudelsack
Fickfack
Frack
Geschmack
gick-gack!
hack
huckepack
Jack
Jacques
Kasak
klack!
Klack
knack
Knüppelausdemsack
Kosak
Nachgeschmack
pack
Pack
Pausback
Plumpsack
quack!
Rucksack
Sack
Schabernack
Schnappsack
Schnickschnack
Schubbejack
Siegellack
strack
Tabak
Teufelspack
Tick-tack
Toback
Tricktrack
Vorgeschmack
Wrack
Zeitgeschmack
Zickzack
→ ak, acken

äck
Gebäck
Gepäck
Säck'
→ eck, eg

äckchen
Bäckchen
Fräckchen
Jäckchen
Päckchen
Säckchen
Zäckchen
→ eckchen

acke
Attacke
Baracke
Claque
Gehacke
Geknacke
Geplacke
Gezwacke
Jacke
Kinnbacke
Kracke
Rodehacke
Sacke
Schabracke
Schlacke
Spitzhacke
Strickjacke
Teerjacke
Windjacke
Zacke
Zwangsjacke
→ ack, acken

äcke
Fräcke
Säcke
→ ecke

ackel
Dackel
Fackel
Gefackel
Gewackel
Lackel
→ ackeln

äckel
Fräckel
Säckel
→ eckel

ackeln
fackeln
gackeln
packeln
quackeln
schnackeln
wackeln
→ ackel

acken
abhacken
absacken
abwracken
abzwacken
altbacken
aufhacken
aushacken
auspacken
backen
Backen
beipacken
Bracken
durchbacken
einpacken
einsacken
entschlacken
festbacken
fickfacken
hacken
Hacken
hausbacken
knacken
Kosaken
Nacken
packen
piesacken
placken, sich
sacken
überbacken
umhacken
umpacken
verpacken
versacken
zacken
zerhacken
zupacken
zwacken
→ acke

äcken
Fräcken
→ ack, ecken

ackend
nackend
→ acke, acken

acker
Acker
Fickfacker
Geflacker
Gegacker
Gottesacker
Holzhacker
Knacker
Nußknacker
Packer
Racker
stracker
Sturzacker
Totenacker
wacker

äcker
Äcker
Bäcker
→ ecker

ackern
abrackern
ackern
beackern
durchackern
flackern
gackern
rackern
schlackern
wackern
zerackern
→ acker

ackig
backig
brackig
dreizackig
nackig
rotbackig
scharfzackig
schlackig
stiernackig
zackig
•
back ich
→ acken

äckig
hartnäckig
pausbäckig
→ eckig

äcklein
Päcklein
Säcklein
Zäcklein
→ ein

acks
Fracks
Gacks
Geschmacks
klacks!
Knacks
pack's
Schlacks
zerhack's
→ achs, achse, ack

äcks
Gebäcks
Gepäcks
→ ächs

ackse
→ acksen

äcksel
Häcksel
→ echsel

acksen
schlacksen
verknacksen
→ achsen

ackst
hackst
knackst
→ acken, axt

äckst
häckst
→ ecken

ackt
abgeschmackt
abstrakt
Akt
beflaggt
exakt
Extrakt
fasernackt
gezackt
intakt
Katarakt
kompakt
Kontakt
Kontrakt
nackt
Pakt
Takt
Trakt
verknackt
verpackt
vertrackt
zugepackt
→ acken, akt

äckt
bäckt
→ eckt

ackte
Akte
nackte
→ acken, ackt

ackten
→ acken, ackt

ackter
abgewrackter
Charakter
exakter
gezackter
nackter
Viertakter
→ acken, ackt, akt

acktheit
Abgeschmackt-heit
Nacktheit
→ eit

ad
fad
Fußpfad
Grad
Kamerad
Konrad
Krad
Leinpfad
Mahd
Motorrad
Mühlrad
Pfad
Rad
Saumpfad
Schaufelrad
Schlammbad
Schwimmbad
Schwungrad
Sonnenbad
Spinnrad
Steuerrad
Strandbad
Triebrad
Tugendpfad
Zahnrad
→ at

ädchen
Drähtchen
Fädchen
Käthchen
Lädchen
Mädchen
Pfädchen
Rädchen
Städtchen
Traktätchen
Wädchen
→ ad, aden, ät, ät

addel
Paddel
Quaddel

ade
Arkade
Ballade
Balustrade
Barrikade
Blockade
Brigade
Dekade
Eskapade
Espanade
fade
Fassade
Galoppade
gerade
Gestade
Gnade
Gottesgnade
Grade
grade
Harlekinade
Jade
jammerschade
Jeremiade
Kanonade
Kalvakade
Kaskade
kerzengerade
Kinnlade
Kolonnade
Levade
Limonade
Made
malade
Mänade
Marmelade
Maskerade
Monade
Myriade
nachgerade
Najade
Nomade
Olympiade
Orangeade
Palisade
Parade
Passade
Pfade
Pomade
Poussade
Promenade
Rade
Raffinade
Remoulade
Retirade
Robinsonade
Rochade
Roulade
Scharade
Scheherazade
schnurgerade
Schokolade
Schublade
Schwade
Serenade
Suade
Tirade
ungerade
Ungnade
Wade
→ ad, aden, at

adel
Adel
Haarnadel
Heustadel
Madel
Nadel
radel
Stadel
tadel
Tadel

ädel
Brummschädel
Mädel
Schädel
→ edel

adelig
adelig
untadelig
→ adlig

adeln
adeln
radeln
tadeln
→ adel

ädeln
auffädeln
einfädeln
rädeln

aden
baden
begnaden
beiladen
beladen
Bindfaden
entladen
Faden
Fladen
fluchbeladen
Geduldsfaden
Geraden
Kameraden
Kramladen
Krebsschaden
Laden
laden
Rolladen
schaden
Schaden
schmachbeladen
schuldbeladen
überladen
umladen
verladen
zuladen
→ ad, ade

äden
Fäden
Läden
Rolläden
Schäden
→ aden, eden

ader
Ader
Bader
fader
Gehader
gerader
Geschwader
Hader
Kader
Pulsader
Quader
Salbader
Verlader
Zornader
→ ade

äder
Bäder
Geäder
Geräder
Räder

adern
Adern
hadern
salbadern
→ ader

ädern
ädern
Bädern
rädern
→ edern

ädert
geädert
→ edert

adet
gebadet
geschadet
gottbegnadet
unbeschadet
→ aden

adheit
Fadheit
Geradheit
→ eit

adig
engpfadig
hochgradig
madig
pomadig
•
bad' ich
→ aden

ädig
buntfädig
gnädig

adige
madige
pomadige
→ adig

ädige
beschädige
buntfädige
entschädige
gnädige
schädige
→ ädig

adigen
begnadigen
begradigen
→ adig

ädigen
schädigen
→ ädig

ädlein
Fädlein
Mädlein
Pfädlein
Rädlein
→ ein

adler
Adler
Nadler
Radler
Tadler

adlig
ad(e)lig
untad(e)lig

ado
Desperado
Dorado
Eldorado
Kolorado
Mikado
Prado
Tornado
→ o

adt
→ at

ädt
lädt
→ ät

ädter
Städter
→ äter

ädtern
verstädtern
→ äter

äe
Koryphäe
säe
Trophäe
→ ähe

äen
aussäen
Trophäen
übersäen
→ äe, ahen

äer
Hebräer
→ äher

af
Alaaf!
Fotograf
Graf
Olaf
Schaf
Schlaf
traf
→ aph, av

äf
Safe
träf
→ äfe

äfchen
Gräfchen
Schäfchen
Schläfchen

afe
beschlafe
Grafe
konkave
Prügelstrafe
Schafe
Schlafe
Strafe
Todesstrafe
Vorstrafe
→ af, afen, aph

afé
Autodafé
Café
→ e

äfe
Schläfe
träfe

afel
Ahnentafel
Bafel
Geschwafel
Getafel
schwafel
Stammtafel
Tafel
tafel

afeln
→ afel

äfeln
täfeln
→ efeln

afen
beischlafen
beschlafen
bestrafen
durchschlafen
Hafen
schlafen
strafen
trafen
verschlafen
→ afe, aph

äfen
Häfen
Schläfen
träfen
→ afen

afend
schlafend
→ afen

afer
braver
Hafer

äfer
Käfer
Schäfer
Schläfer

äfern
einschläfern
→ äfer

aff
baff
Geklaff
Kaff
klaff!
kliff-klaff!
paff!
piffpaff!
schaff!
schlaff
straff
→ affe, affen

äff
Gekläff
→ ef

äffchen
Äffchen
Pfäffchen
→ affe

affe
Affe
Agraffe
erschlaffe
Geblaffe
Geklaffe
Giraffe
Karaffe
Maulaffe
Pfaffe
Schlaraffe
Waffe
→ aff, affen

äffe
äffe
bläffen
Gekläffe
kläffe
→ effe

affel
Gaffel
Staffel
Waffel

affeln
raffeln
staffeln

affen
Affen
aufraffen
beiseiteschaffen
beschaffen
blaffen
erschlaffen
fortschaffen
gaffen
geschaffen
klaffen
Laffen
mißbeschaffen
paffen
raffen
rechtschaffen
schaffen
Schaffen
schraffen
Schraffen
straffen
vergaffen
verpaffen
verschaffen
→ aff, affe

äffen
äffen
bläffen
kläffen
nachäffen
→ effen

affer
Gaffer
Kaffer
Schaffer
schlaffer
straffer

äffer
Äffer
Bläffer
Kläffer

äffisch
äffisch
pfäffisch

äfflein
Äfflein
Pfäfflein
→ affe, ein

affne
Erschaffne
→ affnen

affnen
bewaffnen
entwaffnen
rechtschaffnen

afft
erschlafft
→ affen, aft

äfft
äfft
kläfft
→ äft, eft

affung
Abschaffung
Anschaffung
Beschaffung
Erschaffung
Erschlaffung

äfig
Käfig
•
träf' ich

afisch
fotografisch
geografisch
telegrafisch
→ isch

äflich
gräflich
sträflich

äfst
schläfst
träfst
→ affe, affen

äft
gestraft
traft
ungestraft
→ afen

aft
Arbeitskraft
Antriebskraft
Fruchtsaft
Gerstensaft
Haft
Himmelskraft
Kraft
Muskelkraft
Pferdekraft
Rebensaft
Saft
Schaft
Schwerkraft
Schwungkraft
Spannkraft
Taft
Tatkraft
Tragkraft
Traubensaft
Triebkraft
Widerstands-
kraft
Willenskraft
Zugkraft
•
erschafft
→ affen
•
beispielhaft
bildhaft
boshaft
bubenhaft
damenhaft
dauerhaft
dünkelhaft
ehrenhaft
ekelhaft
ernsthaft
fabelhaft
fehlerhaft
flegelhaft
frauenhaft
frevelhaft
frühlingshaft
gaukelhaft
geckenhaft
gespensterhaft
gewissenhaft
glückhaft
gönnerhaft
grauenhaft
greisenhaft
habhaft
heldenhaft
herzhaft
jungenhaft
kindhaft
klatschhaft
körperhaft
krämerhaft
krüppelhaft
lachhaft
laienhaft
lasterhaft
launenhaft
lebhaft
lückenhaft
lügenhaft
mädchenhaft
madonnenhaft
mangelhaft
mannhaft
märchenhaft
massenhaft
meisterhaft
memmenhaft
musterhaft
nahrhaft
naturhaft
orakelhaft
philisterhaft
phrasenhaft
pobelhaft
pomphaft
possenhaft
protzenhaft
rätselhaft
reckenhaft
schadhaft
schalkhaft
schamhaft
schauderhaft
scherzhaft
schleierhaft
schmackhaft
schmeichelhaft
schmerzhaft
schreckhaft
schuldhaft
Schuldhaft
Schutzhaft
schwindelhaft
seßhaft
skizzenhaft
spaßhaft
sprunghaft
standhaft
stümperhaft
stutzerhaft
titanenhaft

tölpelhaft
traumhaft
triebhaft
tugendhaft
unstatthaft
unvorteilhaft
wohnhaft
zaghaft
zauberhaft
zwanghaft
zweifelhaft
zwergenhaft

Abkommen-schaft
Alarm-bereitschaft
Anwaltschaft
Anwartschaft
Arbeiterschaft
Barschaft
Bauernschaft
Beamtenschaft
Belegschaft
Bereitschaft
Blutsverwandt-schaft
Botschaft
Bruderschaft
Dienerschaft
Dienstbereit-schaft
Eigenschaft
Einwohnerschaft
Elternschaft
Errungenschaft
Feindschaft
Freundschaft
Gastfreund-schaft
Gastwirtschaft
Gefangenschaft
Gefolgschaft
Gegnerschaft
Gemeinschaft
Gesellschaft
Gewalt-herrschaft
Gewerkschaft
Grafschaft
Hauswirtschaft
Herrschaft
Hilfsbereitschaft
Hiobsbotschaft
Hundertschaft
Kameradschaft
Kennerschaft
Knechtschaft
Kollegenschaft
Körperschaft
Kundschaft
Landmannschaft
Landwirtschaft
Lehrerschaft
Leibeigenschaft
Leidenschaft
Liebschaft
Liegenschaft
Machenschaft
Meisterschaft
Mitgliedschaft
Mutterschaft
Nachbarschaft
Nachkommen-schaft
Ortschaft
Partnerschaft
Petschaft
Pöbelherrschaft
Priesterschaft
Rechenschaft
Regentschaft
Reise-gesellschaft
Sängerschaft
Säulenschaft
Schank-wirtschaft
Schenk-wirtschaft
Schreckens-botschaft
Schreckens-herrschaft
Schwanger-schaft
Schwestern-schaft
Seelenverwandt-schaft
Seilschaft
Siegesbotschaft
Sippschaft
Stamm-kundschaft
Stammesver-wandtschaft
Standes-herrschaft
Statthalterschaft
Straußwirtschaft
Studentenschaft
Täterschaft
Teilhaberschaft
Todesbereit-schaft
Verlassenschaft
Verwandtschaft
Völkerschaft
Vorherrschaft
Vormundschaft
Wach(t)mann-schaft
Wahlverwandt-schaft
Wanderschaft
Weltwirtschaft
Wirtschaft
Wissenschaft
Zuhörerschaft
Zwang-herrschaft
Zwingherrschaft

äft

äfft
Geschäft
kläfft
→ eft

äftchen

Säftchen
Schäftchen

afte

beschaffte
hafte
→ aft, aften

äfte

äffte
entkräfte
Geschäfte
Luftstreitkräfte
Säfte
Schäfte
→ äft, äften, efte

aften

auskund-schaften
enthaften
gafften
kundschaften
rafften
Tugendhaften
vergesellschaf-ten
verhaften
verkraften
verwirtschaften
wirtschaften
→ aft, affen, afte

äften

äfften
entkräften
Geschäften
kläfften
Kräften
Schäften
→ eften

after

After
Auskundschaf-ter
Botschafter
Burschen-schafter
geraffter
Gesellschafter
Gewerkschafter
grauenhafter
Klafter
Kundschafter
Wirtschafter
→ affen, aft

aftet

behaftet
verkraftet
→ aften

aftete

Behaftete
Verhaftete
verkraftete
→ aften

aftig

leibhaftig
saftig
wahrhaftig

äftig

beweiskräftig
bildkräftig
geschäftig
heilkräftig
kräftig
→ eftig

äftige

geschäftige
kräftige
→ äftig, äftigen, eftig

äftigen

bekräftigen
beschäftigen
→ äftige

äftigt

beschäftigt
→ äftigen

äftigung

Bekräftigung
Beschäftigung
Kräftigung
→ ung

aftung

Abstrafung
Auskund-schaftung
Bestrafung
Bewirtschaftung
Haftung
Verhaftung
→ ung

aftvoll

kraftvoll
saftvoll
→ oll

ag

Abschlag
Abtrag
Alltag
Anschlag
Antrag
Aufschlag
Auftrag
Ausschlag
Austrag
Beitrag
Belag
Beschlag
Betrag
Bittag
Blitzschlag
Bußtag
Durchschlag
Ehrentag
Einschlag
Eintrag
Ertrag
Fasttag
Fehlbetrag
Fehlschlag
Feiertag
Festtag
Flügelschlag
frag'
Frühlingstag
Geburtstag
Gelag
Glockenschlag
Hag
Hammerschlag
Handschlag
Heiratsantrag
Herbsttag
Herzschlag
heutzutag
Hitzschlag
Hochzeitstag
Jahrestag
Jubeltag
Kahlschlag
Kirchtag
lag
Landtag
Lautenschlag
Lebtag
mag
Markttag
Menschenschlag
Mittag
Mordanschlag
Muttertag
Nachmittag
Nachtrag
Namenstag
Niederschlag
Paukenschlag
Pulsschlag
Rasttag
Ratschlag
Reinertrag
Ritterschlag
Rosenmontag
Rückschlag
Ruhmestag
Rüsttag
sag'
Sarkophag
Schicksals-schlag
Schlag
Sommertag
Sonntag
Steinschlag
Stundenschlag
Tag
Taubenschlag
Totschlag
trag'
Trauertag
Trautag
Trommelschlag
Überschlag
Umschlag
Unglückstag
vag
vermag
Verschlag
Vertrag
Vormittag
Vorschlag
Vortrag
wag'
Wellenschlag
Werktag
Wochentag
Wogenschlag
zag
Zuschlag
→ agen

ag (äg)

Gag
Shag

äg

läg'
säg'
schräg
träg'
→ agen

agbar

beklagbar
klagbar
tragbar
unsagbar
unschlagbar

untragbar
→ ar

agd

Hetzjagd
Jagd
Magd
Parforcejagd
Treibjagd
→ agt

age

Ablage
Absage
Anfrage
Anklage
Anlage
Ansage
Auflage
Auslage
Aussage
Beilage
Blage
Einlage
Fasttage
Frage
Gefrage
Gejage
Geklage
Gelage
Hage
heutzutage
Klage
Kernfrage
Lage
Landplage
Nachfrage
Niederlage
Notlage
Plage
Rückentrage
Rückfrage
Rücklage
Sachlage
Sage
Schicksalsfrage
Schlage
Streitfrage
Tage
Totenklage
Trage
Trinkgelage
Umfrage
Umlage
Unterlage
verjage
Voraussage
Vorlage
Waage
wage
Wetterlage
Wettervorher-
sage
Widerklage
Zusage
zutage
Zwangslage
→ ag, agen

age (äsche)

Apanage
Avantage
Bagage
Bandage
Blague
Blamage
Cottage
Courage
Demontage
Dränage
Equipage
Eremitage
Etage
Furage
Gage
Garage
Hermitage
Karambolage
Kolportage
Kontrahage
Mariage
Massage
Menage
Montage
Page
Passage
Persiflage
Plantage
Poussage
Rage
Renommage
Reportage
Sabotage
Spionage
Staffage
Stellage
Tonnage
Trikotage
Visage

äge

Anträge
Beiträge
Beschläge
Gehäge
Gepräge
Gesäge
läge
Laubsäge
Präge
Säge
Schläge
Schräge
träge
Verträge
→ ägen

agel

Hagel
Hufnagel
Janhagel
Nagel
Reißnagel
Sargnagel
Zagel

ägel

Nägel
Schlägel

ägelchen

Krägelchen
Nägelchen
Wägelchen
→ agel, agen

ägelein

Krägelein
Nägelein
Wägelein
→ agel, agen

ageln

festnageln
hageln
nageln
vernageln

agelt

festgenagelt
gehagelt
vernagelt

agen

absagen
abschlagen
anfragen
anschlagen
antragen
aufragen
aufsagen
aufschlagen
auftragen
aussagen
ausschlagen
austragen
beantragen
beauftragen
befragen
Behagen
beratschlagen
beschlagen
betragen
Betragen
breitschlagen
danksagen
davontragen
durchschlagen
einsargen
eintragen
entsagen
erfragen
erjagen
erlagen
ertragen
fehlschlagen
fragen
Fragen
Geizkragen
gutsagen
hertragen
hintragen
Hörensagen
jagen
klagen
Kraftwagen
Kragen
lagen
Leichenwagen
lossagen
losschlagen
Magen
mißbehagen
nachsagen
nachschlagen
nagen
niederschlagen
Panzerwagen
plagen
radschlagen
ragen
ratschlagen
Rennwagen
rückfragen
sagen
schlagen
schautragen
sozusagen
Stehkragen
tagen
totsagen
totschlagen
tragen
überfragen
überragen
überschlagen
übertragen
umfragen
umhertragen
umschlagen
Unbehagen
untersagen
unterschlagen
verklagen
versagen
verschlagen
vertagen
vertragen
verzagen
voraussagen
vorhersagen
vorsagen
vortragen
wagen
Wagen
wahrsagen
wegtragen
wehklagen
weissagen
weitersagen
weitertragen
widerschlagen
wiedersagen
Wohlbehagen
zagen
zernagen
zerschlagen
Zulagen
zusagen
zuschlagen
zutragen
→ ag, age

agen (äschen)

Avantagen
Bandagen
→ age

ägen

absägen
abschrägen
abwägen
ausprägen
einprägen
erwägen
lägen
Mägen
prägen
sägen
Schlägen
schrägen
umprägen
umsägen
wägen
zersägen
→ äge, agen

agend

anklagend
beklagend
fragend
hervorragend
nichtssagend
vielsagend
weittragend
→ agen

agende

Entsagende
Jagende
Leidtragende
Überragende
Wagende
Zagende
→ agen

ager

Anfrager
Ansager
Befrager
Beilager
Frager
hager
Jasager
Lager
Leuteplager
mager
Nager
Neinsager
Schlager
Schmerzens-
lager
Schwager
vager
Versager
Vorsager
Wahrsager
Warenlager
Weissager
Widerlager
zager
Zeltlager
Zigeunerlager

äger

Ankläger
Bannerträger
Düsenjäger
Gepäckträger
Jäger
Kammerjäger
Kläger
Läger
Landjäger
Lastträger
Paukenschläger
Postenjäger
Präger
Querschläger
Schläger
schräger
Schaumschläger
Schürzenjäger
Schwäger
Sonntagsjäger
Totschläger
träger
Träger
Überträger
Zuträger
Zwischenträger

agerer

Belagerer
hagerer
magerer
vagerer
Wegelagerer
→ ager,

ägerer

schrägerer
trägerer
→ äger

agern
abmagern
belagern
hagern
lagern
umlagern
wegelagern
→ ager

ägern
anhägern
schlägern
verschwägern
→ äger

agernd
abmagernd
→ agern

agert
abgemagert
→ agern

ägert
verschwägert
→ ägern

agerung
Abmagerung
Belagerung
Einlagerung
→ ung

äges
erwäg' es
Gehäges
schräges
→ äge

agge
flagge
Flagge
Knagge
Plagge

aggen
beflaggen
draggen
→ agge

ägheit
Schrägheit
Trägheit
→ eit

ägig
abschlägig
alltägig
einschlägig
mittägig

agisch
magisch
tragisch

aglich
behaglich
fraglich
vertraglich

äglich
abträglich
alltäglich
einträglich
erträglich
feiertäglich
kläglich
nachträglich
täglich
tagtäglich
unerträglich
unsäglich
unverträglich
unzuträglich
verträglich
zuträglich
→ eglich

agner
abgetragner
Erschlagner
getragner
verschlagner
→ agen

ags
Ertrags
mag's
Menschenschlag
mittags
nachmittags
sonntags
vormittags
→ ag, agen

agt
abgesagt
behagt
besagt
betagt
gefragt
gejagt
gesagt
gewagt
hochbetagt
unverzagt
→ agd, age, agen

agte
Angeklagte
Beauftragte
Beklagte
Betagte
sagte
Totgesagte
Verklagte
→ agen

agtheit
Betagtheit
Gewagtheit
Verzagtheit
→ agte, eit

agung
Abtragung
Ausschlagung
Befragung
Beklagung
Entsagung
Nieder-
schlagung
Tagung
Übertragung
Unterschlagung
Vertagung
Zerschlagung
Zuschlagung
→ ung

ägung
Erwägung
Prägung
Wägung
Zersägung
→ egung, ung

ah
Allah
erdennah
gegenwartsnah
herznah
nah
Schal
sinnennah
übersah
wiedersah
zeitnah
zusah
→ a, ahe

ahe
beinahe
Blahe
Rahe
→ a, ahen

ähe
blähe
geschähe
jähe
Krähe
Nähe
zähe
→ äe, ähen, ehe

ahen
bejahen
geschahen
nahen
sahen
→ ahe, ahn

ähen
aufblähen
ausspähen
bähen
blähen
erspähen
krähen
mähen
nähen
säen
sähen
schmähen
spähen
Trophäen
verschmähen
→ ähe, ehe, ehen

ahend
fahend
lebensbejahend
nahend
→ ahen

äher
Europäer
Häher
jäher
Mäher
näher
Pharisäer
Säer
Späher
zäher
→ eher

ähern
nähern
→ äher

ahl
Anzahl
Auswahl
Bannstrahl
befahl
Blitzstrahl
Damenwahl
Diebstahl
Einzahl
fahl
Fehlzahl
Gemahl
Gastmahl
Grenzpfahl
Henkersmahl
Hoffnungsstrahl
kahl
Lichtstrahl
Mahl
Marterpfahl
Mehrzahl
Minderzahl
Pfahl
Prinzgemahl
ratzekahl
Rübezahl
Schandpfahl
Sonnenstrahl
stahl
Stahl
Strahl
Überzahl
Unzahl
Vielzahl
Wahl
Wetterstrahl
Zahl
Zaunpfahl
→ al

ählchen
Pfählchen
Strählchen
→ ahl

ahle
Ahle
zahle
→ ahlen

ahlen
ausstrahlen
befahlen
heimzahlen
mahlen
nachzahlen
prahlen
stahlen
strahlen
vermahlen
weiterzahlen
widerstrahlen
zurückstrahlen
zahlen
→ alen

ählen
auswählen
befählen
durchzählen
erzählen
nacherzählen
nachzählen
stählen
vermählen
verstählen
wählen
weitererzählen
weiterzählen
wiedererzählen
wiederwählen
zählen
zuzählen
→ älen

ahlend
freudestrahlend
glückstrahlend
hellstrahlend
zahlend
→ ahlen

ahler
Bezahler
Richtstrahler
Rückstrahler
Steuerzahler
→ aler

ahlst
befahlst
→ ahlen

ahlt
zahlt
→ ahlen

ählt
auserwählt
ausgewählt
erwählt
neuvermählt
pfählt
unvermählt
zählt
→ ählen

ählte
Gepfählte
Vermählte
→ ählen

ählung
Erwählung
Erzählung
Vermählung
Zählung
→ ung

ahm
erlahm
Kahm
lahm
Rahm
→ äm

ahme
Annahme
Anteilnahme
Ausnahme
Beschlagnahme
Entnahme
entrahme

Festnahme
Gefangennahme
Hinnahme
lahme
Rücksicht-
nahme
Teilnahme
Überhandnahme
Vorwegnahme
Wegnahme
→ ahmen, ame

ahmen

abrahmen
ahmen
beschlag-
nahmen
einrahmen
entrahmen
erlahmen
umrahmen
vereinnahmen
→ ahme, amen

ahmt

beschlagnahmt
entrahmt
→ ahmen, āmt

ähmt

gelähmt
ungezähmt
→ āmt

ahmung

Erlahmung
Umrahmung
→ ahmen,
āmung

ahn

Ahn
Aschenbahn
Auerhahn
Autobahn
Backenzahn
Bahn
Eisbahn
Eisenbahn
Fahrbahn
Flugbahn
Giftzahn
Größenwahn
Hahn
Himmelsbahn
Kahn
Kampfhahn
Kegelbahn
Knurrhahn
Lahn
Lebensbahn
Reeperbahn
Reitbahn
Rennbahn
Rutschbahn
Schlitterbahn
Schnapphahn
Schwebebahn
Seilbahn
Spielhahn
Trambahn
U-Bahn
Urahn
Wahn
Wetterhahn
Wildbahn
Zahnbahn
Zeltbahn
→ ān

ahnden

ahnden
Fahnden

ahne

Ahne
Brahmane
Fahne
Sahne
Urahne
Wetterfahne
→ ahn, āne

ahnen

ahnen
anbahnen
Bahnen
entrahmen
erahnen
ermahnen
gemahnen
mahnen
verzahnen
vornahmen
zahnen
→ ahne, ānen

ahner

Eisenbahner
Mahner
→ aner

ähnen

erwähnen
gähnen
Mähnen
wähnen
→ änen

ahnt

angebahnt
gemahnt
ungeahnt
→ ahnen, ānt

ahnung

Ahnung
Anbahnung
Ermahnung
Mahnung
Verzahnung
→ anung

ahr

Frühjahr
Gefahr
gewahr
Jahr
Nachfahr
Nachtmahr
Neujahr
Todesgefahr
Todesjahr
unwahr
verwahr
Vorfahr
Vorjahr
wahr
→ är

ährde

→ ärde

ährdet

gebärdet
gefährdet
ungefährdet

ahre

Bahre
Flegeljahre
Gefahre
gottbewahre
Totenbahre
Tragbahre
Wechseljahre
→ äre

ähre

Ähre
Fähre
Mähre
Schindmähre
Ungefähre
Zähre
→ ären

ahren

abfahren
anfahren
befahren
bewahren
durchfahren
einfahren
erfahren
fahren
gewahren
heimfahren
hereinfahren
mitfahren
radfahren
Schlittenfahren
totfahren
überfahren
umfahren
umherfahren
unerfahren
verfahren
Verfahren
wahren
widerfahren
wohlerfahren
zerfahren
→ aren

ahrend

ausfahrend
hochfahrend
→ ahren

ähren

bewähren
ernähren
gewähren
nähren
verjähren
→ ären

ährend

annähernd
fortwährend
immerwährend
während

ahrer

Beifahrer
Fahrer
Kraftfahrer
Radfahrer
Rennfahrer
Sonntagsfahrer
Seefahrer
Verwahrer
Wallfahrer
Weltraumfahrer
→ arer

ährer

→ ärer

ährig

diesjährig
großjährig
langjährig
mehrjährig
tausendjährig
willfährig
→ ärig

ährlich

alljährlich
gemeingefähr-
lich
lebensgefähr-
lich
→ ärlich

ahrt

Abfahrt
Auffahrt
Ausfahrt
bejahrt
bewahrt
Durchfahrt
Einfahrt
Fahrt
gelahrt
Heimfahrt
Herfahrt
Hinfahrt
Irrfahrt
Mitfahrt
Nachtfahrt
Pilgerfahrt
Rückfahrt
Schiffahrt
Seefahrt
Spazierfahrt
Spritzfahrt
Talfahrt
Wallfahrt
→ ahren, ārt

ährt

altbewährt
erfährt
Gefährt
unterernährt
verfährt
wohlgenährt
→ ähren, ärt

ährte

Fährte
Lebensgefährte
währte
→ ärte

ahrte

Gelahrte
wahrte
→ ärte

ahrten

bejahrten
Fahrten
wallfahrten
→ ärten

aht

Draht
naht
saht
→ at

äht

aufgebläht
gemäht
genäht
vielgeschmäht
zugenäht

ähtchen

Grätchen
Nähtchen
→ ädchen

ahten

drahten
nahten
→ aten

ai

Bai
Hai
Kai
Karawanserei
Lakai
Mai
→ ei

aib

→ eib

aibe

→ eib

aich

Laich
→ eich

aichen

laichen
→ eichen

aicht

gelaicht
→ eicht

aid

Gejaid
Maid
Waid
→ eit

aide

→ eide

aiden

→ eiden

aie

→ eie

aien
→ ai, eien

aier
→ eier

aiern
Bayern
→ eiern

ail
Cocktail
Detail
Email
Serail

aille
Emaille
Journaille
Kanaille
Taille

ain
Hain
→ ein

ain (äng)
Refrain
Souterrain
Teint
Terrain
Train

aine
→ eine

ainen
→ einen

ainer
→ einer

ains
→ eins

air
Eclair
fair
Necessaire
Pair
unfair
→ är

aise (ä)
Relais
→ ä

äisch
europäisch
pharisäisch
hebräisch

aisch
Maisch
→ eisch

aische
maische
→ eische

aischen
maischen
→ eischen

aise
Waise
→ eise

aise (äse)
Chaise
→ äse

aiser
Kaiser
→ eiser

aist
→ eist

aite
→ eite

aite (äte)
Retraite
→ äte

aiten
→ eiten

aitet
→ eitet

āk
Blak
erschrak
Hannak
stak
→ aken, ecken

ak
Biwak
Kajak
Kakerlak
Kognak
Kosak
opak
strack
Tabak
→ ack

āke
Bake
Gequake
Hannake
Kanake
Kloake
Krake
Lake
Phäake
Pökellake
Salzlake
Schnake
schnake
stake
→ aken

akel
Debakel
Gekrakel
Krickelkrakel
Makel
Mirakel
Rakel
Orakel
Spektakel
Tabernakel
Tentakel

äkelig
häkelig
mäkelig
→ ig

akeln
abtakeln
auftakeln
betakeln
krakeln
orakeln
spektakeln
→ akel

äkeln
bemäkeln
häkeln
mäkeln
räkeln

akelt
abgetakelt
→ akeln

äkelt
gehäkelt
→ äkeln

aken
abhaken
Angelhaken
anhaken
aufhaken
aushaken
Bettlaken
blaken
einhaken
erschraken
haken
Haken
Kakerlaken
Kanthaken
Kinnhaken
quaken
Schürhaken
staken
straken
Widerhaken
→ ake

aker
Fiaker
Haker
Massaker
Schnaker
Spinnaker
Staker

äker
Quäker
Schäker

äkern
Quäkern
quäkern
schäkern

akig
blakig
hakig
stakig
→ aken

akon
Diakon
Drakon
→ on

äkt
eingehakt
→ aken

akt
abstrakt
Akt
Auftakt
Autodidakt
exakt
Extrakt
intakt
Katarakt
kompakt
Kontakt
Kontrakt
Pakt
Takt
Trakt
Willkürakt
→ ack, acken

akte
Auftakte
→ ackt, akt

akten
Fakten
→ acken, akt

akter
Kaifakter
→ ackter

aktik
Didaktik
Praktik
Taktik

aktion
Aktion
Attraktion
Fraktion
Subtraktion
→ ion

aktisch
autodidaktisch
didaktisch
faktisch
praktisch
prophylaktisch
taktisch

aktor
Faktor
Kalfaktor
Reaktor
Redaktor
Refraktor
Traktor

al
Aal
Abendmahl
abermal
achtmal
Admiral
allemal
andermal
anormal
Areal
Arsenal
asozial
astral
atonal
axial
Baal
Bacchanal
banal
befahl
beidemal
bilateral
brutal
Choral
dazumal
diagonal
diametral
diesmal
Differential
dimensional
Drangsal
dutzendmal
egal
Ehrenmal
einigemal
einmal
emotional
empfahl
epochal
eventual
experimental
fahl
Fanal
fatal
feudal
formal
frontal
frugal
fundamental
Gemahl
General
genial
global
Grabmal
Gral
Hoffnungsstrahl
horizontal
Hospital
hundertmal
ideal
Ideal
illegal
illoyal
imperial
infernal
Initial
instrumental
international
irrational
irreal
Irrsal
Jammertal
jedesmal
Journal
jovial
kahl
Kanal
Kapital
Kardinal
Karneval
katastrophal
kausal
keinmal
klerikal
kollegial
kolonial
kolossal
kommunal
kontinental

kordial
Korporal
Kral
kriminal
Labsal
legal
liberal
Lineal
Lokal
loyal
Mahnmal
Mal
manchmal
Material
maximal
Merkmal
Mineral
minimal
monumental
Moral
Mühsal
Muttermal
national
neutral
nominal
normal
Opal
optimal
Original
ornamental
oval
pauschal
Pedal
Pennal
Personal
Pfahl
phänomenal
Piedestal
Pitaval
Pokal
Portal
Prinzipal
Professional
proportional
provinzial
Qual
Quartal
Quirinal
radikal
real
Regal
regional
Rinnsal
Ritual
Rival
royal
Saal
sakral
sakramental
Schakal
schal
Schal
Schandmal
Scheusal
Schicksal
sentimental
sexual
Signal
Skandal
sozial
spiritual
Spital
Tal
territorial
total
Tribunal
triumphal
trivial
Trübsal
universal
unzähligemal
vertikal
vital
Wal
Wirrsal
Wundmal
zentral
zumal
→ ahl, alen, ial

alb

Alb
außerhalb
deshalb
dieserhalb
ebendeshalb
falb
halb
innerhalb
Kalb
oberhalb
unterhalb
weshalb
→ alben, alp

älbchen

Kälbchen
Schwälbchen

albe

Albe
Dalbe
falbe
Falbe
halbe
Salbe
salbe
Schwalbe

alben

allenthalben
derenthalben
dessenthalben
eurethalben
falben
kalben
meinethalben
salben
Salben
→ alb, albe

alber

anstandshalber
ehrenhalber
falber
Gealber
Gekalber
halber
ordnungshalber
sicherheits-
halber
spaßhalber
studienhalber
umstandshalber
umzugshalber
vorsichtshalber

älber

Kälber
→ elber

albern

albern
falbern
quacksalbern
Salbern
veralbern

älchen

Älchen
Kanälchen
Kapitälchen
Portälchen
Sälchen
Schälchen
Strählchen
Tälchen
→ al

ald

allzubald
alsbald
bald
Blätterwald
Harald
sobald
Theobald
Urwald
Wald
Willibald
→ alt

alde

Halde
Skalde
→ ald, alden

älde

Bälde
→ elde

alden

bewalden
→ alde

älder

Wälder
→ elder

aldig

baldig
waldig

ale

Aale
Biennale
Diagonale
Filiale
Finale
Generale
Geprahle
Hirnschale
Horizontale
Internationale
Kabale
Kannibale
Kathedrale
male
Nußschale
Okzidentale
Orientale
Pauschale
Rivale
Salto mortale
Sandale
Schale
Spirale
Tale
triviale
vale!
Waagschale
Wandale
Zentrale
→ ahl, ahlen
al, alen

äle

Admiräle
Choräle
Generäle
Kanäle
Kapitäle
Kardinäle
Korporäle
quäle
Säle
schäle
→ ählen, al,
älen

alen

aalen
anmalen
Annalen
ausmalen
ausschalen
bemalen
einschalen
Idealen
Initialen
malen
Neutralen
opalen
palen
prahlen
Qualen
schralen
übermalen
untermalen
vermalen
verschalen
→ al, ale

älen

beschälen
erzählen
pfählen
schmälen
stählen
vermählen
verzählen
wählen
zählen
→ äle, elen

alend

prahlend
strahlend
→ ale, alen

aler

fahler
Fataler
Liberaler
Maler
Neandertaler
Prahler
Taler
Zahler
→ al

äler

Erzähler
Hospitäler
Pennäler
Quäler
schmäler
Spitäler
Täler
Tierquäler
Wähler
Zähler

alerisch

malerisch
prahlerisch

älern

schmälern
stählern
→ äler, eler

alet

bemalet
prahlet
strahlet
→ alen

alf

Alf
half
Ralf

alg

Balg
Talg

alge

Alge
Balge
balge
Gebalge
→ algen

älge

Bälge
→ elge

algen

Galgen
katzbalgen
→ alge

älgen

Bälgen
→ elgen

alhans

Prahlhans
Schmalhans

alheit

Kahlheit
Schalheit
Schmalheit
→ eit

ali

Ali
Bali
→ i

älich

allmählich
dickschälich
schmählich
→ älig, ich

alie

Dahlie
Lappalie
Repressalie
Rosalie
→ alien

alien

Chemikalien
Italien
Kapitalien
Materialien
Mineralien
Musikalien
Naturalien
Realien
Regalien
Viktualien
→ alie

alig

abermalig
dermalig
dickschalig
diesmalig
dünnschalig
ehemalig
einstmalig
erstmalig
mehrmalig
nachmalig
nochmalig
strahlig
vormalig
→ ig

älig

•unzählig
•vollzählig
→ ig

alin

Gemahlin
Generalin
Orientalin
Prinzipalin
Rivalin
Vestalin
→ in

alisch

animalisch
bengalisch
bestialisch
infernalisch
kannibalisch
matriarchalisch
moralisch
musikalisch
orientalisch
patriarchalisch
sentimentalisch
theatralisch
unmoralisch
→ isch

alist

Dualist
Kriminalist
→ ist

alje

Balje
Emaille
Kanaille
Medaille
Taille
Talje
Tralje
→ aille

aljen

Taljen
→ alje

alk

Alk
Dalk
Kalk
Katafalk
Schalk
Schwalk
Talk
→ alken

älk

Gebälk
→ elke

alken

bekalken
durchwalken
schwalken
verkalken
verwalken
walken
→ alk

älken

kälken
→ elken

alkig

kalkig
starkbalkig
→ ig

all

Abfall
All
all
allüberall
Anfall
Anprall
Augiasstall
Ausfall
Ausnahmefall
Ball
Befall
Beifall
drall
Durchfall
Einfall
Erdball
Ernstfall
Fall
fall
Feldmarschall
Fortfall
Geknall
Gelall
Hörnerschall
Intervall
Knall
Kniefall
Krawall
Kristall
Laubfall
Marschall
Marstall
Maskenball
Metall
Nachhall
Nachtigall
Notfall
prall
Präzedenzfall
Rechtsfall
Redeschwall
Reinfall
Rückfall
Schall
Schwall
Schwindelanfall
Seneschall
Sonnenball
Stall
Sternenfall
Sündenfall
Tattersall
Todesfall
Tonfall
überall
Überfall
Unfall
Unglücksfall
Vasall
Verfall
Vorfall
Walhall
Wall
wall
Wasserfall
Wegfall
Welt(en)all
Widerhall
Wogenprall
Wortschwall
Wutanfall
Zerfall
Zufall
Zusammenprall
Zweifelsfall
Zwischenfall
→ allen

alla

Allah
Gala
Kalla
Narrhalla
Walhalla
→ a

ällchen

Bällchen
Krällchen
Schnällchen
Ställchen
Wällchen
→ ellchen

alle

alle
Falle
Galle
Halle
Kalle
Koralle
Kralle
Qualle
Schnalle
→ all, allen

älle

Bälle
Fälle
fälle
Gefälle
Ställe
vergälle
Wälle
→ alle, elle

allen

anfallen
anheimfallen
ausgefallen
ballen
Ballen
befallen
beifallen
bestallen
durchfallen
einfallen
entfallen
Erdenwallen
erschallen
fallen
Gefallen
hallen
knallen
krallen
kristallen
lallen
metallen
mißfallen
prallen
schallen
schnallen
schwerfallen
stallen
überfallen
umfallen
verfallen
verhallen
verknallen
verschallen
wallen
Wegfallen
widerhallen
widerschallen
Wohlgefallen
zerfallen
zerknallen
zusammenfallen
zusammenpral-
len
→ all, alle

ällen

ausfällen
vergällen
→ älle, ellen

allend

auffallend
→ allen

allende

fallende
→ allen

allene

Gefallene
kristallene
verhallene
→ allen

aller

aller
Bestaller
draller
Fußballer
Knaller
praller
Waller

allern

ballern
drallern
prallern
zuballern

alles

alles
Dalles
→ all

allig

ballig
gallig
hallig
Hallig
knallig
metallig
quallig

ällig

•abfällig
•anfällig
•auffällig
•augenfällig
•baufällig
•gefällig
•gottgefällig
•hinfällig
•kniefällig
•schwerfällig
•zufällig
→ ellig

allisch

gallisch
kristallisch
metallisch
phallisch
vasallisch

alls

•andernfalls
•äußerstenfalls
•bestenfalls
•ebenfalls
•keinesfalls
•notfalls
•schlimmsten-
falls
→ als

ällst

gefällst
vergällst
→ elle

allt

wohlbestallt
→ alt, allent

allung

Ballung
Bestallung
Stallung
Wallung
Zusammen-
ballung

ällung
Fällung
Vergällung

alm
Alm
Halm
Psalm
Qualm
Salm
Walm

alme
Kalme
Palme
→ alm, almen

almen
qualmen
zermalmen
→ alm, alme

almig
langhalmig
malmig
qualmig
→ ig

alp
Alp
Skalp
→ alb

alpe
→ albe, alp

āls
aals
abermals
befahl's
damals
ehemals
einstmals
erstmals
mehrmals
niemals
nochmals
oftmals
Tals
vielmals
vormals
zahl's
→ al, allen

als
als
Erdenballs
Geizhals
lauthals
Schreihals
Wag(e)hals
zerknall's
→ all, allen, als

älsche
fälsche
welsche

älschung
Fälschung
Verfälschung
Verwelschung
→ ung

alsen
•abhalsen
•aufhalsen
•umhalsen

alst
aalst
prahlst
→ alen

ālt
bezahlt
geaalt
gemalt
geprahlt
gezahlt
unbezahlt
verschalt
zerstrahlt
→ alen

alt
abgeprallt
Allgewalt
alt
angeschnallt
Anstalt
Anwalt
Asphalt
Aufenthalt
Basalt
dergestalt
Einfalt
Einhalt
eiskalt
entgalt
Erhalt
Falt
galt
geballt
Gehalt
Gestalt
Gewalt
halt
Halt
Haushalt
Hinterhalt
Inhalt
kalt
Kuranstalt
Lebensunterhalt
Lichtgestalt
mannigfalt
mißgestalt
naßkalt
Naturgewalt
Rückhalt
Ruhegehalt
Sachverhalt
schalt
Sorgfalt
Spalt
Staatsgewalt
ungestalt
Unterhalt
Urgewalt
Verhalt
Vielfalt
Vollzugsgewalt
Vorbehalt
Widerhalt
wohlbestallt
wohlgestalt
Zusammenhalt
→ ald, alle, allen

ǟlt
auserwählt
erwählt
gequält
gestählt
gewählt
gezählt
schält
ungezählt
→ älen, älte

ält
befällt
behält
enthält
erhält
gefällt
hält
unterhält
verfällt
→ älle, eld, elt

ältchen
Fältchen
Feldchen
Spältchen
Wäldchen
Zeltchen

ālte
bezahlte
prahlte
→ ālen

alte
Alte
kalte
lallte
→ allen, alt, alten

ǟlte
Erwählte
erzählte
wählte
zählte
→ ǟlen, ǟlt

ālten
prahlten
→ ālen

alten
abhalten
abschalten
alten
aufhalten
aufspalten
aushalten
ballten
behalten
beibehalten
dafürhalten
dichthalten
durchhalten
einhalten
einschalten
entfalten
entgalten
enthalten
erhalten
erkalten
falten
feilhalten
fernhalten
festhalten
freihalten
galten
gefangenhalten
geheimhalten
gespalten
gestalten
Gestalten
Gewalten
gleichschalten
hallten
halten
haushalten
herhalten
hinhalten
hochhalten
hofhalten
innehalten
knallten
liebbehalten
liebhalten
maßhalten
mißgestalten
niederhalten
obwalten
offenhalten
schallten
schalten
schwerhalten
spalten
standhalten
stillhalten
übrigbehalten
umgestalten
umschalten
ungehalten
unterhalten
veralten
veranstalten
vergalten
verhalten
Verhalten
verunstalten
verwalten
vorbehalten
vorenthalten
vorhalten
walten
warmhalten
widerhalten
wohlbehalten
zurückbehalten
zurückhalten
zusammenhalten
→ alte

ǟlten
quälten
ungezählten
Vermählten
wählten
zählten
→ ǟlt, ǟlen

älten
erkälten
fällten
vergällten
→ elten

altend
staatserhaltend
→ alten

alter
Alter
Anhalter
Erhalter
Falter
geballter
Gestalter
Haarspalter
Halter
Malter
Platzhalter
Psalter
Sachwalter
Schalter
Sklavenhalter
Stammhalter
Statthalter
Umgestalter
ungestalter
Unterhalter
Veranstalter
Verwalter
Walter
→ alt

ǟlter
Erwählter
vermählter
→ ǟlt

älter
älter
Behälter
Gehälter
Haushälter
kälter
vergällter
Zuhälter
→ elter

altern
altern
→ alter

ältern
→ älter, eltern

altes
Altes
falt' es
verwalt' es
→ alten

altest
prahltest
→ ālen

altet
prahltet
→ ālen

altet
balltet
eingeschaltet
ungestaltet
wohlgestaltet
→ alten

ältet
erkältet
→ älte

altig
allgewaltig
engspaltig
erzhaltig

faltig
gewaltig
mannigfaltig
nachhaltig
reichhaltig
vielgestaltig
→ ig

ältig

hinterhältig
sorgfältig
zwiespältig
•
erkält' ich
→ älten, ig

altige

vergewaltige
→ altig

ältige

einfältige
→ ältigen

altigen

vergewaltigen
→ altig

ältigen

bewältigen
hinterhältigen
sorgfältigen
überwältigen
vervielfältigen
zwiespältigen
→ ältig

ältigend

überwältigend
→ ältigen

ältlich

ältlich
erhältlich
→ eltlich

älts

behält's
erhält's
fällt's
gält's
verfällt's
→ alten, elz

altsam

enthaltsam
gewaltsam
unaufhaltsam
unterhaltsam

altung

Ausschaltung
Entfaltung
Enthaltung
Erhaltung
Erkaltung
Gestaltung
Haltung
Mühewaltung
Neugestaltung
Niederhaltung
Schaltung
Spaltung
Unterhaltung
Veranstaltung
Verwaltung
Zurückhaltung

alung

Bemalung
Bestrahlung
Bezahlung
Strahlung
Übermalung
Untermalung
Zahlung
Zerstrahlung

älung

Erwählung
Erzählung
Stählung
Vermählung
Zählung

alz

Balz
Falz
galt's
halt's
lallt's
knallt's
Malz
Pfalz
Salz
schallt's
Schmalz
→ alt, alzen

älzchen

Fälzchen
Wälzchen
→ alzen

alze

Dampfwalze
Gebalze
Geschmalze
Malze
Walze
→ alz, alzen

älze

Fälze
→ älzen, elze

alzen

balzen
einsalzen
falzen
gesalzen
malzen
salzen
schmalzen
schnalzen
ungesalzen
versalzen
walzen
→ alz

älzen

mälzen
umwälzen
wälzen
→ älze, alzen

alzer

Falzer
Schnalzer
Walzer

alzig

falzig
malzig
salzig
schmalzig

äm

abwägsam
arbeitsam
aufmerksam
Balsam
bedeutsam
behutsam
bekam
beredsam
betriebsam
beugsam
Bram
duldsam
ehrsam
einprägsam
empfindsam
erholsam
folgsam
friedsam
Fronleichnam
fügsam
furchtsam
gehorsam
genügsam
geruhsam
Gewahrsam
gleichsam
Gram
Griesgram
heilsam
infam
Islam
kam
kleidsam
Kleinkram
Kram
langsam
lendenlahm
Leichnam
lenksam
lobesam
Madame
mitteilsam
mühsam
pflegsam
polygam
Prahm
Rahm
ratsam
regsam
rührsam
sattsam
Scham
schweigsam
seltsam
Sesam
sittsam
sparsam
strebsam
tugendsam
unachtsam
unbedachtsam
unbeugsam
unduldsam
ungehorsam
unratsam
unwirksam
wachsam
wirksam
wundersam
zweisam
→ ahm, amen

am

Adam
am
bam!
Bertram
bimbam!
Bräutigam
cherchez la
femme
Edam
Eidam
Imam
in memoriam
koram
Tamtam
Tram
→ amm

äm

Bohème
käm
Krem
nähm
Oncle Sam
→ ämen

ama

Diorama
Drama
Fama
Lama
Panorama

ambe

Ambe
Gambe
Jambe

ämchen

Brosämchen
Dämchen
Rähmchen

ame

Abnahme
Bardame
Dame
Eigenname
Flame
Gerechtsame
Name
Reklame
Same
Schimpfname
Spitzname
Spottname
Vorführdame
→ ahme, am,
amen

äme

Bräme
Gebräme
gräme
käme
nähme
schäme
verbräme
zähme
→ ämen

amen

abrahmen
Amen
arbeitsamen
aufmerksamen
benamen
benahmen
benamen
besamen
Brosamen
Dramen
einrahmen
entnahmen
entkamen
erlahmen
Examen
kamen
kramen
lahmen
nahmen
übernahmen
umrahmen
unternahmen
vereinsamen
verkamen
verlangsamen
vernahmen
zahmen
→ ahmen, am,
ame

ämen

beschämen
bezähmen
einkremen
grämen
kämen
lähmen
nähmen
schämen
Tantiemen
verbrämen
vergrämen
zähmen

ahmend

umrahmend
→ amen

ähmend

beschämend
→ ämen

amer

Kramer
Lahmer
Nachahmer
Zahmer
→ am

ämer

→ emer

ames

aufmerksames
bekam es
nahm es
→ am

amhaft

namhaft
schamhaft
→ aft

amig

gleichnamig
kramig
samig

ämig(ch)

geschämig
griesgrämig
schämig
•
schäm' mich
vernähm'ich
→ ämen

amik

Dynamik
Keramik

amisch

balsamisch
bigamisch
dynamisch
keramisch
monogamisch

ämlich

dämlich
grämlich
griesgrämlich
nämlich

amm

Abstamm
Autogramm
Damm
Fahrdamm
Gramm
Kamm
Klamm
klamm
Lamm
Milligramm
Monogramm
Pentagramm
Programm
Schlamm
Schwamm
Stamm
Staudamm
stramm
Telegramm
→ ammen

ämm

dämm'
kämm'
→ amm, ämme, ämmen

ämmchen

Dämmchen
Kämmchen
Lämmchen
Schwämmchen
Stämmchen

amme

Amme
Bramme
Flamme
Hebamme
Ramme
Schramme
Stamme
Wamme
→ am, ammen

ämme

Dämme
Kämme
Stämme
→ amm, amme, ämmen

ammel

Bammel
Gebammel
Gerammel
Gestammel
Hammel
Leithammel
Neidhammel
Streithammel

ammelich (ig)

→ ammlich (ig)

ammeln

bammeln
einsammeln
rammeln
sammeln
Schrammeln
stammeln
verrammeln
versammeln

ammen

abstammen
beisammen
einrammen
entflammen
entschlammen
entstammen
flammen
lammen
mitsammen
rammen
schrammen
schwammen
stammen
strammen
verdammen
verschlammen
zusammen
→ amm, amme

ämmen

auskämmen
ausschlämmen
dämmen
durchkämmen
eindämmen
kämmen
schlämmen
stämmen
→ ämme

ammer

Folterkammer
Gejammer
Hammer
Jammer
Kammer
Katzenjammer
Klammer
klammer
Rumpelkammer
Rüstkammer
Speisekammer
Stahlkammer
strammer
Verdammer
Vorratskammer

ämmer

Gehämmer
Hämmer
Lämmer
→ emmer

ämmerchen

Hämmerchen
Kämmerchen

ammern

jammern
klammern
umklammern
verklammern
→ ammer

ämmern

dämmern
hämmern
verdämmern
→ ämmer, emmern

ämmert

belämmert
dämmert
gehämmert
hämmert
→ emmern

ammig

dreiflammig
schlammig
schwammig
→ ig

ammlich (ig)

hamm(e)lig
damm(e)lig
samm(e)lig

ammlung

Sammlung
Verrammlung
Versammlung

amms

Damms
Stamms
schwamm's
verdamm's
→ amm, ammen, ams

ammt

angestammt
geflammt
zerschrammt
→ ammen, amt

ämmt

abgeschwämmt
aufgeschwämmt
eingedämmt
gekämmt
geschlämmt
→ ämmen, emmt

ammung

Abstammung
Entflammung
Verdammung
→ ammen, ung

ämmung

Abschlämmung
Eindämmung
→ ämmen, emmung, ung

amp

Kamp
Tramp
Vamp
→ ampe

ämpchen

Krämpchen
Lämpchen
→ amp, ampe

ampe

Krampe
Lampe
Rampe
Schlampampe
Schlampe
Tranlampe
Wampe

ämpe

Kämpe
Krämpe
→ empe

ampel

Ampel
Gehampel
Gekampel
Gestrampel
Getrampel
Trampel

ampeln

hampeln
kampeln
strampeln
trampeln
→ ampel

ampen

krampen
schlampampen
schlampen
trampen
vorschlampen

ampf

Abwehrkampf
Dampf
Faustkampf
Gestampf
Hansdampf
Kampf
Kohldampf
Krampf
Lebenskampf
Luftkampf
Nahkampf
Stierkampf
Todeskampf
Volldampf
Wettkampf
Zweikampf
→ ampfen

ampfe

Klampfe
Stampfe
→ ampf, ampfen

ämpfe

Dämpfe
Krämpfe
→ ampf, ämpfen

ampfen

abdampfen
dampfen
einstampfen
Krampfen
stampfen
verdampfen
verkrampfen
zerstampfen

ämpfen

bekämpfen
dämpfen
durchkämpfen
kämpfen
Krämpfen

ampfend

abdampfend
→ ampfen

ämpfend

dämpfend
→ ämpfen

ampfer

Dampfer
Kampfer
Stampfer
Zerstampfer

ämpfer

Dämpfer
Kämpfer
Vorkämpfer

ampfig

dampfig
krampfig
→ ig

ampft

abgedampft
→ ampfen

ampfung

Verdampfung
Zerstampfung
→ ampfen, ung

ampig

pampig
schlampig

äms

Grams
bekam's
kam's
nahm's
→ amen

ams

Damms
Gams
Krimkrams
schwamms

Stamms
verdamm's
Wams
→ am, amm, ammen

amsen

bamsen
benamsen
verwamsen
wamsen

ämser

Wämser
→ emser

amster

Hamster
strammster
→ am

ämt

ausgekramt
besamt
eingerahmt
kamt
nachgeahmt
verkramt
→ ahmen, amen

amt

allesamt
Amt
Ehrenamt
gesamt
insgesamt
samt
Samt
schwammt
stammt
Standesamt
→ amme, ammen

ämt

ausgeschämt
bekämt
eingekremt
gelähmt
gezähmt
unverschämt
verschämt
→ äme, ämen

amte

Beamte
flammte
→ amt

amten

entamten
samten
→ amte

amtet

beamtet
→ amte

ämter

Ämter
eingedämmter
gekämmter

ämter

Gelähmter
Gezähmter
Unverschämter
Verschämter
→ ämt

amtheit

Entflammtheit
Gesamtheit
Verdammtheit
→ eit

ämung

Benamung
Besamung
Rahmung
Nachahmung
Vereinsamung
→ amen, ung

ämung

Beschämung
Lähmung
Verbrämung
Verfemung
Zähmung
→ ung

än

abgetan
Adrian
Ahn
Altan
angetan
Bahn
Baldrian
Balkan
bejahn
Besan
Blödian
Clan
Christian
dargetan
Dekan
Diwan
Don Juan
Dragoman
Dummerjan
Dummian
Enzian
Fasan
Filigran
Florian
Galan
getan
Gran
Grobian
Hahn
human
inhuman
Iwan
Kaftan
Kahn
Kannitverstan
Kaplan
Kastellan
Kegelbahn
Kienspan
Kran
Kumpan
kundgetan
Lebensbahn
Liederjan
Majoran
Marzipan
Milan
momentan
nahm
Organ
Orkan
Ozean
Pan
Partisan
Pavian
Pelikan
Plan
plan
Porzellan
profan
Ramadan
Rodelbahn
Roman
Saffian
Safran
sahn
Sakristan
Satan
Scharlatan
Schlendrian
Schwan
Sebastian
simultan
Slogan
Sopran
Span
spontan
Stephan
Straßenbahn
Sultan
Thymian
Titan
Tizian
Toboggan
Tran
Turban
Ulan
ultramontan
umgetan
Untertan
untertan
Uran
Urban
Urian
Vatikan
vertan
Veteran
Vulkan
Wahn
wiedergetan
Wotan
wohlgetan
Zahn
zugetan
zurückgetan
→ ahe, ahen, ahn

an

an
bergan
daran
dran
Drum und Dran
fortan
heran
hieran
himmelan
hinan
hintenan
Kanaan
kann
man
obenan
ran
Rührmichnicht-an
Talisman
untenan
voran
Vordermann
voran
vornean
wohlan
→ ann

än

Kapitän
mondän
sans gêne
Souverän
souverän
sä'n
→ ähen, änen

ana

Diana
Nirwana
Quisisana

ance (nasal)

Alliance
Avance
Balance
Chance
Contenance
Mesalliance
Nonchalance
Nuance
per distance
Renaissance
Resistance
Seance
Süffisance
Trance
Usance
→ ence

anche

Branche
Revanche

änchen

Bähnchen
Fähnchen
Hähnchen
Kähnchen
Plänchen
Spänchen
Tränchen
Zähnchen

and

abgesandt
Abendland
Abstand
allerhand
Anstand
Armband
Aufstand
Aufwand
außerstand
Ausstand
Band
Beistand
Bestand
Brand
Deutschland
Doktorand
Ehestand
Einband
eingesandt
fand
Faustpfand
Feindesland
Ferdinand
Festgewand
Feuerbrand
Flachland
Flugsand
Gängelband
Gegenstand
genannt
gesandt
Gewand
gewandt
Halsband
Hand
Heimatland
Hochland
Inland
Konfirmand
Konterband
Kußhand
Land
Meisterhand
Meßgewand
Mißstand
Mittelstand
Morgenland
Mutterland
Nährstand
Neuland
niemand
Niemandsland
Notstand
Notverband
Oberhand
Oberland
Ödland
Pfand
Rand
Rand und Band
Roland
Rückstand
Ruhestand
Sand
Scheidewand
Schlaraffenland
Schürzenband
Spruchband
Stand
stand
Stillstand
Stimmband
Strand
Streusand
Tand
Tiefstand
Übelstand
überhand
Umstand
Unband
Unbestand
unterderhand
Unterland
Unterpfand
Unterstand
Unverstand
Vaterland
Verband
Versand
Verstand
verwandt
vorderhand
Vorstand
Vorwand
wand
Wand

Wegrand
Weideland
Welschland
Widerstand
Wohlstand
Zustand
→ ande, anden, ant, anten, inden

and (nasal)
Grand
→ ant, ent

anda
Propaganda
Veranda
→ a

andbar
schandbar
umrandbar

ändchen
Bändchen
Händchen
Kußhändchen
Ländchen
Patschhändchen
Rändchen
Ständchen
→ and, ent, endchen, ente

ände
ahnde
fahnde

ande
außerstande
Bande
Blutbande
Blutschande
dortzulande
Gaunerbande
Girlande
Grande
hierzulande
imstande
Konterbande
Lande
Rande
Rasselbande
Räuberbande
Schande
Schwefelbande
Strande
Versande
→ and, anden

ände
Bände
Brände
Gegenstände
Gelände
Hände
pfände
Stände
Verbände
Wände
Widerstände
→ and, änden, enden

andel
Bandel
Handel
handel
Lebenswandel
Machandel
Mandel
Schlafwandel
Wandel
wandel
→ andeln

ändel
Bändel
Getändel
Händel
Liebeshändel
→ and, ändeln, endel

andeln
anbandeln
behandeln
handeln
lustwandeln
mißhandeln
nachtwandeln
schlafwandeln
umwandeln
unterhandeln
verhandeln
verschandeln
verwandeln
wandeln
widerhandeln
zuwiderhandeln
→ andel

ändeln
anbändeln
rändeln
tändeln
vertändeln
→ ändel

andelt
abgehandelt
eingehandelt
wandelt
→ andeln

** änden**
→ ehnden

anden
abgestanden
abhanden
banden
beanstanden
bestanden
branden
einverstanden
empfanden
entstanden
erfanden
fanden
gestanden
gewanden
Konfirmanden
landen
notlanden
schwanden
standen
stillgestanden
stranden
umranden
umstanden
versanden
verschwanden
vorhanden
widerstanden
wohlverstanden
zugestanden
zuschanden
→ ande

änden
bänden
empfänden
fänden
pfänden
schänden
ständen
verpfänden
verschwänden
→ ände, ende

ander
Alexander
aneinander
aufeinander
auseinander
beieinander
Brander
durcheinander
einander
füreinander
gegeneinander
hintereinander
ineinander
Leander
Mäander
miteinander
nacheinander
nebeneinander
Oleander
Salamander
Stander
übereinander
untereinander
voneinander
wander
Zander
zueinander

änder
Abendländer
Bänder
Geländer
Gewänder
Länder
Morgenländer
Pfänder
Ränder
Schänder
→ and, ender

anderer
Einwanderer
ineinanderer
Wanderer
→ ander

andern
andern
auswandern
durchwandern
erwandern
unterwandern
wandern
→ ander

ändern
ändern
Bändern
bebändern
rändern
umändern
umrändern
verändern
→ and, änder, ender

anders
anders
woanders
→ ander

andes
Abendlandes
→ and

andi
Brandi
Organdy
→ i

andig
brandig
randig
sandig
wandig

ändig
anständig
aufständig
beständig
bodenständig
eigenhändig
freihändig
geständig
inständig
linkshändig
rückständig
sachverständig
selbständig
ständig
unanständig
unbändig
unbeständig
verständig
zuständig
•
bänd' ich
fänd' ich
→ änden, endig

ändigen
aushändigen
bändigen
einhändigen
→ ändig, endigen

ändiger
Bändiger
Sachverständiger
→ ändig, ändigen

ändisch
abendländisch
aufständisch
ausländisch
fremdländisch
morgenländisch
ständisch
vaterländisch
→ endisch

andler
Nachtwandler
Schlafwandler
Verhandler
Wandler

ändler
Händler
Sklavenhändler
Tändler
Unterhändler
→ endler

andlich
bekanntlich
handlich
verwandtlich
→ ich

ändlich
gemeinverständlich
ländlich
leichtverständlich
mißverständlich
schändlich
schwerverständlich
selbstverständlich
umständlich
unmißverständlich
verständlich
→ endlich

andlung
Abhandlung
Behandlung
Handlung
Mißhandlung
Unterhandlung
Verhandlung
Verschandlung
Verwandlung
Wandlung

ändnis
Bekenntnis
Eingeständnis
Einverständnis
Erkenntnis
Geständnis
Mißverständnis
Verständnis
Zugeständnis
→ enntnis

ando
Kommando
postnumerando
pränumerando
→ o

andrecht
Landrecht
Pfandrecht
Standrecht

andrer

andrer
Auswandrer
Einwandrer
Wandrer

ands

Abendlands
→ and, anz

änds

bänds
empfänds
→ ände, änz

andschaft

Bekanntschaft
Landschaft
Verwandtschaft
→ antschaft

andt

angewandt
anverwandt
blutsverwandt
eingesandt
seelenverwandt
sinnverwandt
stammverwandt
versandt
→ and, ant

andte

Anverwandte
Eingesandte
Gesandte
→ andt

anduhr

Sanduhr
Standuhr
Wanduhr

andung

Brandung
Gewandung
Landung
Notlandung
Umrandung
Versandung

ändung

Pfändung
Schändung
→ endung

ane

Banane
Fahne
Germane
Juliane
Karawane
Kleptomane
Liane
Membrane
Ottomane
Platane
Romane
Schamane
Schikane
Soutane
Zeltplane
Zyane
→ ahne, an, anen

äne

Domäne
erwähne
Fontäne
gähne
Gegähne
Hähne
Hyäne
Kähne
Kapitäne
Kräne
Mähne
Migräne
mondäne
Moräne
Pläne
Quarantäne
Späne
Strähne
Träne
wähne
→ än, änen, ene

anen

Manen
planen
porzellanen
profanen
schwanen
→ ahnen, ane

änen

Hyänen
Schwänen
spänen
tränen
→ ähnen, äne, enen

aner

Afrikaner
Amerikaner
Eisenbahner
Ermahner
humaner
Indianer
Insulaner
Liliputaner
Lutheraner
Mahner
Mohammedaner
Mohikaner
Neapolitaner
Persianer
Primaner
Puritaner
Republikaner
→ ahner, än

anern

spontanern
→ aner

anes

Planes
→ än

anft

Ranft
sanft
unsanft

ang

abendelang
Abgang
Abgesang
Abhang
Andrang
Anfang
Anhang
Arbeitsgang
armlang
Aufgang
Aufgesang
Ausgang
Aushang
Ausklang
bang
Becherklang
Behang
Beiklang
Belang
bislang
Bittgang
Blickfang
Bumerang
Donnerklang
Durchgang
Drang
Eingang
Einklang
Empfang
entlang
Fang
Fortgang
Gang
gelang
Gesang
Gleichklang
Glockenklang
Grabgesang
Hang
Heimgang
Hergang
Hingang
jahrelang
Jahrgang
Klang
klang
kling-klang!
Kugelfang
lang
lebelang
Liederklang
Lobgesang
mang
meilenlang
meterlang
minutenlang
Mißklang
mittenmang
monatelang
Müßiggang
Mustang
Nachklang
nächtelang
naselang
Niedergang
Rang
Rauchfang
Rückgang
Rückwärtsgang
Rundgang
Rundgesang
sang
Säulengang
Schaffensdrang
Schienenstrang
Schlachtgesang
Schwanengesang
Schwang
seitenlang
sekundenlang
Singsang
Sirenengesang
solang
sommerlang
Sonnenaufgang
Sonnenuntergang
Spaziergang
sprang
Stimmenfang
Strang
stundenlang
tagelang
Tatendrang
Tiefgang
todbang
Überdrang
Übergang
Überhang
Überschwang
Umfang
Umgang
Umhang
Untergang
Vogelsang
Vorgang
Vorhang
Vorrang
Wahlgang
Wandelgang
Wehrgang
Werdegang
Wildfang
Windfang
Wissensdrang
wochenlang
Wolfgang
Zudrang
Zusammenhang
Zwang
Zwiegesang
→ angen, ank, inge, ingen

äng

Gedräng
Gepräng
häng
säng
Slang
→ ängen, eng

ange

allzulange
bange
Belange
belange
Drange
ebensolange
empfange
erlange
fange
Gange, im vollen
gelange
hange
lange
prange
Range
Schlange
Schwange
Spange
Stange
verlange
Wange
Zange
zugange
→ ang, angen

ange (nasal)

Melange
Orange

änge

behänge
Fänge
Gänge
Gehänge
Gesänge
Gespänge
Gestänge
Handgemenge
Haupteslänge
Klänge
Länge
Nasenlänge
Stränge
verschlänge
Wellenlänge
→ ang, angen, engen, inge, ingen

angel

Angel
Gerangel
Mangel
Tingeltangel
Triangel
Türangel
→ angeln

ängel

Gedrängel
Mängel
→ ängeln, engel

ängelchen

Schlängelchen
Spängelchen
Stängelchen
Zängelchen

angeln

angeln
ermangeln
handeln
mangeln
rangeln
→ angel

ängeln

bemängeln
drängeln
gängeln
schlängeln
→ ängel, engeln

angels

mangels
→ angel

angen

anfangen
anlangen
bangen
befangen
begangen
belangen
besangen
bezwangen

draufgegangen
drangen
durchgegangen
empfangen
entgangen
entsprangen
ergangen
erklangen
erlangen
gefangen
gehangen
hangen
heimgegangen
klangen
langen
mißlangen
prangen
rangen
sangen
schlangen
schwangen
sprangen
umfangen
umgangen
umschlangen
umsprangen
unbefangen
Unterfangen
verfangen
vergangen
verklangen
versprangen
vorgegangen
zergangen
zwangen
→ ange, inge, ingen

ängen

abdrängen
abhängen
anhängen
aufdrängen
aufhängen
aushängen
bedrängen
behängen
drängen
durchzwängen
einhängen
erhängen
gelängen
hängen
klängen
nachhängen
sängen
überhängen
umhängen
verdrängen
verhängen
vordrängen
vorhängen
zurückdrängen
zusammenhängen
zwängen
→ ang, änge, engen

ängend

zusammenhängend
→ ängen

angende

Bangende
Hangende
Belangende
→ angen

angene

Gefangene
Umgangene
→ angen

anger

Anger
banger
Handlanger
langer
Pranger
Schindanger
schwanger

änger

Anfänger
Anhänger
bänger
Bauernfänger
Bedränger
Doppelgänger
Dränger
Dräufgänger
Einzelgänger
Empfänger
enger
Fänger
Fußgänger
Grillenfänger
Hänger
Hirschfänger
Hofsänger
Kirchgänger
Kostgänger
länger
Müßiggänger
Parteigänger
Rattenfänger
Sänger
Schlafgänger
Spaziergänger
strenger
Vogelfänger
Vorgänger
Vorsänger
→ enger

ängerei

Drängerei
Fängerei
→ änger, enger

angern

anprangern
schwangern
→ anger

ängern

Bedrängern
Empfängern
schwängern
verlängern
→ änger, engern

angig

erstrangig
hohlwangig
→ ange

ängig (ich)

abhängig
angängig
anhängig
gängig
rückgängig
unabhängig
•
bedräng' ich
häng' ich
→ ängen

änglich

anfänglich
anhänglich
bänglich
empfänglich
hinlänglich
länglich
lebenslänglich
unempfänglich
unumgänglich
unverfänglich
unvergänglich
unzulänglich
verfänglich
vergänglich
→ englich

anglos

belanglos
klanglos
zwanglos
→ ang

angne

Gefangne
Gehangne
Übergangne
vergangne

ängnis

Bedrängnis
Begängnis
Empfängnis
Gefängnis
Verhängnis

angs

anfangs
ausgangs
Drangs
eingangs
errangs
→ ang

ängs

empfängs
längs
→ änge

angst

Angst
bangst
dangst
drangst
Himmelangst
prangst
sangst
Todesangst
→ ang, ange, angen

ängst

empfängst
hängst
längst
unlängst
verhängst
→ änge, ängen, engen, engst

angste

→ angen, angst

ängste

→ ängst

angsten

→ angen, angst

ängsten

→ ängst, engsten

ängstens

längstens
→ ängsten

angt

dankt
→ angen, angte

ängt

abgedrängt
angehängt
eingezwängt
fängt
gedrängt
→ ängen, engt

angte

bangte
dankte
prangte
verlangte
→ ange, anke

ängte

→ ängt

angten

→ ange, angte

ängten

→ ängt

angung

Erlangung
Spannung
Umspannung
→ ung

ängung

Bedrängung
Einzwängung
Erhängung
Verdrängung
Verhängung
→ engung

anich

→ anig

anie

Kleptomanie
Stephanie

änien

Germanien
Geranien
Kastanien
Oranien
Spanien

anig(ch)

sahnig
tranig
zahnig
•
ahn' ich
Kranich
→ ahnen

änig(ch)

mähnig
tränig
untertänig
•
erwähn' ich
gähn' ich
wähn' ich
→ änen

anik

Botanik
Mechanik
Panik

anisch

afrikanisch
amerikanisch
anorganisch
germanisch
manisch
mechanisch
monomanisch
organisch
ozeanisch
panisch
puritanisch
republikanisch
romanisch
satanisch
spanisch
spartanisch
titanisch
vulkanisch

ank

Ausschank
Bank
blank
Dank
ertrank
Fensterbank
Folterbank
frank
geisteskrank
Gerank
Gestank
Gezank
Göttertrank
krank
rank
Rasenbank
Ruderbank
Sandbank
sank
Schank
Schlachtbank
schlank
Schrank
Schulbank
Schwank
schwank
spiegelblank
Stank
stank
Tank
Trank

trank
Undank
Zank
→ ang, anken

änk
Getränk
Gezänk
sänk
→ änken, enk

änkchen
Bänkchen
Schränkchen
Schwänkchen
Tränkchen

anke
Anke
Flanke
Gedanke
Kranke
Opanke
Planke
Pranke
Ranke
Schranke
→ ank, anken

änke
Bänke
Getränke
Gezänke
Ränke
schänke
Schränke
Schwänke
Tränke
→ änken, enke

änkel
Bänkel
Geplänkel
→ änkeln, enkel

änkeln
bänkeln
kränkeln
plänkeln
→ änkel, enkeln

anken
bedanken
betranken
danken
erkranken
Flanken
kranken
ranken
sanken
schwanken
stanken
tanken
tranken
umranken
verdanken
versanken
wanken
zanken
→ ank, anke

änken
beschränken
eintränken
ertränken
kränken
sänken
tränken
verschränken
→ änke, enken

anker
Anker
blanker
franker
Janker
Tanker
→ ank

änker
blänker
kränker
Stänker
Zänker
→ enker

ankern
ankern
blankern
krankern
verankern

änkern
stänkern
→ änker, enkern

ankes
blankes
frankes
→ ank

ankhaft
krankhaft
schwankhaft
→ aft

ankheit
Krankheit
Schlankheit
→ eit

änkle
→ änklen

änklein
Tränklein
Fränklein
Schränklein
Schwänklein

änklen
kränklen
plänklen

änklich
kränklich
→ enklich

ankt
abgedankt
bangt
drangt
sakrosankt
sankt
verdankt
verzankt
→ anken

änkt
gekränkt
getränkt
unbeschränkt
unumschränkt
→ änken, enkt

änktheit
Beschränktheit
Gekränktheit
→ eit

ankung
Erkrankung
Schwankung
Umrankung
→ ung

änkung
Beschränkung
Ertränkung
Kränkung
→ enkung, ung

änlein
Fähnlein
Plänlein
Spänlein
Tränlein
→ änchen, ein

anlos
bahnlos
organlos
planlos
zahnlos

ann
alsdann
Ausspann
bann
Bann
dann
Edelmann
Ehemann
Fuhrmann
Gespann
Hampelmann
Heerbann
Hermann
Hintermann
Jägersmann
Johann
kann
Kaufmann
Klabautermann
Landsmann
Lebemann
Leiermann
Mann
Reitersmann
Sämann
sann
Schauermann
Schiedsmann
Seemann
Sensenmann
sodann
Spann
Spielmann
Staatsmann
Strohmann
Tann
Tyrann
Vorspann
Waidmann
Wandersmann
wann
Weihnachts-
mann
→ an, annen

annbar
bespannbar
mannbar

ännchen
Ännchen
Heinzelmänn-
chen
Hennchen
Kännchen
Männchen
Pfännchen
Stehauf-
männchen
Tännchen
Tennchen
Wännchen
Wichtel-
männchen

anne
Anne
bemanne
Granne
Hanne
Kanne
Manne
Marianne
Panne
Pfanne
Savanne
Susanne
Tanne
Wanne
→ an, annen

änne
entränne
ersänne
→ ännen, enne

annen
ausspannen
bannen
begannen
bemannen
besannen
bespannen
dannen, von
entmannen
entrannen
entspannen
ermannen
ersannen
gewannen
sannen
spannen
übermannen
überspannen
umspannen
verbannen
wannen, von
zerrannen
→ anne

ännen
gewännen
sännen
zerrännen
→ ennen

annend
entmannend
spannend
→ annen

anner
Banner
kann' er
spann' er
Spanner
→ annen

änner
Einspänner
Froschmänner
Männer
→ enner

annes
Johannes
kann' es
bann' es
→ annen

anni
Anni
Fanni
Nanni
→ i

ännlein
Männlein
Pfännlein
Tännlein
Wännlein
→ anne, ein

ännlich
männlich
→ ennlich

anns
Gespanns
kann's
Manns
→ ann, annen, ans

annst
gewannst
→ annen, anst

ännst
gewännst
→ enst

annt
abgebrannt
abgespannt
allbekannt
anerkannt
angebrannt
angespannt
ausgebrannt
ausgespannt
bemannt
benannt
bespannt
eingebrannt
eingespannt
durchgebrannt
gebannt
gebrannt
gekannt
genannt

gerannt
gespannt
hirnverbrannt
hochgespannt
kannt
rannt
sannt
spannt
übermannt
überrannt
überspannt
unbekannt
unbemannt
ungenannt
verbannt
verbrannt
verrannt
weltbekannt
wohlbekannt
wutentbrannt
→ and, anden, ant, ante, anten

ännt

gewännt
→ ent

annte

Bekannte
brannte
gebannte
gespannte
verkannte
→ annt, ante

annten

bannten
gebannten
sogenannten
→ ant, ante, anten

annter

Abgebrannter
Altbekannter
Stadtbekannter
ungenannter
Verbannter
Verkannter
→ ant, anten, anter

anntes

Bekanntes
Gebanntes
Verbranntes
→ ant

anntheit

Abgespanntheit
Bekanntheit
Gespanntheit
Gewandtheit
→ eit

annung

Abspannung
Anspannung
Bemannung
Bespannung
Entmannung
Entspannung
Ermannung
Spannung
Verbannung
→ ung

ans

ans
Faselhans
Gans
Hans
Stimulans
→ ann, annen, anns

ansch

Mansch
→ anschen

ansche

mansche
Gemansche
→ anschen

anschen

manschen
panschen
planschen

äns-chen

Fränzchen
Hänschen

anscher

Manscher
Panscher

anse

Franse
Hanse
Schimpanse

ansen

Fransen
Pansen
→ anse

anst

ausgefranst
befranst
Wanst
→ annst

ant

ahnt
ermahnt
geahnt
gebahnt
plant
→ ahnt, anen

ant

Adjutant
allerhand
ambulant
amüsant
Arrestant
arrogant
Aspirant
Atlant
au courant
Bacchant
Benefiziant
blümerant
Brabant
Brigant
brillant
brisant
charmant
Debütant
Dechant
Defraudant
Demonstrant
Denunziant
Diamant
Dilettant
Diskant
eklatant
Elefant
elegant
Emigrant
extravagant
Fabrikant
Fant
Flagelant
flagrant
frappant
galant
Garant
gebannt
genannt
gewandt
Gigant
gottgesandt
Gratulant
hochkant
Hospitant
Ignorant
imposant
Infant
Intendant
interessant
intolerant
intrigant
Kapitulant
Kommandant
Kommunikant
Komödiant
Konfirmand
konstant
konziliant
Krokant
kulant
Laborant
Leutnant
Lieferant
Mandant
markant
militant
Ministrant
mokant
Musikant
nonchalant
Passant
Pedant
penetrant
pikant
prägnant
Praktikant
pressant
Protestant
Proviant
Querulant
rasant
Rendant
Repräsentant
riskant
Schmant
Sekundant
Sergeant
Sextant
Simulant
Spant
Spekulant
süffisant
tolerant
Trabant
ungalant
uninteressant
unverwandt
Vagant
vakant
Verband
verwandt
Waterkant
→ and, annt, anten

ant (nasal)

Abonnement
Bonvivant
degoutant
Elan
en avant
Engagement
ennuyant
en passant
fatigant
Gourmand
Grand
Paravant
Pendant
Restaurant
Volant
→ and, ent (nasal)

änt

betränt
gegähnt
→ ähnen, äne

ante

Abgesandte
Andante
Bekannte
brannte
Dominante
elegante
Gesandte
Gouvernante
kannte
Kante
Konstante
pikante
rannte
Resultante
Sekante
Tante
Variante
Verwandte
wandte
→ ant, annten, ennen

antel

Hantel
Mantel
Tarantel

anten

bekannten
demanten
diamanten
sandten
Spanten
toleranten
verwandten
Wanten
→ annt, annte, annten, ant, ante

anter

eleganter
Gesandter
Kanter
Panther
Verwandter
→ annter

anti

avanti!
Chianti
in flagranti
Shanty
→ i

antig

grantig
hochkantig
kantig

antik

antik
Atlantik
Romantik
→ ik

antin

Bacchantin
Gratulantin
Komödiantin
→ ant, ante

antisch

atlantisch
bacchantisch
dilettantisch
gigantisch
komödiantisch
pedantisch
protestantisch
romantisch
→ ant

antschaft

Bekanntschaft
Gesandtschaft
Landschaft
Verwandtschaft
→ aft

antschen

pantschen
plantschen

anung

Planung
→ ahnung

anz

Abglanz
Allianz
Ambulanz
Arroganz
Bilanz
Brisanz
Dissonanz
Distanz
Eleganz
Extravaganz
Fans
Finanz
Firlefanz
Franz
ganz
Glanz

Ignoranz
Instanz
Intendanz
Intoleranz
Jungfernkranz
Konzilianz
Kranz
Kulanz
Lands
Lanz'
Lorbeerkranz
Monstranz
Mummenschanz
Ordonnanz
pflanz
Popanz
Prägnanz
Repräsentanz
Resonanz
Schlappschwanz
Schwanz
Substanz
Tanz
Toleranz
Totentanz
Vakanz
→ ant, anze, anzen

änz

bekränz
schwänz
→ änze, änzen, enz

änzchen

Fränzchen
Gänschen
Kränzchen
Länzchen
Pflänzchen
Ränzchen
Schwänzchen
Tänzchen

anze

Getanze
Hofschranze
Lanze
Pflanze
Pomeranze
Romanze
Schanze
Schranze
Stanze
Wanze
→ anz, anzen

änze

Gänze
Schwänze
Tänze
→ änzen, enz, enze, enzen

anzel

Gstanzel
Kanzel

änzel

Getänzel
Kränzel
Ränzel
Tänzel
Wenzel

änzeln

schwänzeln
tänzeln
→ enzeln

anzen

anranzen
bepflanzen
durchtanzen
Finanzen
fortpflanzen
kurranzen
Panzen
pflanzen
ranzen
schanzen
stanzen
tanzen
verfranzen
verpflanzen
verschanzen
zuschanzen
→ anz, anze

änzen

bekränzen
ergänzen
glänzen
Kränzen
schwänzen
umglänzen
umkränzen
→ änze, enze, enzen

anzer

Anranzer
ganzer
Landser
Panzer
Pflanzer
Ranzer
Schanzer

änzer

Eintänzer
Schwänzer
Tänzer
→ enzer

anzern

panzern
→ anzer

änzern

→ änzer

anzes

ganzes
→ anz

änzers

→ änzer

anzig

ranzig
zwanzig
•
tanz ich
→ anzen

änzlein

Pflänzlein
Schwänzlein
Tänzlein
→ änzen, ein

anzlos

glanzlos
kranzlos
schwanzlos
→ os

anzt

tanzt
→ anzen

änzt

beschwänzt
geschwänzt
umkränzt
→ änzen

anzung

Anpflanzung
Pflanzung
Verpflanzung
Verschanzung

änzung

Bekränzung
Ergänzung
Umkränzung

aos

Chaos
Laos
→ os

ap

Äskulap
Kap
→ ab, app

ape

Satrape
schrape

apel

Neapel
Stapel

apeln

aufstapeln
hochstapeln
Stapeln
zusammen-
schrapeln

apen

→ ape

aper

Aper
Gehaper
Kaper
Schraper

aperig

aperig
haperig
→ ig

apern

apern
hapern
kapern
Kapern
tapern

apf

Napf
Tannenzapf
→ apfen

äpfchen

Näpfchen
Zäpfchen

apfe

Fußstapfe
→ apf, apfen

äpfe

Näpfe
→ epfe

äpfel

Äpfel
Kräpfel

apfen

Eiszapfen
Fußstapfen
Krapfen
stapfen
verzapfen
zapfen

apfer

tapfer
Zapfer

aph

Biograph
Epitaph
Lithograph
Paragraph
Photograph
Seraph
Stenograph
Telegraph
→ äf, äv

aphen

Paraphen
→ aph

aphie

Biographie
Lithographie
Monographie
Typographie
→ aph

aphisch

photographisch
seraphisch
typographisch
→ aph, afisch

apie

Biographie
Therapie
→ aph, i

apo

da capo
→ o

app

Geklapp
Gelapp
Getrapp
Julklapp
klapp!
klipp-klapp!
knapp
Papp
papperlapapp
schlapp
schnapp!
schnipp,
schnapp!
schwapp!
Trab
Trapp
trapp, trapp!
tripp-trapp!
→ ab, ap, appen

äppchen

Häppchen
Käppchen
Kläppchen
Läppchen
Mäppchen

appe

Attrappe
Etappe
Flappe
Kappe
Klappe
Knappe
Mappe
Pappe
Rappe
Schellenkappe
Scheuklappe
tappe
Tarnkappe
Trappe
zuklappe
→ appen

appel

Gepappel
Getrappel
Gezappel
Pappel
Rappel
→ appeln

appeln

Pappeln
rappeln
schwappeln
trappeln
zappeln

äppeln

aufpäppeln
päppeln
veräppeln

appen

abknappen
berappen
ertappen
Happen
jappen
kappen
klappen
knappen
Lappen

pappen
schlappen
Schmacht-
lappen
schnappen
schrappen
schwappen
tappen
trappen
überschnappen
überschwappen
umklappen
verkappen
verknappen
verschnappen
Wappen
Waschlappen
wegschnappen
→ appe

apper

Berapper
Geklapper
Geplapper
Klapper
knapper
schlapper
Schnapper
Schrapper
Trapper

äpper

Schnäpper
→ epper

apperer

Klapperer
knapperer
Plapperer
→ apper

apperig

klapperig
plapperig
→ apper, ig

appern

klappern
knappern
plappern
schlappern
→ apper

äppern

läppern
schnäppern
verläppern
→ appern

appes

Kappes
knappes
→ appe

appheit

Knappheit
Schlappheit
→ eit

appig

happig
lappig
schlappig
tappig

äppisch

läppisch
täppisch

apps

schnapps!
→ aps

appt

angepappt
gekappt
übergeschnappt
→ abt, appen

appung

Berappung
Ertappung
Verkappung
Verknappung
→ ung

aps

Flaps
Klaps
Kollaps
Schnaps
schwaps
Trabs
→ apps

äps-chen

Kläpschen
Schnäpschen
→ aps

apse

grapse
tapse
trappse
→ appen, apsen

apsen

abknapsen
flapsen
japsen
schnapsen
→ apse

apsig

flapsig
klapsig
tapsig

apst

Papst
schrapst
→ abst

ar

Aar
abdingbar
absehbar
abtrennbar
abwendbar
achtbar
Adebar
Aktuar
Alkazar
Altar
anfechtbar
angreifbar
annehmbar
Antiquar
anwendbar
atomar
aufführbar
ausführbar
auslösbar
aussprechbar
Autocar
Balthasar
Bar
bar
Barbar
Bazar
bemerkbar
beugbar
beweisbar
bewohnbar
bezähmbar
bezwingbar
Boudoir
Boulevard
brauchbar
Cäsar
Dagmar
dankbar
dar
dehnbar
denkbar
dienstbar
Dietmar
Dollar
drehbar
Dromedar
Edgar
Ehepaar
ehrbar
elementar
erkennbar
erlernbar
eßbar
Exemplar
faßbar
Februar
formbar
Formular
Freischar
fruchtbar
fühlbar
fürwahr
gangbar
gar
gebar
genießbar
greifbar
Haar
haftbar
haltbar
Hangar
Heerschar
heizbar
Hochaltar
Honorar
hörbar
immerdar
insular
Inventar
jagdbar
Jaguar
Januar
Jubilar
Justitiar
Kar
Kaspar
Katarrh
Kaviar
Kinderschar
klar
knetbar
Kommentar
Kommissar
kostbar
kristallklar
kündbar
lapidar
legendar
lehrbar
lenkbar
lernbar
Liebespaar
lösbar
Lothar
Maar
Mahr
mannbar
merkbar
meßbar
Missionar
mittelbar
Mobiliar
nachweisbar
Nektar
Notar
nutzbar
offenbar
Oskar
Ottokar
Paar
passierbar
Pflugschar
polar
Potiphar
Primar
Radar
rar
Referendar
Reimar
reizbar
Reservoir
rettbar
ruchbar
säkular
Samovar
schandbar
Schar
schauderbar
Scholar
Seminar
sichtbar
Snackbar
sogar
sonderbar
sonnenklar
spaltbar
Star
stern(en)klar
strafbar
streckbar
Talar
tilgbar
tragbar
trinkbar
Trinkbar
übersehbar
übertragbar
unabsehbar
unabweisbar
unanehmbar
unantastbar
unauflösbar
unausrottbar
unaussprechbar
unaustilgbar
unbeirrbar
unberechenbar
unbesiegbar
unbeugbar
unbezahlbar
unbezähmbar
unbrauchbar
undankbar
undenkbar
unerklärbar
unfaßbar
unfehlbar
unfruchtbar
Ungar
unheilbar
unklar
unlösbar
unmittelbar
unnahbar
unrettbar
unsagbar
unscheinbar
unsichtbar
unstillbar
untragbar
unvereinbar
unverkennbar
unversiegbar
unwägbar
unwandelbar
unzerstörbar
unzertrennbar
urbar
verbrennbar
verwertbar
Vikar
Vogelschar
Volkmar
vollstreckbar
wägbar
wahr
wahrnehmbar
Waldemar
wandelbar
war
wunderbar
Zar
Zirkular
zwar
→ ahr

är

Air
Aktionär
autoritär
Bär
doktrinär
erklär
fair
familiär
Funktionär
Gewähr
imaginär
konträr
leger
Legionär
Mär
Militär
Millionär
ordinär
Parlamentär
pekuniär
Pensionär
plein-air
primär
reaktionär
regulär
revolutionär
Sekretär
sekundär
Solitär
stationär
ungefähr
Veterinär

visionär
Volontär
vulgär
wär
→ ären, er

ara

Niagara
Sahara
Sara
Tara

arb

verstarb
→ arben

ärb

färb
→ erb

ärbchen

Bärbchen
Gärbchen
Närbchen

arbe

Barbe
darbe
Farbe
Garbe
Narbe
Trumpffarbe
→ arben

ärbe

färbe
→ erbe

ärbel

Bärbel
→ erbel

arben

bewarben
darben
erwarben
Farben
Garben
Landesfarben
Mischfarben
Narben
starben
verdarben
vernarben
warben
→ arbe

ärben

•abfärben
•entfärben
•färben
•schönfärben
•verfärben
→ erben

ärber

Schönfärber
→ erber

arbig

farbig
narbig
→ ig

arbige

Farbige
Narbige
→ arbig, ige

ärbst

färbst
→ erbst

arbt

benarbt
genarbt
verdarbt
→ arben

ärbt

gefärbt
→ ärben, erbt

ärbung

Färbung
→ erbung

arch

Monarch
Patriarch

arche

Arche
Geschnarche
→ archen

archen

Archen
Monarchen
schnarchen
→ arch, arche

ärchen

Ammenmär-
chen
Bärchen
Jährchen
Klärchen
Märchen
Pärchen
Zigärrchen
→ erchen

archisch

anarchisch
hierarchisch
monarchisch
→ isch

ard

Bastard
Bernhard
Blizzard
Bußhard
Eberhard
Eduard
Gebhard
Gerhard
Hasard
Hildegard
Leonhard
Leopard
Lienhard
Medard
Reinhard
Richard
Standard
ward
→ ahrt, arde,
art

arde

Avantgarde
Barde
Bombarde
Garde
Hellebarde
Mansarde
Milliarde
→ ard

ärde

gebärde
gefährde
→ erde

arden

Hasarden
→ arde

ärden

Gebärden
→ ärde, erden

are

abdingbare
Bajuware
Bannware
behaare
Bulgare
Fanfare
Gare
Haare
Lätare
Modeware
offenbare
Paare
schare
sonderbare
Stare
Talmiware
Ware
→ ahre, ar, aren

äre

Affäre
Bäre
Barriere
Fähre
familiäre
Gäre
gewähre
Gondoliere
Hemisphäre
Hetäre
imaginäre
Märe
Megäre
Schäre
Schimäre
Schwäre
Stratosphäre
Ungefähre
währe
wäre
Zähre
→ ähre, är, aren,
ere

arem

bahrem
garem
Harem
→ ar

aren

Aaren
abdingbaren
aufklaren
aussparen
bewahren
einsparen
enthaaren
erfahren
Gebaren
Janitscharen
im klaren
Laren
paaren
Scharen
sparen
vereinbaren
verfahren
waren
wunderbaren
→ ahren, ar, are

ären

erklären
gären
gebären
hären
mären
schwären
→ är, äre

arend

gebarend
paarend
sparend
→ aren

ärend

fortwährend
schwärend
während
→ ären

arer

Bewahrer
Fahrer
klarer
Sparer
Weltraumfahrer
wunderbarer
→ ahr, ar

ärer

Aufklärer
Erklärer
Ernährer
fairer
familiärer
vulgärer
→ är

ares

klares
bares
→ ar

arf

Bedarf
bedarf
entwarf
haarscharf
messerscharf
scharf
warf
→ arfen

ärf

schärf
→ ärfen, erfen

arfe

Harfe
Larve
scharfe
→ arf, arfen

ärfe

Schärfe
→ ärfen, erfe

arfen

entwarfen
harfen
verwarfen
warfen
→ arf, arfe

ärfen

•anschärfen
•entschärfen
•schärfen
→ erfen

arfes

Bedarfes
darf es
scharfes
warf es
→ arfen

arfst

darfst
→ arfen

arft

→ arfen

ärft

geschärft
→ ärfen, erft

arg

Arg
arg
barg
Sarg
verbarg
wortkarg
→ argen, ark

arge

arge
Karge
verarge
Zarge
→ arg

ärge

bärge
Särge
→ erge

argen

im argen
einsargen
verbargen
→ arge

ärgen
Särgen
→ ergen

arger
→ arg

ärger
Ärger
ärger
Kärger
→ erger

argst
bargst
→ argen

argt
eingesargt
kargt
→ argen, argt

arheit
Klarheit
Wahrheit
→ arrheit, eit

ari
Askari
Larifari
pari
Safari
Stradivari

arie
Araukarie
Arie
→ arien

arien
Antiquarien
→ ar, arium

arier
Parlamentarier
Proletarier
Vegetarier

arig(ch)
fahrig
haarig
paarig
•
fahr' ich
war ich
→ aren

ärig
minderjährig
willfährig
→ ährig

arisch
antiquarisch
arisch
barbarisch
dokumentarisch
exemplarisch
kommissarisch
kulinarisch
parlamentarisch
proletarisch
solidarisch
statutarisch
summarisch
vegetarisch

arium
Aquarium
Diarium
Herbarium
Planetarium
Szenarium
Terrarium

ark
autark
Clerk
Grenzmark
hark
Jeanne d'Arc
Knochenmark
Mark
Park
Quark
stark
→ arg, arke, arken

ärk
bestärk
→ erk

arke
Barke
Harke
Marke
parke
Starke
→ ark, arken

ärke
Stärke
→ erke

arkeit
•Fruchtbarkeit
•Lustbarkeit
•Reizbarkeit
•Unbeugsamkeit
•Undankbarkeit
•Unfehlbarkeit
•Unwägbarkeit
•Wandelbarkeit
→ eit

arken
brandmarken
erstarken
harken
Marken
→ ark, arke

ärken
verstärken
→ erken

ärker
stärker
→ ark, erker

arkt
geharkt
geparkt
Infarkt
Jahrmarkt
Markt
parkt
→ argt, arken

arkten
markten
→ arken

ärkten
→ ärken, erken

arkung
Erstarkung
→ arken, ung

ärkung
Stärkung
→ ung

ärlein
Jährlein
Märlein
Pärlein
→ ein

arlich
beharrlich
wahrlich

ärlich
erklärlich
gefährlich
jährlich
spärlich
unerklärlich
ungefährlich
→ ährlich

arlos
gefahrlos
haarlos

arm
Alarm
arm
Arm
Charme
Darm
Gott erbarm
Fangarm
Farm
Gendarm
Harm
Hebelarm
Schwarm
umarm
warm

ärm
erwärm
Gedärm
Gelärm
Lärm
→ ärmen, erm

ärmchen
Ärmchen
Schwärmchen

arme
→ arm, armen

ärme
Därme
Schwärme
Wärme
→ ärm, ärmen, ermen

armen
Armen
Carmen
erbarmen
umwarmen
verarmen
→ arm, arme

ärmen
durch-
schwärmen
erwärmen
härmen
lärmen
schwärmen
umschwärmen
wärmen
→ ärm, ermen

armer
Armer
Farmer
warmer

ärmer
ärmer
Lärmer
Schwärmer
wärmer

armes
armes
→ arm

ärmlich
ärmlich
erbärmlich
→ ich

armlos
armlos
harmlos
→ os

ärmt
aufgewärmt
ausgeschwärmt
erwärmt
lärmt
schwärmt
verhärmt
wärmt
→ ärmen

armung
Erbarmung
Umarmung
Verarmung
→ ung

arn
Farn
Garn
Harn
nektarn
→ arne

arne
tarnen
umgarnen
verwarnen

arnen
→ arn

ärner
Kärner
→ erner

arnis
Ersparnis
Fahrnis
→ is

arnung
Tarnung
Umgarnung
Verwarnung
Warnung
→ ung

arr
bizarr
Geknarr
Gequarr
Gescharr
Geschnarr
Hansnarr
Hofnarr
Narr
starr
unstarr
Wirrwarr
→ arre, arren

ärr
Geplärr
→ err

ärrchen
Herrchen
Närrchen

arre
Barre
Darre
Geknarre
Gequarre
Gitarre
Kandare
Karre
Knarre
Pfarre
Schnarre
Starre
Zigarre
→ arr, arren

ärre
plärre
→ erre

arren
anstarren
erstarren
harren
knarren
narren
quarren
scharren
Schmarren
schnarren
Sparren
starren
verharren
verscharren
→ arr, arre

ärren
→ ärre, erren

arrer
bizarrer
Pfarrer
Karrer
starrer

arrheit
Bizarrheit
Narrheit
Starrheit
→ arren, eit

arrig
halsstarrig
knarrig
sparrig

arrisch
närrisch
→ errisch

ärrt(e, en)
→ ärre, ert

arrung
Beharrung
Erstarrung
Verscharrung
→ ung

ärs
erfahr's
Jahrs
Paars
war's
→ ar, aren

arsch
Arsch
barsch
Harsch
marsch!
Vormarsch

arschen
Barschen
verharschen

arst
barst
Karst
warst
→ arre

arsten
starrsten
verkarsten
→ arst

ärt
Abart
allerart
Art
Bart
behaart
benachbart
Blaubart
Denkart
derart
Doggart
Eckart
Gegenwart
geoffenbart
gepaart
geschart
gespart
Grimbart
Hasard
hauchzart
Himmelfahrt
Lebensart
offenbart
Rauschebart
solcherart
spart
Spielart
Tonart
Unart
zart
Zufahrt
→ ahrt

art
apart
halpart
hart
Hauswart
Leopard
Part
Quart
smart
stahlhart
Start
Tankwart
Wart
wart
Widerpart
→ appen, arten

ärt
abgeklärt
aufgeklärt
unaufgeklärt
ungeklärt
verklärt
wärt
→ ährt, ären, ērd

ärtchen
Bärtchen
Schwärtchen
→ ärten

ärtchen
Gärtchen
Kärtchen
→ ärten

ärte
entarte
Gelahrte
Geoffenbarte
haarte
→ ahrte, ärt

arte
Bonaparte
Astarte
Karte
Quarte
Scharte
Schwarte
Sparte
Spielkarte
Standarte
starte
Sternwarte
verharrte
Wetterkarte
Wetterwarte
zuscharrte
→ arren, art, arten

ärte
Bärte
verklärte
→ ährte, ären, ärt, ärten, eren

ärte
erhärte
Härte
plärrte
→ erte

ärten
ausarten
bejahrten
entarten
gewahrten
hochgelahrten
offenbarten
→ ährten, ärt, ārte

arten
abwarten
aufwarten
erwarten
Garten
Irrgarten
Karten
starten
warten
zuwarten
→ arren, art, arte

ärten
Fährten
Gefährten
verklärten
→ ährte, ärt, ārte

ärten
abhärten
erhärten
Experten
Gärten
härten
Offerten
→ ärte, erten

ärter
Bejahrter
Hochgelahrter
→ ahrt, ärt

arter
Marter
Starter
vernarrter
→ art

ärter
Anwärter
Aufwärter
härter
Wärter
→ ärte, erter

ärtern
zartern
→ ärt, ärte

artern
martern
→ arte, arter

ärtet
entartet
wahrtet
→ ären

artet
abgekartet
erwartet
gestartet
wartet
→ arren, arten

ärtet
abgehärtet
→ ärten, erten

ärtig (ch)
•abartig
•affenartig
•andersartig
•artig
•bösartig
•derartig
•eigenartig
•einzigartig
•fremdartig
•großartig
•neuartig
•ruckartig
•unartig
•
gewahrt' ich
spart' ich
→ ären

artig (ch)
schartig
schwartig
•
knarrt' ich
start' ich
→ aren, arren

ärtig (ch)
bärtig
•
ehrt' ich
→ ären, ehren

ärtig (ch)
anderwärtig
auswärtig
gegenwärtig
hoffärtig
widerwärtig
•
härt ich
plärrt' ich
→ ärten, ertig

ärtigen
abartigen
→ artig

artigen
schartigen
→ artig

ärtigen
bärtigen
→ ärtig

ärtigen
gewärtigen
→ ärtig

arts
Barts
wart's
→ ärt, ärz

ärts
•abwärts
•auswärts
•heimwärts
•rückwärts
•vorwärts
→ ärz, erz

artung
Entartung
Erwartung
→ arten, ung

ärtung
•Abhärtung
•Erhärtung
→ ärten, ung

arung
Behaarung
Bewahrung
Einsparung
Erfahrung
Gebarung
Offenbarung
Paarung
Verwahrung
Wahrung
→ ung

ärung
Bewährung
Erklärung
Ernährung
Gärung
Gewährung
Klärung
Verjährung
Verklärung
Währung
→ erung, ung

arven
entlarven
→ arfen

ärz
Harz
Quarz
•
erfahrt's
wart's
→ ären, ärts

arz
schwarz
•
erwart's
erharrt's
knarrt's
Starts
ward's
→ arren, art

ärz
himmelwärts
März
schwärz'
Vormärz
→ ärts, erz

arze
Parze
Warze
→ arz, arzen

ärze
Schwärze
→ erze

ārzen
harzen
→ ārze

ärzen
anschwärzen
Märzen
→ erzen

arzer
Karzer
Schwarzer

arzig
harzig
quarzig
warzig
→ ig

ärzlich
märzlich
schwärzlich
→ erzlich

arzt
Arzt
verharzt
→ arzen

ärzt
geschwärzt
→ erzt

arzten
verarzten
verharzten

ās (ß)
Aas
aß
Ausmaß
besaß
Chrysopras
Ebenmaß
erlas
Erlaß
ermaß
fraß
Gas
genas
Glas
Gleichmaß
Gras
las
Mamas
Maß
Nikolas
Rabenaas
sah's
saß
Saufraß
Schauglas
Topas
Übermaß
Unmaß
vergaß
Vielfraß
Wertmaß
Wetterglas
→ ā, āsen, āßen, ēsen, ēssen

as (ß)
Ablaß
Aderlaß
alias
Ananas
Andreas
Anlaß
As
Aß
Atlas
Augias
Barras
Baß
blaß
Boreas
Csardas
das
daß
Durchlaß
Einlaß
Elias
Engpaß
en masse
Erlaß
etwas
Faß
faß!
Felizitas
Gelaß
Harras
Haß
in vino veritas
Judas
Kompaß
kraß
Kuraß
laß!
Lukas
Messias
Montparnasse
Nachlaß
naß
Pallas
Parnaß
Paß
praß!
Primas
Pulverfaß
Ras
Rassenhaß
Straß
Texas
Thomas
Tobias
überdas
Ukas
Unterlaß
Urias
verlaß
verpraß
was
Zacharias
zupaß
→ assen

äs
à la baisse
Geäs
Käs'
läs
→ äsen, äß, aßen

asch
Allasch
Asch
Aufwasch
Gulasch
lasch
Mischmasch
Panasch
Pasch
rasch
wasch
Wischwasch
→ aschen

äsch
Genäsch
Gewäsch
→ esch

ǟschchen
Fläschchen
Täschchen

āsche (nasel)
Apanage
Avantage
Bagage
Bandage
Blamage
Courtage
Equipage
Eremitage
Garage
Kledasche
→ age (nasal)

asche
Asche
Flasche
Gamasche
hasche
Lasche
Masche
Plappertasche
Plaudertasche
rasche
Tasche
→ aschen

ǟsche
Wäsche
→ esche

äsche
Genäsche
Gewäsche
→ eschen

ascheln
kascheln
rascheln

aschen
abwaschen
auswaschen
erhaschen
haschen
naschen
paschen
überraschen
ungewaschen
vernaschen
verwaschen
waschen
→ asch, asche

aschel
Flaschel
Geraschel

ǟs-chen
Bäschen
Bläschen
Gläschen
Gräschen
Häschen
Näschen
Väschen

äs-chen
Fäßchen
Gäßchen
Späßchen

aschend
überraschend
→ aschen

ascher
Ascher
lascher
Nascher
Pascher
rascher

äscher
Häscher
Näscher
Wäscher
→ escher

äschern
äschern
einäschern
→ äscher, escher

aschheit
Laschheit
Raschheit
→ eit

ase
Ase
Base
Blase
Ekstase
Emphase
Fase
Gase
Gaze
Geblase
Gerase
Glase
Grase
Hase
Klatschbase
Nase
Oase
Osterhase
Phase
Phrase
Seifenblase
Spürnase
Stubsnase
Vase
→ as, asen

äse
Chaise
Fräse
Gebläse
genäse
Käse
Polonaise
→ äsen

asel
Basel
Gefasel
Hasel

asen
aasen
abblasen
anblasen
aufblasen
blasen
einblasen
Fasen
fortblasen
genasen
grasen
lasen
Rasen
rasen
umblasen
vergasen
Wasen
Wrasen
→ ēse, ēsen

äsen
äsen
fräsen
käsen
läsen
→ äse

asend
abblasend
→ asen

äsend
äsend
→ äsen

aser
Aser
Blaser
Gefaser
Glaser
Graser
Maser
Raser
Spinnfaser
Vergaser

äser
Äser
Einbläser
Fräser
Gläser
Gräser

äserchen
Fäserchen

Gräserchen
→ äser

aserig
faserig
maserig

asern
fasern
masern
→ aser

äsern
gläsern
→ äser

asert
gemasert
→ asern

ases
→ ase

aset
→ asen

äset
abäset
→ äse

asie
Euthanasie
Phantasie
→ i

asig(ch)
aasig
blasig
glasig
grasig
plattnasig
•
gras' ich
ras' ich
→ asen

äsig
hochnäsig
käsig

asion
Okkasion
→ ion

aske
Baske
Maske

asko
Fiasko
Kasko

asmen
Miasmen
Phantasmen
Sarkasmen
Spasmen

asmus
Enthusias-
mus
Marasmus
Pleonasmus
Sarkasmus
Spasmus

aspel
Gehaspel
Geraspel
Haspel
Paspel
Raspel

aspeln
haspeln
raspeln
verhaspeln
→ aspel

äß
auftragsgemäß
Blutgefäß
Gefäß
Gesäß
naturgemäß
ordnungsgemäß
pflichtgemäß
res, in media
sinngemäß
Staubgefäß
unzeitgemäß
wahrheitsgemäß
zeitgemäß

äßchen
Äßchen
Bläßchen
Fäßchen
Gäßchen
Späßchen
Täßchen
→ eßchen

asse
Asse
Barkasse
Brasse
Gasse
Grimasse
Insasse
Kasse
Klasse
Masse
passe
Pinasse
prasse
Rasse
Tasse
Terrasse
Trasse
Unmasse
→ as, assen

aße
Fraße
Gespaße
Maße
spaße
Straße
→ aßen

ässe
Ablässe
Anlässe
Bässe
Blässe
Erlässe
Nässe
Pässe
→ essen

aße
genäße
Gesäße
säße
Späße
vergäße
→ äß, esse

assel
Assel
Gemassel
Geprassel
Gequassel
Gerassel
Massel
quassel
Rassel
Schlamassel
→ asseln

asseln
prasseln
quasseln
rasseln
vermasseln

assen
abfassen
Aderlassen
anfassen
anlassen
anpassen
ausgelassen
auslassen
außerachtlassen
befassen
blassen
durchlassen
einfassen
einlassen
einpassen
entlassen
erblassen
erfassen
erlassen
fahrenlassen
fassen
freilassen
gelassen
gottverlassen
hassen
herablassen
herbeilassen
hinterlassen
lassen
liegenlassen
lockerlassen
nassen
niederlassen
offenlassen
passen
prassen
schassen
sitzenlassen
steckenlassen
überlassen
übriglassen
umfassen
unterfassen
unterlassen
veranlassen
verblassen
verfassen
verlassen
vermassen
verpassen
verprassen
zerlassen
zufassen
zurücklassen
zusammen-
fassen
→ as, asse

ässen
durchnässen
→ ässe, essen

aßen
anmaßen
aßen
besaßen
dermaßen
einigermaßen
folgendermaßen
fraßen
gewissermaßen
gezwungener-
maßen
gleichermaßen
maßen
mutmaßen
saßen
solchermaßen
verdientermaßen
vergaßen
vermaßen
→ aße

äßen
äßen
besäßen
Gefäßen
→ äße

assend
abblassend
herablassend
→ assen

aßend
anmaßend
→ aßen

assene
überlassene
hinterlassene
→ assen

asser
Abwasser
Altwasser
Aufpasser
blasser
Erblasser
Hasser
Hochwasser
Kielwasser
krasser
nasser
Oberwasser
Prasser
Unterwasser
Veranlasser
Verfasser
Wasser
Weihwasser

ässer
blässer
Fässer
Gewässer
nässer
→ esser

ässerchen
Wässerchen
→ ässer

assern
notwassern
→ asser

ässern
blässern
entwässern
verwässern
→ ässer, essern

ässert
gewässert
→ ässern

asses
Aderlasses
Anlasses
blasses
laß es

assig (ßig)
erstklassig
gespaßig

ässig
ansässig
aufsässig
Essig
fahrlässig
gehässig
lässig
nachlässig
unablässig
undurchlässig
unzulässig
unzuverlässig
zulässig
zuverlässig
→ essig

äßig
anteilmäßig
erfahrungs-
mäßig
gefräßig
gefühlsmäßig
gesetzmäßig
gespäßig
gewerbsmäßig
gewohnheits-
mäßig
gleichmäßig
instinktmäßig
mäßig
mittelmäßig
planmäßig
rechtmäßig
regelmäßig
saumäßig
übermäßig
unmäßig
unrechtmäßig
vorschrifts-
mäßig
zweckmäßig

äßigen
mäßigen
→ äßig

assisch
klassisch
parnassisch

äßlein
Späßlein
Sträßlein
→ aße

aßler
Praßler
Säbelraßler

äßlich
anläßlich
bläßlich
gräßlich
häßlich
unerläßlich
unpäßlich
verläßlich
→ eßlich

asso
Hasso
Inkasso
Lasso
→ o

äßt
saßt
vergaßt
→ aßen, äst

aßt
aufgepaßt
eingefaßt
gefaßt
gehaßt
gepaßt
gepraßt
gespaßt
→ assen, ast

aßung
Anmaßung
→ aßen, ung

assung
Abfassung
Anpassung
Entlassung
Fassung
Freilassung
Niederlassung
Unterlassung
Vermassung
Zulassung

äst
aast
abgegrast
blast
geaast
vergast
verglast
→ asen, aßen, äßt

ast
Ast
Ballast
Bast
Bombast
Damast
Enthusiast
fast
Gast
Glast
Gymnasiast
Halbmast
hast
Hast
Knast
Kontrast
Last
Mast
Morast
Palast
Phantast
Quast
Rast
rast
Unrast
→ asse, assen, aßt

äst (ßt)
äst
Äßt
abgeäst
bläst
geäst
krähst
mähst
säst
vergäßt
→ äßen, est

äst (ßt)
durchnäßt
erläßt
Geäst
läßt
näßt
verläßt
→ est

ästchen
Ästchen
Kästchen
Palästchen
Quästchen
→ estchen

äste
→ äsen, ästen

aste (ßte)
Paste
paßte
praßte
Quaste
Taste
überhaste
→ ast, asten

äste (ßte)
→ ästen, este

ästeln
einkästeln
verästeln
verkästeln
→ esteln

ästen
aasten
grasten
rasten

asten (ßten)
anlasten
anpaßten
auflasten
belasten
betasten
entlasten
erblaßten
faßten
fasten
haßten
hasten
Lasten
Leierkasten
paßten
rasten
tasten
verhaßten
→ ast, aste

ästen (ßten)
Ästen
durchnäßten
Gästen
Geästen
Kästen
mästen
Morästen
näßten
Palästen
→ esten

aster (ßter)
Alabaster
Aster
Desaster
gehaßter
geschaßter
Knaster
Laster
Pflaster
Pilaster
Raster
Taster
verpraßter
Zaster
→ ast

äster (ßter)
durchnäßter
Geläster
→ ester

asterei
Phantasterei
→ ei

asterer
Pflasterer
→ aster

astern
klabastern
rastern
→ aster

ästern
•lästern
•verlästern
→ estern

astert
gepflastert
→ astern

astes
Astes
verblaßtes
→ ast, asten

astest
verblaßtest
→ ast, asten

astig
astig
hastig
morastig

ästig
ästig
lästig

ästigen
•belästigen
•lästigen
→ estigen

ästigung
Belästigung
→ estigung, ung

astik
Phantastik
Plastik

astisch
bombastisch
drastisch
dynastisch
elastisch
enthusiastisch
gymnastisch
phantastisch
plastisch
sarkastisch

ästlein
Ästlein
Quästlein
→ ast, ein

astlos
astlos
rastlos

astung
Belastung
Entlastung
Rastung

asung
Einblasung
Entgasung
→ ung

ät
Achat
Advokat
Aggregat
akkurat
Akrobat
Apostat
Aristokrat
Asiat
Attentat
Aussaat
Autokrat
Automat
bat
bejaht
Bluttat
Brokat
Bürokrat
delikat
Demokrat
Deputat
desolat
Destillat
Dezernat
Diktat
Direktorat
disparat
Doktorat
Draht
Duplikat
Elaborat
Fabrikat
Format
Freveltat
Geheimrat
Gewalttat
Goliath
Granat
Grat
Greueltat
Großtat
Hanseat
Heimat
Heldentat
Hochverrat
Hofrat
Hofstaat
Hosennaht
Internat
Kandidat
Karat
Kastrat
Kombinat
Konglomerat
Konsulat
Konzentrat
Legat
Maat
Magistrat
Magnat
Majorat
Mandat
Missetat
Mißtat
Monat
Moritat
Naht
naht
Nugat
obligat
obstinat
Opiat
Ordinariat
Ornat
parat
Passat
Pastorat
Plagiat
Postulat
Patriarchat
Patronat
Pensionat

Pirat
Plagiat
Plakat
Pontifikat
Potentat
Postulat
Prädikat
Prälat
Präparat
Primat
privat
probat
Proletariat
Protektorat
Quadrat
rabiat
Rat
Referat
Rektorat
Renegat
Reservat
Resultat
Rückgrat
Saat
saht
Salat
Schandtat
Sekretariat
Senat
separat
Skat
Soldat
Spagat
Staat
Stipendiat
Straftat
Substrat
Surrogat
Tat
tat
Telephonat
Traktat
trat
Tribunat
Triumvirat
Übeltat
Unflat
Unrat
Untat
Verrat
Vorrat
Wohltat
Zertifikat
Zierat
Zitat
Zölibat
Zutat
→ ad, ede, aden, aht, ate, aten

at

anstatt
Bakkarat
Blatt
fiat!
glatt
hat
matt
Lagerstatt
Nimmersatt
patt
pereat!
platt
Rabatt
Sabatt
satt
Stadt
statt
→ ad

ät

Admiralität
Aktivität
Aktualität
aufgebläht
Autorität
berät
besät
Bestialität
Diät
Duplizität
Elastizität
Fakultät
Formalität
Fraternität
gemäht
genäht
Generalität
Gerät
gerät
gesät
Humanität
Identität
Individualität
Intensität
Intimität
Jovialität
Kalamität
Kapazität
Kollegialität
kräht
Kuriosität
mäht
Majestät
Majorität
Mentalität
Minorität
Neutralität
Originalität
Parität
Pietät
Porträt
Pubertät
Qualität
Quantität
Rarität
Realität
Relativität
Rivalität
sät
Schwulität
spät
tät
tête-à-tête
trät
Trivialität
Universität
verrät
verschmäht
Virtuosität
Vitalität
zugenäht
→ ähe, ähen, aten, et

ätchen

Brätchen
Drähtchen
Dukätchen
Grätchen
Käthchen
Städtchen
Traktätchen
→ ädchen

ate

Agathe
Fermate
Jubilate
Kantate
Kate
Kemenate
nahte
Oblate
Pate
Rate
rate
Renate
Staate
Tomate
→ ät, aten

äte

Drähte
Geräte
Gräte
Nähte
Räte
räte
späte
Städte
täte
→ ähe, ähen, äten

atem

Atem
akkuratem
→ ät

aten

anraten
baten
beraten
braten
Daten
durchwaten
Dukaten
entraten
erbaten
erraten
Granaten
heiraten
mißraten
nahten
Penaten
privaten
Soldaten
Spaten
Taten
taten
übelberaten
ungeraten
verbaten
verraten
vertraten
waten
widerraten
→ ahten, ät, ate

äten

aufgeblähten
bäten
Diäten
jäten
mähten
Raritäten
Realitäten
verschmähten
verspäten
→ ähen, ät, äte, eten

ater

Alma mater
Allvater
Berater
Frater
Kater
Krater
Mater
Pater
Prater
Rater
Theater
Vater
→ ät

äter

Äther
Attentäter
Missetäter
Sanitäter
Städter
Sweater
Täter
Übeltäter
Väter
Wohltäter
Wundertäter
→ ähe, ät, ēter

äterisch

altväterisch
verräterisch

atern

delikatern
probatern
verkatern
→ ater

atert

gematert
verkatert

ates

adäquates
Achates
tat es
→ ät

atet

beheimatet
ratet
unverheiratet
verheiratet
→ aten

athie (atie)

Antipathie
Diplomatie
Plutokratie
→ i

atig (ch)

fadig
gradig
madig
monatig
•
bat ich
rat ich
→ ät, aten

ätig (ch)

gewalttätig
grätig
hochkarätig
mildtätig
stetig
tätig
unflätig
vorrätig
wohltätig
•
jät' ich
tät' ich
→ äten

ätige

Erwerbstätige
→ ätig, ätigen

ätigen

bestätigen
betätigen
→ ätig

atik

Akrobatik
Batik
Dogmatik
Dramatik
Pneumatik
Problematik
Statik
Systematik

atiker

Phlegmatiker
→ atik

atin

Akrobatin
Patin
→ in

ation

Altertation
Autorisation
Bonifikation
Dedikation
Deflation
Deformation
Degeneration
Deklamation
Deklaration
Delegation
Denunziation
Deportation
Detonation
Disqualifikation
Dissertation
Faszination
Formation
Gratifikation
Habilation
Illustration
Imagination
Immatrikulation
Improvisation
Infiltration
Inklination
Instrumentation
Integration
Inthronisation
Intonation
Isolation
Kanalisation
Kapitulation
Kolonisation
Kombination

Kommunikation
Komplikation
Konfiskation
Konfrontation
Konspiration
Konstellation
Konsultation
Koordination
Kopulation
Kreation
Kulmination
Liquidation
Lokalisation
Machination
Manipulation
Materialisation
Meditation
Mystifikation
Mobilisation
Modifikation
Mumifikation
Nation
Negation
Okkupation
Ondulation
Ordination
Perlustration
Personifikation
Präsentation
Prolongation
Qualifikation
Ratifikation
Realisation
Reformation
Regeneration
Reklamation
Rekommandation
Renovation
Repräsentation
Rezitation
Simplifikation
Spekulation
Stagnation
Stimulation
Strangulation
Subordination
Transpiration
Ventilation
Vibration
Zirkulation
→ ion

atisch

akrobatisch
antipathisch
aristokratisch
aromatisch
autokratisch
automatisch
bürokratisch
demokratisch
diplomatisch
dogmatisch
dramatisch
ekstatisch
fanatisch
klimatisch
morganatisch
phlegmatisch
problematisch
programmatisch
quadratisch
schematisch
soldatisch
statisch
sympathisch
symptomatisch
systematisch
traumatisch

ätisch

gravitätisch
majestätisch
Nähtisch
paritätisch

ativ

alternativ
autoritativ
dekorativ
fakultativ
informativ
operativ
repräsentativ
spekulativ
→ iv

ative

Alternative
Initiative
Legislative
→ ativ, iv, ive

atlich

drahtlich
monatlich
staatlich
→ ät

ätlich

rätlich
tätlich

atlos

nahtlos
ratlos
tatlos
→ os

ato

dato
Erato
Legato
vibrato
→ o

ator

Agitator
Alligator
Äquator
Auktionator
Diktator
Examinator
Gladiator
Imitator
Imperator
Improvisator
Inszenator
Kalkulator
Kommentator
Organisator
Plagiator
Präparator
Reformator
Registrator
Regulator
Restaurator
Rezitator
Senator
Taxator
Totalisator
Transformator
Triumphator
Usurpator
Ventilator
→ or

ätsch

Knatsch
Latsch
Lulatsch
Tratsch
→ ätschen

atsch

Abklatsch
Kladderadatsch
Klatsch
klatsch!
klitsch-klatsch!
Klumpatsch
Matsch
patsch!
pitsch-patsch!
Quatsch
ritsch-ratsch!
Tolpatsch
→ atschen

ätsch

Mätch
→ etsch

ätsche

Bratsche
Geknatsche
Gelatsche
Getratsche
Latsche
Ratsche
Watsche
→ ätschen

atsche

Geklatsche
Gepatsche
Gequatsche
Klatsche
Matsche
Patsche
Tatsche
→ atsch, atschen

ätsche (en)

Grätsche
Kardätsche

ätscheln

hätscheln
tätscheln
verhätscheln

ätschen

karbatschen
latschen
pflatschen
pratschen
ratschen
tratschen
→ ätsch

atschen

klatschen
matschen
patschen
platschen
quatschen
ratschen
tatschen
verklatschen
→ atsche

atscher

Klatscher
Patscher
Quatscher
→ atschen

ätscher

Geplätscher
→ etscher

att

anstatt
Blatt
Feigenblatt
glatt
Goliath
hat
Hofstatt
Kleeblatt
Lagerstatt
matt
Nimmersatt
patt
platt
Rabatt
schachmatt
satt
Schildpatt
spiegelglatt
Stadt
statt
Wahlstatt
Werkstatt
→ at, atte, atten

ätt

glätt
hätt'
→ ätten, ett

ättchen

Blättchen
Plättchen
→ etchen

atte

Debatte
Fregatte
Gatte
Kasematte
Krawatte
Latte
Matte
Mulatte
Patte
platte
Rabatte
Ratte
Schratte
Tratte
Watte
→ at, att, atten

ätte

Gaststätte
Glätte
Grabstätte
Lagerstätte
Ruhestätte
Stätte
→ ette

attel

Dattel
Sattel

ättel

Sättel
→ ettel

atteln

satteln
schuhplatteln
umsatteln
→ attel

ätteln

Sätteln
→ etteln

atten

abstatten
ausstatten
beschatten
bestatten
ermatten
erstatten
gestatten
hatten
matten
Platten
satten
Schatten
umschatten
wiedererstatten
zurückerstatten
zustatten
→ att, atte

ätten

glätten
hätten
plätten
→ etten

atter

Gatter
Geflatter
Geknatter
Geratter
Geschnatter
Gevatter
Natter
→ att

ätter

Blätter
Geblätter
glätter
→ etter

atterer

matterer
Schnatterer
→ atter

attern

Blattern
ergattern
flattern
knattern

rattern
schnattern
vergattern
→ att, atter

ättern
•beblättern
•Blätter
•durchblättern
•entblättern
→ ätter, ettern

attert
geflattert
verdattert
→ atter

attes
glattes
→ at, att

ättes
glätt' es
hätt' es
plätt' es
→ ätte

attet
abgeplattet
→ atten

ättet
glättet
→ ätten

attheit
Glattheit
Mattheit
Plattheit
Sattheit
→ eit

attig
blattig
mattig
plattig
schattig

ättlein
Blättlein
Plättlein
Krättlein
→ atte, ätte

attler
Sattler
Schuhplattler

atts
hat's
Rabatts
→ at, att, atz

attung
Abschattung
Ausstattung
Begattung
Beschattung
Bestattung
Ermattung
Erstattung
Gattung
Umschattung

ättung
Glättung
→ ettung

atum
Datum
Fatum
Ultimatum

atur
Applikatur
Diktatur
Muskulatur
Registratur
Stukkatur
Titulatur
→ ur

atz
Absatz
Aufsatz
Aussatz
Besatz
Einsatz
Entsatz
Ersatz
Fortsatz
Fratz
Gegensatz
Geschmatz
Grundsatz
Hatz
Hosenmatz
Kratz
Latz
Piepmatz
platz!
Platz
Ratz
Satz
Schatz
Schmatz
Schwatz
Spatz
Umsatz
Untersatz
Versatz
Vorsatz
Zusatz
→ atze, atzen

ätz
Gekrätz
Geschwätz
→ ätzen, etz

ätzchen
Frätzchen
Kätzchen
Lätzchen
Mätzchen
Plätzchen
Sätzchen
Schmätzchen
Schwätzchen
Spätzchen
Tätzchen

atze
Gekratze
geschwatze
Glatze
Katze
Matratze
Pratze
Tatze
→ atz, atzen

ätze
Geschwätze
Krätze
Plätze
Schätze
schmätze
→ atz, atze, ätzen, etze

ätzel
Kätzel
Schätzel
Tätzel

atzen
atzen
Batzen
beschwatzen
brandschatzen
kratzen
patzen
platzen
schatzen
schmatzen
schwatzen
verpatzen
→ atz, atze

ätzen
abschätzen
einschätzen
schätzen
schwätzen
überschätzen
unterschätzen
verschätzen
wertschätzen
→ ätze, etzen

atzer
Kratzer
Patzer
Wolkenkratzer

ätzer
Krätzer
Schätzer
Schwätzer
→ etzer

atzig
glatzig
katzig
kratzig
patzig

ätzig(ch)
abschätzig
aussätzig
geringschätzig
geschwätzig
krätzig
•
schätz' ich
schwätz' ich
→ ätzen, etzig

ätzlich
•gegensätzlich
•grundsätzlich
•vorsätzlich
→ etzlich

atzt
gebrandschatzt
gekratzt
→ atze, atzen

ätzt
geschätzt
→ ätzen, etzen

atzung
Atzung
Besatzung
Beschwatzung
Satzung
Zerkratzung
Zerplatzung
→ ung

ätzung
Ätzung
Gering-
schätzung
Schätzung
Verätzung
→ ätzen, etzung

au
Au
au!
Aufbau
Ausbau
Bau
Blau
Dau
Donau
Esau
flau
Frau
Gau
genau
grau
Hau
Jungfrau
Kalau
Kotau
k. v.
lau
Leichenschau
mau
miau!
Modeschau
Pfau
Rabau
Radau
rauh
Rückschau
Sau
Schau
schau!
schlau
Stau
Tau
trau!
vertrau!
Vogelschau
Vorbau
wau-wau!
Wiederaufbau
→ auen

äu
bedräu
Bräu
Gebäu
Gebräu
vertäu
→ äuen, eu

aub
Espenlaub
Laub
Raub
Staub
taub
Urlaub
Verlaub, mit
→ auben

äubchen
Häubchen
Läubchen
Schräubchen
Stäubchen
Täubchen
Träubchen

aube
Aberglaube
bestaube
Daube
Daumen-
schraube
entlaube
Friedenstaube
Geschnaube
Glaube
Haube
Laube
Schaube
Schlaube
Schraube
Taube
Traube
Turteltaube
Unglaube
→ aub, auben

äube
bestäube
→ äuben

auben
abschrauben
abstauben
anstauben
ausrauben
belauben
berauben
beurlauben
erlauben
glauben
klauben
rauben
schnauben
schrauben
stauben
tauben
verschrauben
verstauben
→ aube

äuben
abstäuben
bestäuben
betäuben
stäuben
sträuben
überstäuben
zerstäuben

aubend
wutschnaubend
zeitraubend
→ auben

äubend
haarsträubend
→ äuben

auber
blitzsauber
Budenzauber
Hubschrauber
sauber
Tauber
unsauber
Urlauber
Wortklauber
Zauber

äuber
Räuber
Täuber
Zerstäuber

auberer
sauberer
Zauberer
→ auber

aubern
entzaubern
saubern
verzaubern
zaubern
→ auber

äubern
ausräubern
räubern
säubern
Zerstäubern
→ äuber

aubernd
bezaubernd
→ aubern

äubernd
→ äubern

aubig(ch)
schraubig
traubig
•
belaub' ich
→ auben

äubig(ch)
gläubig
sträubig
•
sträub' ich
→ äuben

aubigen
beglaubigen
staubigen
schraubigen
→ auben

äublein
Schräublein
Stäublein
Täublein
Träublein
→ aube

aubt
geschraubt
Haupt
überhaupt
unerlaubt
→ auben, aupt

äubt
gestäubt
→ äuben

aubte
entlaubte
Totgeglaubte
→ aubt, aupte

äubte
bestäubte
→ äubt

aubten
behaupten
enthaupten
geraubten
glaubten
schnaubten
schraubten
verstaubten
→ aubt, aupten

äubten
Häupten
stäubten
→ äubt

aubung
Belaubung
Beraubung
Bestaubung
Beurlaubung
Entstaubung
→ ung

äubung
Bestäubung
Betäubung
Zerstäubung
→ ung

auch
auch
Bauch
Brauch
Gauch
Gebrauch
Hauch
Lauch
Mißbrauch
Rauch
Schlauch
Schmauch
Strauch
Verbrauch
Volksbrauch
Weihrauch
Windhauch
→ auchen

äuch
Gesträuch
→ äuche, euch

auche
Jauche
→ auch, auchen

äuche
Bäuche
Bräuche
Gebräuche
Gesträuche
Schläuche
→ euche

auchen
anfauchen
anhauchen
auftauchen
brauchen
einhauchen
eintauchen
fauchen
gebrauchen
hauchen
krauchen
mißbrauchen
rauchen
schlauchen
schmauchen
stauchen
tauchen
untertauchen
verbrauchen
verhauchen
verstauchen

äuchen
Bräuchen
→ äuche, euchen

äu-chen
Kläuchen
Säuchen
→ au

aucher
Kraucher
Raucher
Schmaucher
Taucher
Verbraucher

äuchern
ausräuchern
beweihräuchern
Sträuchern

auches
Hauches
•
brauch' es
→ auch, auche

auchig(ch)
bauchig
jauchig
rauchig
schlauchig
strauchig
•
brauch' ich
tauch' ich
→ auchen

aucht
aufgebraucht
ausgehaucht
behaucht
Durchlaucht
Erlaucht
erlaucht
gebraucht
verraucht
→ auchen

auchung
Einhauchung
Eintauchung
Verstauchung

auchze(n)
fauchze
Gejauchze
jauchze
umjauchzen

aud
•Edeltraud
•Gertraud
•Waldtraut
→ aut

aude
Baude
Staude
Traude
→ aud

äude
Gebäude
Räude
→ eude

auder
Geplauder
Schauder

auderei
Plauderei
Zauderei

auderer
Plauderer
Zauderer

audern
plaudern
schaudern
verplaudern
zaudern

aue
Aue
Augenbraue
baue
blaue
Braue
Kaue
Klaue
→ au, auen

äue
Bläue
käue
Säue
Schläue
→ äuen, eue

äuel
Knäuel
→ euel

äueln
knäueln
→ eueln

auen
abbauen
abflauen
abhauen
anschauen
anvertrauen
bebauen
beschauen
betrauen
blauen
brauen
durchhauen
durchschauen
erbauen
ergrauen
Frauen
getrauen
Grauen
grauen
hauen
kauen
klauen
krauen
miauen
mißtrauen
Morgengrauen
rauhen
schauen
schlauen
stauen
tauen
trauen
umschauen
unterbauen
verdauen
verhauen
versauen
vertrauen
vorbauen
wahrschauen
zerkauen
zuhauen
zusammenbauen
Zutrauen
→ au, aue

äuen
bedräuen
dräuen
einbläuen
vertäuen
widerkäuen
→ euen

auend
abbauend
trauend
→ auen

äuend
käuend
→ äuen

auer
Ausdauer
Bauer
Beschauer
Bildhauer
Brauer
Dauer
Erbauer
flauer
Gassenhauer
genauer
Kalauer
Lauer

Mauer
Nassauer
sauer
Schauer
schlauer
Tower
Trauer
Vogelbauer
Zuschauer

äuer
Gemäuer
Häuer
Wiederkäuer
→ euer

äuerlich
bäuerlich
säuerlich
→ euerlich

auern
bedauern
betrauern
dauern
einmauern
erschauern
genauern
kalauern
kauern
lauern
mauern
nassauern
rauhern
trauern
verbauern
versauern
→ au, auer

äuern
häuern
säuern
→ äuer, euern

auernd
dauernd
trauernd
lauernd
→ auern

äuert
gesäuert
→ euert

auerung
Betrauerung
Untermauerung
Verbauerung
Versauerung

aues
blaues
→ au

auf
Ablauf
bergauf
darauf
drauf
frühauf
Gelauf
Gerauf
Geschnauf
Glückauf!
Hauf
hellauf
herauf
hierauf
hinauf
Knauf
Knauf
landauf
lauf!
Lauf
obenauf
obendrauf
rauf!
sauf!
Stapellauf
Sternenlauf
stromauf
Verlauf
vollauf
Wettlauf
wohlauf
worauf
Zeit(en)lauf
→ aufen

äuf
ersäuf
Geläuf
→ äufen, euf

aufe
Feuertaufe
Gelaufe
Geraufe
Gesaufe
Geschnaufe
Haufe
Kaufe
Laufe
raufe
Schlaufe
Taufe
Traufe
Trümmerhaufe
→ auf, aufen

äufe
Käufe
Knäufe
Läufe
Verkäufe
→ aufe, äufen

äufel
Geträufel
Häufel
→ eufel

äufeln
einträufeln
häufeln
träufeln
→ eufeln

aufen
ablaufen
anlaufen
belaufen
besaufen
einkaufen
ersaufen
gefahrlaufen
kaufen
laufen
Misthaufen
nachlaufen
raufen
saufen
Scheiterhaufen
schnaufen
taufen
traufen
überlaufen
umlaufen
unterlaufen
verkaufen
verlaufen
versaufen
verschnaufen
zusammenlaufen
→ aufe

äufen
ersäufen
häufen
träufen
→ äufe, eufen

aufend
→ aufen

äufend
anhäufend
→ äufen

aufer
Raufer
Schnaufer

äufer
Käufer
Läufer
Säufer
Täufer
Vorläufer

aufig (ch)
knaufig
•
kauf' ich
lauf' ich
→ aufen

äufig (ch)
beiläufig
geläufig
läufig
rückläufig
weitläufig
•
häuf' ich
→ äufen

aufst
laufst
→ aufen

äufst
→ äufen, aufen

auft
→ aufen

äuft
→ äufen, euft

äug
äug'
säug'
→ augen, eug

auge
Auge
Lauge
→ augen

äuge
Gesäuge
→ äugen, eugen

augen
einsaugen
saugen
taugen
laugen
→ auge

äugen
äugen
beäugen
säugen
→ eugen

äugig (ch)
einäugig
•
äug' ich
säug' ich
→ äugen, augen

äugt
äugt
geäugt
gesäugt
→ äugen, eugt

auhen
rauhen
→ auen

auig
auig
klauig
tauig

auk
Klamauk
→ auken

auke
Gepauke
Pauke
Rabauke
→ auken

aukel
Gegaukel
Geschaukel
Schaukel
→ aukeln

aukeln
gaukeln
schaukeln
umgaukeln
→ aukel

auken
einpauken
pauken
rabauken
→ auk, auke

aukler
Gaukler
Schaukler

aul
faul
Gaul
Kraul
Maul
Paul
Saul
→ aulen

äulchen
Gäulchen
Knäulchen
Mäulchen
Säulchen
→ aul, eulchen

aule
→ aul, aulen

äule
Fäule
Gäule
Säule
→ eule

äulein
Fräulein
Säulein
→ aul

aulen
faulen
graulen
jaulen
kraulen
maulen
verfaulen
vergraulen
→ aul

äulen
Gäulen
Säulen
→ eulen

aulich
anschaulich
beschaulich
erbaulich
fraulich
traulich
verdaulich
vertraulich
zutraulich

äulich
bläulich
gräulich
jungfräulich
→ äulig, eulich

aulichkeit
Anschaulichkeit
Baulichkeit
Beschaulichkeit
→ aulich

aulig
faulig
maulig
→ aul

äulig
großmäulig

hartmäulig
vielsäulig
→ aul, äulich, eulich

aulust

Baulust
Schaulust
→ ust

aum

Abraum
Abschaum
Alptraum
Baum
Christbaum
Flaum
Himmelsraum
Hohlraum
kaum
Lagerraum
Lebensbaum
Lebensraum
Lichterbaum
Liebestraum
Maibaum
Mastbaum
Meerschaum
Purzelbaum
Raum
Saum
Schaum
Schlagbaum
Seifenschaum
Spielraum
Stammbaum
Tannenbaum
Traum
Vorraum
Wachtraum
Weihnachts-baum
Welt(en)raum
Wunschtraum
Zaum
Zeitraum

äumchen

Bäumchen
Däumchen
Pfläumchen
Räumchen
Säumchen
Zäumchen
→ aum

aume

Geraume
Pflaume
→ aum

äume

Bäume
Säume
Schäume
Träume
Zäume
→ aum

aumel

Gebaumel
Taumel

aumeln

baumeln
taumeln

aumen

aufbaumen
Daumen
flaumen
Gaumen
Pflaumen
→ aum

äumen

aufbäumen
aufräumen
aufschäumen
aufzäumen
bäumen
räumen
säumen
schäumen
träumen
überschäumen
umsäumen
versäumen
zäumen
→ äume

äumer

Räumer
Säumer
Träumer

äumig

geräumig
säumig
schäumig

aumig

flaumig
schaumig

äumlein

Bäumlein
Säumlein
→ aum, ein

äumt

aufgebäumt
aufgezäumt
gesäumt
geträumt
gezäumt
ungesäumt
verträumt
→ äumen

äumung

Abzäumung
Einzäumung
Räumung
Umzäumung
Versäumung
→ ung

aun

abgehauen
braun
Clown
Faun
Fraun
Graun
schaun
traun!
Vertraun
→ au, aune, auen

äun

bräun
dräun
umzäun'
wiederkäun
→ äuen, eun

aune

Alraune
Daune
Geraune
Kaldaune
Laune
Posaune
→ aun, aunen

äune

Bräune
→ äunen, eune

aunen

bestaunen
Daunen
erstaunen
posaunen
raunen
staunen
→ aun, aune

äunen

bräunen
umzäunen
zäunen
Zäunen
→ eunen

auner

abgehauner
Ausposauner
brauner
Gauner
Rauner
→ auen

aunern

braunern
ergaunern
Gaunern

aunt

ausposaunt
erstaunt
gelaunt
posaunt
raunt
staunt
→ aunen

äunt

bräunt
gebräunt
→ äunen, aunt

aunzen

Maunzen
Raunzen

äupchen

Gräupchen
Räupchen

aupe

Graupe
Raupe
Staupe

aupel

graupeln
knaupeln

aupt

glaubt
Haupt
überhaupt
→ auben, aubt

aupte

Haupte
→ aube, aupten

aupten

behaupten
enthaupten
raubten
→ aube

äupter

gestäupter
Häupter

äure

Säure
→ eure

aurer

Laurer
Maurer
saurer

aurig

schaurig
traurig

aus

Applaus
Armenhaus
aus
Baus
beschau's
Blockhaus
Braus
daraus
Daus, ei der
draus
durchaus
Findelhaus
Flaus
frei heraus
Garaus
Gartenhaus
Gasthaus
Gebraus
geradeaus
geradeheraus
Graus
Haus
heraus
hieraus
hinaus
Irrenhaus
Kehraus
Krankenhaus
kraus
Laus
Lugaus
Maus
Mickymaus
Narrenhaus
Nikolaus
obenaus
obenhinaus
Ohrenschmaus
Rathaus
raus!
Reißaus
rundheraus
Saufaus
Saus
Saus und Braus
Schmaus
Schneckenhaus
Spritzenhaus
Stammhaus
Stanislaus
Tollhaus
Treibhaus
überaus
Vaterhaus
voraus
Waisenhaus
weitaus
Wirtshaus
wohinaus
voraus
Zeughaus
Zuchthaus
zuhaus
→ au, auen, auß

äus

Gebäus
Gebräus
Gehäus
Läus'
Mäus'
vertäu's
→ eus

ausam

grausam
trausam

ausch

Alm(en)rausch
Austausch
Bausch
Flausch
lausch
plausch
Rausch
Tausch
Umtausch
→ auschen

äusch

enttäusch'
Geräusch
täusch'
→ eusch

äuschchen

Bäuschchen
Räuschchen
→ ausch

ausche(n)

aufbauschen
bauschen
belauschen
berauschen
eintauschen
lauschen
plauschen
rauschen
tauschen
umtauschen

verrauschen
vertauschen
→ ausch

äusche(n)
enttäuschen
Geräuschen
täuschen
→ eusche,

äus-chen
Häuschen
Kläuschen
Knusper-
häuschen
Läuschen
Mäuschen
Päuschen
Sträußchen

auschend
berauschend
→ auschen

äuschend
→ äuschen

äuscher
Täuscher
→ euscher

auschig
bauschig
flauschig
lauschig
→ ig

auscht
aufgebauscht
→ auschen

auschung
Berauschung
Vertauschung
→ ung

äuschung
Täuschung
→ ung

ause
Banause
Brause
Flause
Gebrause
Gesause
Geschmause
Gezause
Jause
Klause
Krause
nachhause
Pause
Ruhepause
Sause
schmause
→ aus, ausen

äuse
Gehäuse
Gekräuse
Läuse
Mäuse
→ euse

äusel
Gesäusel
→ äuse

äuseln
kräuseln
säuseln

äuselt
angesäuselt
gekräuselt
→ äusel

ausen
aufbrausen
brausen
erbrausen
grausen
hausen
jausen
krausen
lausen
mausen
Münchhausen
pausen
sausen
schmausen
umbrausen
verschmausen
zausen
zerzausen
→ ause

äusen
Mäusen
→ äuse, eusen

ausend
hausend
potztausend
tausend
→ ause, ausen

auser
Geknauser
grauser
Knauser
krauser
Lauser
Mauser
Sauser
Schmauser

äuser
Duckmäuser
Häuser

ausern
knausern
mausern
→ auser

ausig
grausig
mausig
→ ig

äuslein
Häuslein
Mäuslein
Sträußlein
→ ein

äusler
Häusler
Säusler

auß
drauß
Strauß
→ aus

außen
außen
draußen
Straußen

aust
baust
Faust
graust
haust
schaust
schmaust
verlaust
zerzaust
→ aue, ausen

auste
brauste
→ au, ause,
ausen

austen
fausten
→ auste

auster
Auster
gekrauster
gemauster
genauster
→ auste

austes
baust es
zerzaustes
→ aust, auste

aut
abgebaut
abgeflaut
Äronaut
aufgerauht
Bärenhaut
betaut
Braut
Gänsehaut
halblaut
Haut
Heidekraut
kleinlaut
Knockout
Kraut
Laut
Maut
überlaut
Unkraut
versaut
Vorlaut
Windsbraut
wohlgebaut
Wohllaut
zerkaut
→ auen, ause

äut
gebläut
dräut
Geläut
→ äuen, eut

äutchen
Bräutchen
→ aut, äut

aute
Flaute
Kraute
Laute
Raute
schaute
taute
traute
Traute
Vertraute
→ auen, aut,
auten

äute
Bräute
Gekäute
Häute
läute
→ äuen, eute

auten
abbauten
Bauten
Getrauten
krauten
lauten
verlauten
vertrauten
→ aut, aute

äuten
abläuten
bläuten
Bräuten
Häuten
läuten
→ äuen, euten

auter
ergrauter
gebauter
Klabauter
Krauter
unlauter
vertrauter
→ aut

äuter
bedräuter
erläuter
gebläuter
Kräuter
→ euter

äutern
erläutern
Kräutern
→ eutern

autes
baut es
Krautes
trautes
→ aut

autheit
Erbautheit
Ergrautheit
Vertrautheit

autig
krautig
rautig

äutig(ch)
häutig
bedräut' ich
läut' ich
→ äuen, eutig

autisch
krautisch
nautisch

auts
Lauts
schauts
→ aut, auz

autsch
autsch!
Couch

autschen
Kautschen
knautschen

autste
lautste
trautste
•
schnauzte

äutung
Ausläutung
Häutung
→ eutung

auung
Anschauung
Anstauung
Bebauung
Betrauung
Erbauung
Ergrauung
Stauung
Trauung
Verdauung

auz
bauz!
Kauz
pladauz!
pardauz!
plauz
schnauz'
graut's
Krauts
Lauts
taut's
→ auten, aut,
auts, auzen

äuzchen
Käuzchen
Schnäuzchen
→ euzchen

auze
Plauze

Schnauze
→ auzen

auzen
anschnauzen
mauzen
plauzen
schnauzen
→ auze

äuzen
Käuzen
→ euzen

auzig
großschnauzig
kauzig
schnauzig

av
brav
konkav
Gustav
→ af, aph, ave

ave
Agave
Ave
Enklave
Exklave
konkave
Oktave
Sklave
Slave
→ av

aven
Agaven
Braven
versklaven
→ ave

aver
braver
Kadaver
Palaver
Xaver

ax
Klimax
lax
Max
Pax
Skribifax
→ achs

axe
Faxe
Haxe
Kraxe
kraxe
Traxe
Taxe
→ achse

axeln
kraxeln
→ achseln

axen
→ achsen, axe

axt
Axt
taxt
→ achst

äxte
Streitäxte
→ exen, ext

e

ade
Allee
allez!
Andre
Armee
Atelier
Attaché
auweh!
Baiser
Bankier
Beauté
Bébé
Budget
Cachenez
Café
Chalet
Charité
Chaussee
Chevalier
Collier
Conférencier
Coupé
Cuplet
Croupier
Defilée
Decolleté
Diner
Dragée
Drapé
eh!
Ekarté
Entree
Exposé
Fair play
Fee
gardez!
Gelee
Hautevolee
Heimweh
herrje!
herrjemine!
Idee
in corpore
in spe
je
jemine!
Jeunesse dorée
Kaffee
Kanapee
Karree
Klee
Komitee
Kupee
Lee
Livree
Matinee
Metier
Moiré
Moschee
nee!
Negligé
Nouveauté
Oboe
o je!
o jemine!
Orchidee
per se
Plissee
Portier
Protegé
Renommee
Rentier
Resümee
Roué
Salome
Schnee
See
Séparée
Soiree
Soufflé
Souper
Tee
Toupet
Tournee
Variété
→ eh, ehen, ier

eau
Beau
Chapeau
Chateau
Tableau

eb
Cape
leb
geb
Reep
→ eben

ebe
Gewebe
Hebe
Rebe
Schwebe
Spinn(ge)webe
Strebe
→ eben

ebel
Faible
Feldwebel
Hebel
Knebel
Nebel

ebeln
benebeln
einnebeln
knebeln
nebeln
→ ebel

eben
abgeben
abheben
Ableben
achtgeben
angeben
anheben
ankleben
aufgeben
aufgegeben
aufheben
aufstreben
ausgeben
beben
begeben
beheben
beigeben
bekanntgeben
bekleben
Bestreben
daneben
durchbeben
durchleben
eben
eingeben
entheben
entschweben
erbeben
ergeben
erheben
erleben
erstreben
festkleben
freigeben
geben
gegeben
gottergeben
heben
heimgeben
herausgeben
hergeben
hierneben
hingeben
hochheben
hochleben
hochstreben
kleben
kundgeben
kundgegeben
Leben
leben
Lotterleben
neben
preisgeben
schweben
soeben
stattgeben
Stilleben
streben
treuergeben
übergeben
überheben
überleben
umgeben
umheben
umschweben
uneben
untergeben
vergeben
verheben
verkleben
verschweben
verweben
weben
widerstreben
wiederbeleben
wiedergeben
Wohlleben
woneben
zugeben
zugegeben
zustreben
→ ebe

ebend
ausschlag-
gebend
belebend
erhebend
maßgebend
vergebend
wildlebend
→ eben

ebende
Belebende
Gebende
Strebende
Überlebende
Vergebende
→ ebend

ebene
Ebene
gegebene
Hochebene
Tiefebene
Untergebene

ebenen
→ ebene

ebens
Aufhebens
geben's
Lebens
Strebens
vergebens
zeitlebens
→ eben

eber
Angeber
Eber
Gastgeber
Geber
Heber
Kleber
Leber
Ratgeber
Streber
Treber
Urheber
Weber

ebig(ch)
freigebig
kurzlebig
zielstrebig

•
geb' ich
lieb' ich
→ eben

eblich(g)
angeblich
buchstäblich
erheblich
neblig
überheblich
unerheblich
vergeblich
vorgeblich

ebne(n)
Ebnen
ebnen
gegebnen
Untergebnen
→ eben

ebnis
Begebnis
Ergebnis
Erlebnis

ebs
erleb's
Gott vergeb's
Krebs
vergeb's
→ ebe, eben

ebse(n)
Kebsen
Krebsen
krebsen

ebst
hebst
→ ebe, eben

ebt(en)
abgelebten
durchgelebten
webten
→ ebe, eben

ebung
Aufhebung
Behebung
Belebung
Bestrebung
Eingebung
Enthebung
Ergebung
Hebung
Hervorhebung
Hingebung
Schwebung
Strebung
Überhebung
Überlebung
Umgebung
Vergebung
Verstrebung
Verwebung
Zustrebung

ech(e)
Bleche
breche
Breche
Freche
Peche
steche
verspreche
widerspreche
zeche
Zeche
→ äch, ächem, echen

echel
Hechel
→ ächel

echeln
→ ächeln

echen
abbrechen
abschwächen
absprechen
abstechen
anbrechen
anstechen
aufbrechen
aufstechen
ausbrechen
aussprechen
ausstechen
besprechen
bestechen
bezechen
blechen
brechen
durchbrechen
durchsprechen
durchstechen
durchzechen
ehebrechen
einbrechen
einstechen
erbrechen
erfrechen
erstechen
frechen
freisprechen
fürsprechen
gebrechen
hohnsprechen
Kopfzerbrechen
losbrechen
lossprechen
radebrechen
Rechen
sprechen
stechen
umbrechen
unterbrechen
Verbrechen
zechen
zerbrechen
zerstechen
zusammen-
brechen
zusprechen
→ ächen, ech(e)

echend
ansprechend
entsprechend
halsbrechend
herzbrechend
vielversprechend
zeitentspre-
chend
zweckentspre-
chend
→ echen

echens
sprechen's
Verbrechens
→ echen

echer
Abstecher
Bahnbrecher
Becher
Brecher
Ehebrecher
Einbrecher
Fernsprecher
frecher
Freudenbecher
Fürsprecher
Knobelbecher
Kupferstecher
Lautsprecher
Sorgenbrecher
Sprecher
Stecher
Streikbrecher
Verbrecher
Wellenbrecher
Würfelbecher
Zecher
→ ächer

echerei
Durchstecherei
Sprecherei
→ echer

echern
bechern
blechern
→ ächern, echer

echlich
bestechlich
gebrechlich
unbestechlich
unaussprech-
lich
unzerbrechlich
zerbrechlich
→ ächlich

echs
sechs
→ äcks, ech, echsen, eck, ex

echse
Echse
Eidechse
Hexe
→ ächse, echs, echsen, ecks, ex, exe

echsel
Briefwechsel
Gedrechsel
Kurswechsel
Stoffwechsel
Wechsel
Wildwechsel
Wortwechsel
→ echseln

echseln
auswechseln
drechseln
einwechseln
hechseln
umwechseln
verwechseln
wechseln

echsen
Flechsen
sechsen
→ ächsen, echs, echse, ecksen, exen

echsler
Drechsler
Wechsler

echst
sechst
→ ächst, echsen, ecken, eckst, ext

echt
Albrecht
Anrecht
Armenrecht
aufrecht
echt
Faustrecht
folgerecht
Gefecht
Geflecht
gerecht
Geschlecht
Grundrecht
Haberecht
Hecht
Henkersknecht
kunstgerecht
Landsknecht
Leberecht
lotrecht
mundgerecht
recht
Recht
regelrecht
Ruprecht
scheitelrecht
schlecht
senkrecht
Specht
sportgerecht
Standrecht
stilgerecht
Stimmrecht
unecht
ungerecht
unrecht
Vorrecht
waag(e)recht
waschecht
winkelrecht
Wortgefecht
zurecht
→ ächt, eche, echen, echten

echte(n)
anfechten
blechten
durchfechten
durchflechten
einflechten
entrechten
erfrechten
fechten
Flechten
Gerechten
knechten
verfechten
verflechten
verknechten
zechten
→ ächte, echt

echtens
nächtens
Rechtens
→ echten

echter
Bezechter
Fechter
Gerechter
Geschlechter
schlechter
Spiegelfechter
Verfechter
→ ächter, echt

echtern
gerechtern
verschlechtern
→ ächter, echter

echtes
echtes
rächt es
schwächt es
→ echt

echtigen
•berechtigen
•bevorrechtigen
→ ächtigen

ächtigt
•berechtigt
•gleichberechtigt
→ ächtigt

echtigung
Berechtigung
→ ächtigung, ung

echtlich
geschlechtlich
rechtlich
→ ächtlich

echts
rechts
sprecht's
→ echt

echtung
Anfechtung
Entflechtung
Knechtung
Verfechtung
Verflechtung
→ ächtung, ung

echung
Abschwächung
Besprechung
Bestechung
Brechung
Freisprechung
Heiligsprechung
Unterbrechung
Versprechung
→ ächung

echzen
lechzen
→ ächzen

eck
Besteck
Come back
Crack
Deck
Dreck
Eck
Endzweck
Fleck
Gebäck
Geck
Gedeck
Heck
keck
Leck
meck-meck!
Reck
Schandfleck
Scheck
Schleck
Schreck
Selbstzweck
Shag
Speck
Treck
übereck
Verdeck

Versteck
Weck
Zweck
→ äck, ecken, eg

eckchen

Deckchen
Eckchen
Fleckchen
Schneckchen
→ äckchen

ecke

Decke
Dornenhecke
Hecke
Recke
Schnecke
Schmollecke
Schnecke
Strecke
→ äcke, eck, ecken

eckel

Deckel
Säckel
Teckel
→ äckel

eckeln

deckeln
säckeln

ecken

abdecken
ablecken
abschrecken
abstecken
anecken
anstecken
aufstecken
aufwecken
aushecken
Becken
bedecken
beflecken
beklecken
belecken
bezwecken
blecken
decken
Ecken
einwecken
entdecken
erkecken
erschrecken
erstrecken
erwecken
Flecken
hecken
klecken
lecken
necken
niederstrecken
recken
schlecken
schmecken
schrecken
stecken
Stecken
strecken
trecken
überdecken
umstecken
verdecken
verdrecken
verrecken
verstecken
vollstrecken
wecken
zurückschrecken
zustecken
zwecken
→ äcken eck, ecke

eckend(e)

wohl-
schmeckende
→ ecken

ecker

Abdecker
Dachdecker
Ecker
Entdecker
Erwecker
Feinschmecker
Geklecker
Gemecker
Geschlecker
lecker
Schlecker
Speichellecker
Stecker
Trecker
Verstecker
Vollstrecker
Wecker
→ äcker, eck

eckerer

Meckerer
Schleckerer
→ ecker, erer

eckern

bekleckern
kleckern
meckern
schleckern
→ ecker

eckes

leckes
Verdeckes
→ eck

eckig(ch)

dreckig
fleckig
scheckig
speckig

•
leck' ich
schmeck' ich
→ äckig, ecken

ecklich

erklecklich
schrecklich

ecklos

flecklos
schrecklos
zwecklos

ecks

Flecks
Gedecks
Klecks
Schrecks
Zwecks
→ ex

ecksen

klecksen
→ exen

eckst

schreckst
verkleckst
→ ecken

eckt

abgedeckt
Affekt
angesteckt
Architekt
Aspekt
aufgeschreckt
aufgeweckt
besteckt
Defekt
Dialekt
direkt
Effekt
gedeckt
gefleckt
geleckt
gescheckt
gesteckt
geweckt
Insekt
Intellekt
Konfekt
neckt
Objekt
Projekt
Prospekt
Respekt
schmachbedeckt
Sekt
Subjekt
suspekt
Trajekt
unbefleckt
→ äckt, ecken

eckte(n)

deckten
Effekten
gestreckten
geweckten
Kollekten
schreckten
Sekten
streckten
→ ecken, eckt

eckung

Abschreckung
Ansteckung
Auferweckung
Bedeckung
Befleckung
Deckung
Entdeckung
Erweckung
Streckung
Vollstreckung

eddern

fleddern
verheddern

ede

Abrede
Anrede
Ausrede
Einrede
Fehde
Festrede
Gerede
Hede
jede
jedwede
Leichenrede
Lebrede
Rede
Reede
Schwede
stante pede
Tischrede
unterrede
Vorrede
Widerrede
→ eden

edel

edel
Wedel

edeln

Edeln
schweifwedeln
veredeln
wedeln

eden

anreden
befehden
bereden
dreinreden
Eden
irrereden
klugreden
reden
Reseden
schönreden
überreden
verabreden
verreden
zureden
→ äden, ede

edend

selbstredend
→ eden

eder

entweder
Feder
jeder
jedweder
Katheder
Leder
Reeder
Schreibfeder
Schwungfeder
Spiralfeder
Sprungfeder
Triebfeder
weder
Zeder
→ äder

edern

abfedern
abledern
federn
ledern
→ eder

edert

abgefedert
abgeledert
gefedert
→ edern

edes

Archimedes
per pedes
→ ede, eden

edig

ruhmredig
Venedig
→ ädig

edigen

entledigen
erledigen
ledigen
predigen

edigt

•Gardinenpredigt
•Predigt
→ ädig, edigen

eer

blutleer
Neer
liebeleer
→ er

ef

Betreff
Chef
Detlef
Effeff, aus dem –
Ganeff
Josef
Relief
→ äff, effen

efel

Frevel
Schwefel

efeln

freveln
schwefeln

eff

→ ef

effchen

Beffchen
Chefchen
Reliefchen
→ ef

effe

betreffe
Neffe
reffe
treffe
→ äffe, ef, effen

effel

Scheffel
Steffel

effen
antreffen
Hintertreffen
Neffen
reffen
treffen
übertreffen
zusammen-
treffen
→ äffen, effe

effend
zutreffend
→ effen

effer
Pfeffer
Treffer
→ äffer

eft
Heft
refft
→ äft, effen

eftchen
Geschäftchen
Heftchen
Säftchen

efte(n)
anheften
heften
Heften
refften
→ äften

eftes
Geschäftes
Heftes
trefft es
→ effen

eftet
abgeheftet
geheftet
refftet
→ effen

eftig
deftig
heftig
→ äftig

ēg
Abweg
Ausweg
Beleg
Kolleg
Laufsteg
Lebensweg
Privileg
Rückweg
Sakrileg
Scheideweg
Steg
Umweg
Weg
→ egen

eg
•durchweg
•flottweg
•glattweg
•hinweg
•rein(e)weg
•rundweg
•vorn(e)weg
•vorweg
→ äck, eck

egbar
bewegbar
erregbar
unbewegbar
unwiderlegbar

ege
allerwege
Belege
Fege
Gefege
Gehege
Gelege
Hege
Kollege
Manege
Pflege
Stratege
zuwege
→ äg, äge, ägen, eg, egen

egel
Dreschflegel
Egel
Flegel
Kegel
Maßregel
Pegel
Regel
Schlegel
Segel

egelchen
Egelchen
Regelchen
→ egel

egeln
absegeln
flegeln
kegeln
herumsegeln
maßregeln
regeln
segeln
umsegeln
→ egel

egen
abgelegen
ablegen
abregen
angelegen
anregen
auferlegen
aufregen
beilegen
belegen
bereitlegen
bewegen
bloßlegen
Bregen
dagegen
darumlegen
Degen
deinetwegen
derentwegen
dessentwegen
deswegen
durchfegen
einhegen
einlegen
entgegen
entlegen
erlegen
erregen
fegen
festlegen
freilegen
gegen
gelegen
Haudegen
hegen
hiergegen
hingegen
hinterlegen
klarlegen
Kugelregen
lahmlegen
legen
loslegen
nahelegen
niederlegen
offenlegen
pflegen
Regen
regen
Segen
Stegen
stillegen
trockenlegen
überlegen
umlegen
ungelegen
unterlegen
verlegen
verpflegen
verwegen
vorlegen
weswegen
wegen
widerlegen
wogegen
wohingegen
zerlegen
zugegen
zulegen
zurechtlegen
→ ägen, eg, ege

egend
aufsehen-
erregend
ekelerregend
Gegend
grundlegend
Umgegend
weltbewegend
→ egen

eger
Ableger
Anreger
Ausleger
Erreger
Feger
Heger
integer
Kartenleger
Minenleger
Neger
Pfleger
reger
Schornstein-
feger
Verleger
Vorleger
Würdenträger
Zerleger
→ äger

egern
einhegern
→ äger, egen, eger

egge
Egge
Segge

egisch
elegisch
strategisch

egler
Kegler
Regler
Segler

eglich
beweglich
jeglich
pfleglich
unbeweglich
unwiderleglich
widerleglich
→ äglich

eglung
Reglung
Umseglung

egne
entgegne
verlegne
→ egen, egnen

egnen
einsegnen
gesegnen
regnen
segnen
überlegnen
unterlegnen
verwegnen
→ ege

egner
entlegner
Gegner
verlegner
verwegner
→ egen

egnung
Begegnung
Entgegnung
Segnung

egs
durchwegs
geradewegs
halbwegs
keineswegs
Kollegs
Stegs
unterwegs
•
leg's
pfleg's
→ eg, egen

egt
angeregt
aufgelegt
aufgeregt
ausgeprägt
gefegt
gepflegt
schmerzbewegt
sturmbewegt
unentwegt
ungepflegt
unüberlegt
wohlüberlegt
→ egen

egung
Anregung
Aufregung
Auslegung
Bewegung
Erregung
Festlegung
Freilegung
Handbewegung
Niederlegung
Überlegung
Unterlegung
Verpflegung
Zerlegung
→ ägung

eh
Dreh
Fernweh
oweh!
Reh
→ e, ehe

ehe(n)
abgehen
abgesehen
absehen
abstehen
Alleen
andrehen
angehen
angesehen
ansehen
Armeen
aufdrehen
Auferstehen
aufgehen
aufgesehen
Aufsehen
Aussehen
Azaleen
begehen
beidrehen
bereitstehen
besehen
bestehen
bevorstehen
dastehen
draufgehen
drauflosgehen
drehen
durchdrehen
durchgehen
durchsehen
Ehen

ehen
eindrehen
eingehen
einiggehen
einstehen
einsehen
entstehen
ergehen
ersehen
erstehen
fehlgehen
fernsehen
feststehen
flehen
flötengehen
freistehen
gehen
geschehen
Geschehen
gestehen
Handumdrehen
heimgehen
hellsehen
hinausgehen
hineingehen
hintergehen
hochgehen
Kakteen
Kameen
Kebsehen
klarsehen
kopfstehen
Koryphäen
Lehen
mißverstehen
nachgehen
Nachstehen
nachsehen
nachstehen
Nachwehen
nahegehen
näherstehen
Nimmer-
wiedersehen
offenstehen
Orchideen
Pygmäen
Rehen
säen
schiefgehen
schiefstehen
Schlafengehen
Schlehen
schwarzsehen
sehen
sichergehen
spazierengehen
stehen
stillstehen
strammstehen
überdrehen
übereinander-
stehen
übergehen
übersehen
überstehen
umdrehen
umgehen
umhergehen
umsehen
umwehen
unangesehen
unbesehen
untergehen
unterstehen
unvorher-
gesehen
verdrehen
vergehen
Vergehen
verlorengehen
versehen
Versehen
verstehen
Verstehen
verwehen
vorangehen
vorausgehen
vorbeigehen
vorsehen
vorstehen
vorübergehen
vorwärtsgehen
vorwärtssehen
wehen
Wehen
weitergehen
weitersehen
widerstehen
Wiedersehen
Wohlergehen
zergehen
zugehen
zugrundegehen
→ ähe, ähen, e, ehe

ehend

alleinstehend
hilfeflehend
hochstehend
leerstehend
nahestehend
nebenstehend
niedrigstehend
obenstehend
richtiggehend
tiefgehend
tiefstehend
umstehend
wachestehend
weitergehend
→ ehen

ehende

Alleinstehende
aufgehende
→ ehend

ehends

angehends
durchgehends
zustehends

eher

Aufseher
Dreher
Eckensteher
eher
Fernseher
Geisterseher
Hellseher
Rechtsverdreher
Schwarzseher
Seher
Steher
Verdreher
Vorsteher
Wortverdreher

ehern

ehern
nähern, sich –
Pharisäern
Sehern
→ eher

ehl

Befehl
Mehl
→ el

ehle(n)

fehlen
Kehlen
kehlen
Kniekehlen
stehlen
→ ele, elen

ehler

Hehler
Fehler
Stehler
→ eler

ehligen

befehligen
kehligen
mehligen
→ elig

ehm

angenehm
bequem
vornehm
→ em

ehmen

abnehmen
bequemen
entnehmen
festnehmen
gefangen-
nehmen
hochnehmen
krummnehmen
leichtnehmen
Maßnehmen
schwernehmen
teilnehmen
vorliebnehmen
vorwegnehmen
wahrnehmen
zunehmen
zurücknehmen
→ emen

ehmend

ausnehmend
einnehmend
verfemend
→ ehmen, emen

ehmer

•Abnehmer
• Teilnehmer,
→ emer

ehmlich

annehmlich
bequemlich
→ emlich

ehn

Aussehn
Anstehn
neunzehn
→ en

ehne (n)

ablehnen
ausdehnen
belehnen
Rückenlehnen
Stuhllehnen
→ ene, enen

ehnt

erwähnt
gedehnt
Jahrzehnt
→ ehnen

ehnung

Ablehnung
Anlehnung
Belehnung
Dehnung
Entlehnung
Erwähnung
→ ung

ehr

Abkehr
Abwehr
allzusehr
Begehr
ebensosehr
Einkehr
Gegenwehr
Gewehr
Heimkehr
Heimwehr
Landwehr
mehr
Notwehr
nunmehr
Rückkehr
Schießgewehr
Schutzwehr
sehr
sosehr
Umkehr
Verkehr
Vorkehr
Wehr
→ er

ehre(n)

auszehren
bekehren
beehren
bewehren
Ehren
einkehren
erwehren
heimkehren
kehren
umkehren
verehren
verkehren
vermehren
versehren
wehren
wiederkehren
zehren
→ eren

ehrer

Bekehrer
Heimkehrer
Lehrer
Mehrer
Verehrer
→ erer

ehrt

geehrt
gelehrt
kehrt
umgekehrt
ungelehrt
verehrt
→ ert

ehrte

gelehrte
Versehrte
→ ērte

ehrung

Abwehrung
Auszehrung
Bekehrung
Ehrung
Entehrung
Entbehrung
→ erung

eht

überdreht
→ ehen, ēt

ehung

Auferstehung
Begehung
Blähung
Drehung
Entstehung
Hintergehung
Übergehung
Verdrehung
Verwehung
→ ung

ei

Abtei
achterlei
Äfferei
Alberei
allerlei
anbei
anderlei
an der Reih'
Angeberei
Anpöbelei
Arbeiterei
Arznei
Aufschneiderei
Aufschrei
Aufwiegelei
Augendienerei
Auskunftei
Balgerei
Bastei
Bastelei
Bai
bei
beiderlei
Betrügerei
Bettelei
Bimmelei
Blei
Bobsleigh
Brauerei
Brei
Brennerei
Buberei
Büffelei
Buhlerei
Bündelei
bye, bye!

dabei
Dechanei
derlei
Deutelei
Deuterei
Dicktuerei
dideldumdei
Dieberei
Drängerei
drei
dreierlei
Dudelei
Duselei
ei!
Ei
Eifersüchtelei
einerlei
Einsiedelei
einwandfrei
entzwei
Eselei
Fackelei
Fahrerei
Faselei
Faulenzerei
fesselfrei
Fickfackerei
Fiedelei
Firlefanzerei
Flegelei
Flickerei
Fliegerei
Fopperei
Försterei
Fragerei
frei
Frömmelei
füge bei
Fuscherei
fußfrei
Gängelei
gastfrei
Gaukelei
Gaunerei
Gedeih
Geheimnis-
krämerei
Geheimnis-
tuerei
Geschrei
Geweih
Giftmischerei
Gleichmacherei
Gleisnerei
Grübelei
Hahnrei
Hai
Mäkelei
Hanswursterei
Hehlerei
hei!
Heimlichtuerei
herbei
Hetzerei
Heuchelei
Hexerei
hierbei
Hochstapelei
Hockey
Holzerei
Hudelei
Humpelei
hunderterlei
Hurerei
Jägerei
jederlei
Jockey
juchei!
Kabbelei
Kai
Kanzlei
Katzbalgerei
Keiferei
Keilerei
Kellerei
keimfrei
keinerlei
Ketzerei
Kinderei
Klatscherei
Klauberei
Kleckerei
Klerisei
Kletterei
Klimperei
Klügelei
Knauserei
Kneiperei
Kniffelei
knitterfrei
Konterfei
Krabbelei
Kraxelei
Kriecherei
Krittelei
Kritzelei
Kuckucksei
Kumpanei
Kuppelei
Kurpfuscherei
Lakai
Länderei
Landstreicherei
Läpperei
lastenfrei
Lauferei
Lausbüberei
Leckerei
Liebedienerei
Liebelei
Liebhaberei
Litanei
Lobhudelei
Lorelei
Lümmelei
Lumperei
Mai
Mäkelei
Malerei
mancherlei
mangelfrei
mehrerei
Metzelei
Meuterei
Mogelei
Nackedei
nahebei
Narretei
Näscherei
nebenbei
Neckerei
Nörgelei
Notschrei
Osterei
Papagei
Partei
Pfarrei
Pfuscherei
Pimpelei
Plackerei
Plänkelei
Plapperei
Plauderei
Polizei
Prahlerei
Prasserei
Prellerei
Prügelei
Quälerei
Quasselei
Quengelei
Raserei
Räuberei
Rauferei
Rederei
Reederei
Reiterei
Rempelei
rostfrei
Rüpelei
Sakristei
Sängerei
Sauferei
Schäkerei
Schalmei
Schelmerei
Schererei
Schinderei
Schlägerei
Schlemmerei
Schmauserei
Schmeichelei
Schmiererei
Schmuddelei
Schmuggelei
Schmuserei
Schnäbelei
Schnitzerei
Schnörkelei
Schnüffelei
Schrei
Schreiberei
Schreierei
Schufterei
schuld(en)frei
Schulmeisterei
Schurkerei
Schwärmerei
Schweinerei
Schwelgerei
Schwindelei
schwindelfrei
sei
Senkblei
Sklaverei
solcherlei
sorgenfrei
Spielerei
Spinnerei
Spitzbüberei
Spöttelei
Spray
Staffelei
Stänkerei
Stichelei
Streiterei
Sudelei
tadelfrei
tandaradei!
Tändelei
tausenderlei
Teufelei
Tölpelei
Trödelei
Tüftelei
Türkei
Tyrannei
unfrei
Verleih
Verräterei
verschiedenerlei
verzeih
vielerlei
vogelfrei
Vogtei
Völlerei
vorbei
vorwurfsfrei
Wahrsagerei
welcherlei
Weih
Wichtigtuerei
Windbeutelei
Witzelei
wobei
Wühlerei
Wurstelei
Wüstenei
Zänkerei
Zärtelei
Zauberei
Zauderei
Ziererei
zollfrei
zwei
zweifelsfrei
zweierlei
→ ai, eien, erei

eib

bleib
Brotlaib
Hinterleib
Keib
Laib
Leib
Mutterleib
schreib
Unterleib
Verbleib
Weib
Zeitvertreib
→ eiben

eibchen

Leibchen
Scheibchen
Weibchen
→ eib, eibe

eibe

beileibe
bleibe
Eibe
Fensterscheibe
Geschreibe
Reibe
Scheibe
Schreibe
→ eib, eiben

eibel

Leibel
Weibel

eiben

abschreiben
abtreiben
anschreiben
aufschreiben
ausschreiben
austreiben
beschreiben
betreiben
beweiben
bleiben
dabeibleiben
dableiben
daheimbleiben
durchschreiben
einverleiben
entleiben
Faschings-
treiben
fernbleiben
Fernschreiben
gleichbleiben
gutschreiben
haftenbleiben
hängenbleiben
hierbleiben
hintertreiben
Kesseltreiben
klebenbleiben
liegenbleiben
Preis-
ausschreiben
quertreiben
reiben
schreiben
sitzenbleiben
steckenbleiben
stehenbleiben
stillbleiben
treiben
überbleiben
übrigbleiben
unterbleiben
unterschreiben
verbleiben
verschreiben
vertreiben
vorschreiben
vortreiben
zerreiben
zurückbleiben
zuschreiben
→ eib, eibe

eibend

freibleibend
sporttreibend
→ eiben

eiber

Herumtreiber
Leiber
Reiber
Schreiber
Treiber
Weiber
→ eib

eibern

seibern
Weibern
→ eiber

eibig

dickleibig
hartleibig
scheibig
→ ig

eibisch

Eibisch
weibisch
→ isch

eiblein

Weiblein
→ eib, eibe

eiblich

leiblich
unausbleiblich

unbeschreiblich
weiblich
zerreiblich

eibsel

Geschreibsel
Rückbleibsel
Überbleibsel

eibt

beleibt
unbeweibt
wohlbeleibt
→ eibe, eiben

eibung

Abreibung
Abtreibung
Antreibung
Beschreibung
Betreibung
Eintreibung
Einverleibung
Entleibung
Hintertreibung
Reibung
Übertreibung
Umschreibung
Untertreibung
Verschreibung
Vertreibung
Zerreibung
→ ung

eich

alsogleich
artgleich
aufschlußreich
Ausgleich
aussichtsreich
Backenstreich
belangreich
Bereich
bilderreich
bleich
Bubenstreich
Deich
ehrenreich
einfallreich
einflußreich
engelgleich
Erdreich
ereignisreich
erfolgreich
ertragreich
pflaumenweich
freudenreich
fruchtreich
gedankenreich
gehaltreich
geistreich
genußreich
Geseich
gleich
glorreich
gnadenreich
Handstreich
hilfreich
Himmelreich
huldreich
ideenreich
Jugendstreich
Jungenstreich
Kaiserreich
kenntnisreich
kinderreich
Königreich
kunstreich
Laich
lehrreich
Leich'
liebreich
listenreich
Narrenreich
Narrenstreich
ogleich
pflaumenweich
Reich
reich
Schattenreich
Scheich
Schelmenstreich
Schildbürger-
streich
schmerzens-
reich
Schwaben-
streich
segensreich
seich
siegreich
sinnreich
sogleich
Streich
Teich
Tierreich
tränenreich
trostreich
überreich
umfangreich
ungleich
Vergleich
verlustreich
weich
Weltreich
wesensgleich
wortreich
zahlreich
zugleich

eichbar

erreichbar
unausweichbar
unerreichbar
vergleichbar

eiche

Bleiche
Eiche
Leiche
Speiche
Weiche
→ eich, eichen

eichel

Eichel
Geschmeichel
Gestreichel
Speichel

eicheln

abschmeicheln
anschmeicheln
Eicheln
einschmeicheln
schmeicheln
streicheln

eichler

Schmeichler
Streichler
eicheln
→ eicheln

eichen

abweichen
Abzeichen
anstreichen
Anzeichen
aufweichen
ausgleichen
ausstreichen
ausweichen
begleichen
bestreichen
bleichen
deinesgleichen
dergleichen
durchstreichen
durchweichen
einreichen
einschleichen
einweichen
entweichen
erbleichen
erreichen
euresgleichen
Fragezeichen
gereichen
gleichen
Kennzeichen
laichen
Lebenszeichen
Leichen
Mahnzeichen
reichen
schleichen
sondergleichen
streichen
umschleichen
unterstreichen
verabreichen
verbleichen
vergleichen
verstreichen
Vorzeichen
Wahrzeichen
wegschleichen
wegstreichen
weichen
Zeichen
→ eich,
eiche

eichend

hinreichend
→ eichen

eicher

bleicher
gleicher
Landstreicher
Reicher
Schleicher
Speicher
→ eich

eicherei

Schleicherei
Streicherei
→ eicher, erei

eichern

anreichern
bereichern
speichern
→ eicher

eicherung

Anreicherung
Aufspeicherung
→ eichern, ung

eiches

Reiches
weiches
Teiches
→ eich

eichler

Einschmeichler
Streichler
→ eichern

eichlich

reichlich
unausweichlich
unerreichlich
unerweislich
unvergleichlich
unzureichlich
weichlich

eichnis

Gleichnis
Verzeichnis

eichs

reichs
spornstreichs
→ eich, eichen

eicht

ausgebleicht
gebleicht
geeicht
kinderleicht
leicht
seicht
unerreicht
vielleicht
→ aicht, eiche,
eichen

eichte

Beichte
→ eiche, eichen,
eicht

eichten

beichten
→ eichen, eichte

eichter

Leichter
leichter
unerreichter
→ eichte

eichtern

erleichtern
→ eichte, eichten

eichung

Abweichung
Angleichung
Bleichung
Einschleichuug
Erreichung
Erschleichung
Gleichung
Handreichung
Streichung
Überreichung
Unterstreichung

eid

Adelheid
Beileid
Bescheid
Brautkleid
Brotneid
Eid
Entscheid
Fahneneid
Flügelkleid
Futterneid
Geschmeid'
Herzeleid
Kleid
Leid
Maid
Meineid
Mitleid
Neid
Schneid
seid
Treueid
→ eit

eidchen

Kleidchen
Schneidchen
→ eid, eit

eide

Augenweide
beide
Degenscheide
Eingeweide
Gescheide
Geschmeide
Getreide
Heide
Kleide
Kreide
Neide
Scheide
Seide
Weide
zuleide
→ eid, eiden, eit

eidel

Seidel
Treidel
Weibel

eideln

treideln
Zeideln

eiden

abweiden
abscheiden
abschneiden
ankleiden
ankreiden
auskleiden
ausscheiden
ausschneiden
beeiden
bekleiden
bemitleiden
beneiden
bescheiden
beschneiden
durchschneiden
einkleiden

einschneiden
entkleiden
entscheiden
erleiden
kleiden
leiden
meiden
mitleiden
neiden
scheiden
schneiden
seiden
überkleiden
überschneiden
umkleiden
unbescheiden
unterscheiden
vereiden
verleiden
vermeiden
verscheiden
weiden
zerschneiden
→ eid, eide

eidend
einschneidend
notleidend
→ eiden

eidende
Leidende
Scheidende
→ eiden

eider
Abschneider
Aufschneider
beider
Beutelschneider
Halsabschneider
Hungerleider
Kleider
leider
Neider
Outsider
Schneider
Zuschneider

eidern
Kleidern
schneidern
→ eider

eidig(ch)
geschmeidig
kreidig
leidig
meineidig
mitleidig
neidig
schneidig
seidig
wehleidig
zweischneidig
•
leid' ich
meid' ich
→ eiden

eidige
mitleidige
scharfschneidige
→ eidig, eigigen

eidigen
beleidigen
vereidigen
verteidigen
→ eidig

eidiger
Beleidiger
Schneidiger
Verteidiger
→ eidig

eidigt
beleidigt
vereidigt
verteidigt
→ eidigen

eidigung
Beleidigung
Vereidigung
Verteidigung
→ ung

eidlich
eidlich
einheitlich
freiheitlich
leidlich
seitlich
unleidiglich
unvermeidlich
vermeidlich
weidlich

eids
kleids
seid's
→ eid, eits, eiz

eidung
Auskleidung
Ausscheidung
Beeidung
Bekleidung
Beschneidung
Entkleidung
Entscheidung
Kleidung
Scheidung
Überschneidung
Unterscheidung
Verkleidung

eie
Freie
Laie
Reihe
vermaledeie
Weihe
→ ei, eien, eihe

eien
angedeihen
anreihen
anschreien
aufreihen
aufsprayen
befreien
beleihen
benedeien
beschneien
bleien
einschneien
entleihen
entweihen
feien
freien
gedeihen
kasteien
leihen
Liebeleien
Maien
prophezeien
reihen
Schalmeien
schneien
schreien
seien
seihen
speien
sprayen
überschreien
verleihen
verschreien
verzeihen
weihen
zeihen
zweien
→ ei, eie, eihen

eiend
feuerspeiend
himmelschreiend
→ eie, eien, eihen

eier
Befreier
Biedermeier
Dreier
Eier
Feier
Freier
freier
Geier
Geleier
Leier
Nebelschleier
Reiher
Schlaumeier
Schleier
Schreier
Verleiher
Weiher
Zweier
→ ei, eiher

eiern
ableiern
bemeiern
bleiern
entschleiern
feiern
leiern
verschleiern
→ el, eler

eierer
bleierer
Leierer
→ eier, eiern

eiert
abgeleiert
gefeiert
gelakmeiert
→ eiern

eies
Eies
freies
sei es
→ ei

eif
frühreif
Geschleif
Greif
Rauhreif
Reif
reif
Schweif
Stegreif
steif
überreif
Umschweif
→ eifen

eifchen
Pfeifchen
Reifchen
Schleifchen
Schweifchen
Streifchen

eife
Backpfeife
Gekeife
Gepfeife
Geschweife
Pfeife
Reife
Schleife
Seife
Streife
Tabakspfeife
Überreife
→ eif, eifen

eifel
Eifel
Pfeifel
Schleifel
Zweifel

eifeln
anzweifeln
bezweifeln
streifeln
verzweifeln
zweifeln

eifen
abschleifen
abschweifen
abstreifen
angreifen
auskneifen
ausschweifen
begreifen
bereifen
durchgreifen
durchschweifen
durchstreifen
eingreifen
einseifen
ergreifen
greifen
keifen
kneifen
pfeifen
reifen
schleifen
schweifen
seifen
steifen
streifen
übergreifen
umherschweifen
umsichgreifen
vergreifen
verkneifen
versteifen
vorgreifen
zugreifen
→ eif, eife

eifend
ergreifend
tiefgreifend
→ eife, eifen

eifer
Angreifer
Eifer
Geifer
Glaubenseifer
Greifer
Kneifer
Pfeifer
Scherenschleifer
Schleifer
Übereifer
Wetteifern
→ eif

eiferei
Greiferei
Keiferei
Schleiferei
→ eifen, erei

eiferer
Eiferer
Geiferer
Keiferer
Wetteiferer
→ eifen

eifern
beeifern
begeifern
eifern
ereifern
geifern
nacheifern
reifern
wetteifern
→ eifer

eifes
reifes
streif' es
→ eif, eife, eifen

eifig
schweifig
streifig
weitschweifig

eiflich
begreiflich
handgreiflich
reiflich
unbegreiflich

eifstes
reifstes

streifst es
→ eife, eifen

eift

bereift
gestreift
→ eife, eifen

eifung

Abschweifung
Ausschweifung
Bereifung
Ergreifung
Schweifung

eig

Abzweig
Bahnsteig
feig
Fingerzeig
Gezweig
Lorbeerzweig
Palmenzweig
Steig
Teig
Zweig
→ eigen

eigbar

abzweigbar
ersteigbar
→ eigen

eige

Anzeige
Feige
Gegeige
Geige
geschweige
Neige
Ohrfeige
→ eig, eigen

eigen

absteigen
abzweigen
ansteigen
anzeigen
aufsteigen
aufzeigen
aussteigen
besteigen
bezeigen
eigen
einsteigen
erbeigen
ersteigen
erzeigen
geigen
leibeigen
neigen
ohrfeigen
reigen
Ringelreigen
schweigen
steigen
stillschweigen
totschweigen
übersteigen
umsteigen
ureigen
verneigen
verschweigen
versteigen
verzweigen
vorneigen
vorzeigen
zeigen
zuneigen
→ eig, eige

eigend

steigend
stilllschweigend
→ eigen

eiger

Anzeiger
Bergsteiger
feiger
Geiger
Schweiger
Steiger
Zeiger

eigerer

Versteigerer
Verweigerer

eigern

steigern
übersteigern
versteigern
verweigern
weigern
→ eiger

eigert

übersteigert
→ eigern

eigerung

Steigerung
Versteigerung
Weigerung
→ ung

eiges

feiges
verschweig' es
→ eig, eige,
eigen

eigt

abgeneigt
geneigt
gezeigt
→ eigen

eigung

Abneigung
Abzweigung
Besteigung
Ehrenbezeigung
Ersteigung
Erzeigung
Neigung
Steigung
Verneigung
Verzweigung
Zuneigung

eih

Gedeih
Geweih
Kirchweih
Verleih
→ ei

eihe

Ahnenreihe
Anleihe
Ausleihe
Fahnenweihe
Kleie
Reihe
Weihe
→ eie, eien

eihen

angedeihen
anreihen
aufreihen
einreihen
einweihen
entleihen
entweihen
gedeihen
leihen
reihen
Ringelreihen
verleihen
verzeihen
weihen
zeihen
→ eie, eihe

eiher

Entleiher
Entweiher
Leier
Pfandleiher
Weiher
→ eier

eiht

gereiht
todgeweiht
→ eihen, eit

eihung

Beleihung
Einreihung
Einweihung
Entweihung
Entzweiung
Verleihung
Verzeihung
Weihung
→ eiung, ung

eik

gentlemanlike
ladylike
Streik

eil

Abteil
alleweil
Altenteil
Anteil
Beil
Bestandteil
Bruchteil
derweil
dieweil
Donnerkeil
Einzelteil
Erbteil
Fallbeil
feil
Gegenteil
geil
Gottesurteil
Großteil
Hack(e)beil
Hauptteil
heil!
Heil
Keil
Kurzweil
Nachteil
Pfeil
Seelenheil
Seil
steil
Teil
Urteil
verweil
Vorteil
Vorurteil
weil
wohlfeil
zuteil
→ eile, eilen

eiland

Eiland
Freiland
Heiland
weiland

eilbar

heilbar
teilbar

eilchen

Feilchen
Keilchen
Seilchen
Teilchen
Veilchen
Weilchen
Zeilchen
→ eil, eile

eile

alleweile
Bannmeile
Eile
Feile
Keile
Lang(e)weile
Meile
mittlerweile
Steile
Teile
Weichteile
Weile
Windeseile
Zeile
→ eil, eilen

eilen

abseilen
anpeilen
anseilen
austeilen
beeilen
bisweilen
durchteilen
eilen
einstweilen
enteilen
ereilen
erteilen
feilen
heilen
keilen
langweilen
Meilen
mitteilen
mittlerweilen
peilen
seilen
steilen
teilen
übereilen
übervorteilen
unterteilen
urteilen
verheilen
verteilen
verurteilen
verweilen
weilen
zerteilen
zuhilfeeilen
zuteilen
zuweilen
→ eil, eile

eilend

eilend
→ eilen

eiler

Beurteiler
Keiler
Meiler
Pfeiler
Teiler
Urteiler
Verteiler
Weiler
Zerteiler
→ eil, eile

eiles

dieweil es
heil es
steiles
→ eil, eile, eilen

eilich

freilich
gedeihlich
parteilich
polizeilich
unverzeihlich
verzeihlich
→ eilig

eilig

anteilig
eilig
einstweilig
gegenteilig
heilig
jeweilig
kurzweilig
langweilig
nachteilig
scheinheilig
voreilig
zeilig
→ eiligen

eilige

Heilige
→ eilig, eiligen

eiligen

benachteiligen
beteiligen
→ eilig

eiligst
eiligst
→ eiligen

eiligste
Allerheiligste
→ eilig

eiligt
geheiligt
→ eilig, eiligen

eiligung
Benachteiligung
Beteiligung
Entheiligung

eille (nasal)
Bouteille
Reveille

eils
andernteils
einesteils
größtenteils
heil's
ihresteils
jeweils
meistenteils
teils
teil's
weil's
→ eil, eilen

eilt
abgeteilt
aufgeteilt
ausgeteilt
eingeteilt
ungeteilt
unverweilt
zugeteilt
→ eilen

eilung
Abteilung
Aburteilung
Ausheilung
Anpeilung
Austeilung
Beurteilung
Einteilung
Erteilung
Heilung
Peilung
Teilung
Übereilung
Verteilung
Zuteilung

eim
anheim
beim
daheim
Daheim
geheim
heim
Heim
insgeheim
Keim
Leim
Oheim
Reim
Schleim
Seim
→ eimen

eimchen
Heimchen
Keimchen
Reimchen
→ eim

eime
Gereime
→ eim, eimen

eimen
entkeimen
keimen
leimen
reimen
verschleimen
→ eim, eime

eimer
Eimer
geheimer
Pappenheimer

eimes
geheimes
leim' es
→ eim, eime, eimen

eimig
leimig
schleimig
seimig
→ ig

eimisch
•einheimisch
•heimisch
→ eim, isch

eimst
heimst
→ eime, eimen

eimt
abgefeimt
ungereimt
→ eime, eimen

ein
Abendschein
absein
allein
allgemein
Anderssein
Anschein
artrein
Äug(e)lein
Augenschein
Bächlein
Bäuerlein
befrein
Bein
Beisammensein
benedein
Bernstein
Bewußtsein
Bläslein
Blümlein
Bröcklein
Brüderlein
Brünnlein
Bäuchlein
dabeisein
Dämmerschein
darein
Däumlein
Dasein
dein
Dörflein
dorthinein
drein
Edelstein
ein
Elfenbein
Eng(e)lein
Entlein
Ergriffensein
erschein
Fahrschein
Fäßlein
fein
feldein
Feuerschein
Fläschlein
Freund Hain
Füchslein
Gänslein
Gebein
gedeihn
gemein
Gestein
Gläslein
Glorienschein
Glücklichsein
Glühwein
Grenzstein
Grüblein
Grundstein
Gutschein
haarfein
haarklein
Hain
Häklein
handgemein
Hans Huckebein
Häslein
hauchfein
Heideröslein
Hein
herein
hierherein
hiersein
hinein
Hinkebein
hinterdrein
Höllenpein
hundsgemein
innesein
insgemein
Irresein
Jägerlatein
jahraus jahrein
Jüngerlein
Kain
Kälblein
Kalkstein
Kämmerlein
kein
Kindlein
Klapperbein
klein
Knäblein
Knickebein
Kränzlein
Krönlein
Krummbein
Kunststein
kurz und klein
Lämmlein
Lampenschein
landein
Lasurstein
Latein
Läublein
Leichenstein
Lein
Lichtlein
Licht(er)schein
Mägdelein
Malstein
Männlein
Mäntelein
Markstein
Marmorstein
Mäuslein
Meilenstein
mein
mischen ein
mittendrein
Mond(en)schein
Müdesein
Mühlstein
Mündlein
Mütterlein
mutterseelen-allein
nein
obendrein
Opferstein
Pein
Pflasterstein
pickfein
Pipeline
Prellstein
Prüfstein
Quaderstein
querfeldein
Rauhbein
Räuschlein
Ränzlein
rasserein
Rautendelein
Reihen
reihen
rein
Rhein
Ring(e)lein
Rinnstein
Sandstein
Schäflein
Schätzlein
Schein
Scherflein
Schienbein
Schleifstein
Schlußstein
Schnäb(e)lein
Schneiderlein
Schornstein
Schrein
Schuldbewußt-sein
Schuldschein
Schwälblein
Schwein
Seelenpein
sein
Selbstbewußt-sein
Seligsein
sittenrein
Sonnenschein
Spätzlein
Stäblein
Stachelschwein
Städtlein
Ständlein
Stäublein
Stein
Stelldichein
Stelzbein
Stern(en)schein
stimm ein
überein
Sträßlein
superfein
tagaus tagein
Tätigsein
Taufstein
Töchterlein
Totenschrein
Tropfstein
Tüchlein
türein
Überbein
überein
überfein
unfein
ungemein
unserein
Unterbewußt-sein
Unwohlsein
Urnenhain
Verein
Verliebtsein
verzeihn
Vög(e)lein
vorhandensein
vorhinein
vornhinein
Vorschein
Wänstlein
Weiblein
Wein
Widerschein
wohlsein
worein
Zipperlein
Zusammensein
zweien
zwischendrein
zwischenein
zwischenhinein
→ eihe, eihen, eie, einen

einbar
scheinbar
vereinbar
verneinbar

einbau
Einbau
Steinbau
Weinbau

einbruch
Beinbruch
Einbruch
Steinbruch

einchen
Beinchen
Steinchen
Schweinchen
Sonnenschein-chen
Weinchen

eind
feind
Feind
spinnefeind
todfeind
Todfeind

wohlgemeint
→ eine, einen, eint

einde

eingemeinde
Gemeinde
→ eind

einden

anfeinden
befeinden
eingemeinden
verfeinden
→ eind

eindlich

feindlich
vermeintlich

eine

Eine
Fangleine
Gemeine
Geweine
Kindesbeine
Kleine
Leine
Peine
Scheine
→ ein, einen

einen

bescheinen
beweinen
durchscheinen
erscheinen
greinen
Leinen
reinen
scheinen
vereinen
vermeinen
versteinen
weinen
widerscheinen
→ ein, eine

einend

durchscheinend
→ einen

einer

Anrainer
Einer
feiner
gemeiner
Heiner
Lateiner
Schreiner
unsereiner
Verneiner
Vierbeiner
→ ein

einern

beinern
gemeinern
schreinern
steinern
verallgemeinern
verfeinern
verkleinern
versteinern
zerkleinern
→ ein, einer

einert

verfeinert
→ einern

einerung

Verallgemeinerung
Verfeinerung
Versteinerung
Zerkleinerung

eines

Feines
Kleines
Weines
→ ein

einheit

Allgemeinheit
Einheit
Feinheit
Gemeinheit
Kleinheit
Reinheit

einig

bockbeinig
einig
fadenscheinig
krummbeinig
rauhbeinig
steinig
uneinig
→ ein

einige(n)

bereinigen
bescheinigen
einigen
meinigen
peinigen
reinigen
steinigen
vereinigen
→ einig

einigung

Bescheinigung
Einigung
Peinigung
Reinigung
Steinigung
Vereinigung

einlich

anscheinlich
augenscheinlich
kleinlich
peinlich
reinlich
unwahrscheinlich
wahrscheinlich

eins

Einmaleins
eins
Hains
keins
kleins
meins
mein's
uneins
unsereins

vernein's
→ ein, einen

einsam

einsam
gemeinsam

einst

dereinst
einst
→ einen

eint

bösgemeint
ernstgemeint
gemeint
greint
gutgemeint
verweint
wohlgemeint
→ einen

einung

Beweinung
Erscheinung
Meinung
Verneinung

einwand

Einwand
Leinwand
Steinwand
Weinbrand

einwurf

Einwurf
Steinwurf

einz

Heinz
→ eins

eip

Kneip
→ eib

eirat

Beirat
Heirat
Kanzleirat
Zweirad

eis(ß)

Abstellgleis
Alibibeweis
Angstschweiß
Ausweis
Bannkreis
Beweis
Dunstkreis
Edelweiß
Erdkreis
Fleiß
Gegenbeweis
Gegleiß
Geheiß
Geiß
Gesichtskreis
Geschmeiß
Glatteis
Greis
greis
heiß
Hinweis
Jahreskreis
Kreis
leis
Mais
Mummelgreis
Nachweis
Naseweis
Preis
Reis
Schweiß
sei's
Siegespreis
solcherweis
Speis
Steiß
Stern(en)kreis
Trostpreis
Umkreis
Verschleiß
Verweis
verzeih's
weis
Weiß
Wendekreis
Wirkungskreis
Zauberkreis
→ ei, eise, eisen, eiß, eißen

eisch

Fleisch
Gekreisch
Sitzfleisch
→ aisch, eische, eischen

eische

Fleische
→ eischen

eis-chen

Ameischen
Gleischen
→ eis

eischen

einfleischen
erheischen
heischen
kreischen
zerfleischen
→ aischen
eische

eischig

anheischig
fleischig
kreischig

eischt

eingefleischt
→ eischen

eise

Abreise
Ameise
andeutungsweise
Anreise
aushilfsweise
ausnahmsweise
Ausreise
beispielsweise
begreiflicherweise
brockenweise
Denkweise
dummerweise
erfreulicherweise
folgenderweise
gebührenderweise
Geleise
gerüchtweise
geschenkweise
gleicherweise
glücklicherweise
Götterspeise
gruppenweise
handlungsweise
haufenweise
Hochzeitsreise
klugerweise
leihweise
leise
liebenswürdigerweise
listigerweise
löffelweise
Meise
merkwürdigerweise
mietweise
möglicherweise
Nachweise
natürlicherweise
neunmalweise
notwendigerweise
paarweise
portionsweise
probeweise
ratenweise
reihenweise
rottenweise
ruckweise
scharenweise
schätzungsweise
scherzhafterweise
scherzweise
schlauerweise
Schneise
schrittweise
solcherweise
Speise
sprungweise
stellenweise
streckenweise
Süßspeise
Tagereise
teilweise
törichterweise
tropfenweise
unglücklicherweise
unverdienterweise
verdienterweise
vergleichsweise
vernünftigerweise
versuchsweise
Volksweise
vorschußweise
Vorspeise
vorzugsweise
Waise
wechselweise
Weise
wohlweise
zeitweise

zufälligerweise
→ eis, eisen

eisel

Beisel
Geisel
Kreisel
Weisel

eisen

abreisen
abspeisen
abweisen
anpreisen
anreisen
anweisen
aufweisen
ausreisen
ausweisen
bereisen
beweisen
durchreisen
einkreisen
einreisen
einweisen
Eisen
eisen
entgleisen
erweisen
Felleisen
hinweisen
hochpreisen
Hufeisen
kreisen
lobpreisen
loseisen
nachweisen
preisen
Reibeisen
reisen
Reisen
Schüreisen
seligpreisen
speisen
überweisen
umkreisen
unterweisen
vereisen
vergreisen
verreisen
verspeisen
verwaisen
verweisen
Weisen
weisen
zurechtweisen
zureisen
zuweisen
→ eis, eise

eisend

richtungswei-
send
→ eisen

eisende

Lopbreisende
Reisende
Speisende
→ eisen

eisender

Reisender
→ eisen, eisende

eiser

Anpreiser
Anweiser
Geiser
greiser
heiser
Kaiser
leiser
naseweiser
Reiser
Wegweiser
Weiser
weiser
Weltweiser
→ eise

eisern

eisern
→ eise, eiser

eisig(ch)

eingleisig
eisig
Reisig
Zeisig
•
reis' ich
speis' ich
→ eisen

eislich

erweislich
preislich
weislich
wohlweislich

eiß

brühheiß
Edelweiß
feuchtheiß
Fleiß
Geiß
heiß
kreideweiß
siedeheiß
weiß
→ eis

eiße

Scheiße
schleiße
schweiße
spleiße
→ eißen

eißel

Beißel
Geißel
Meißel
Spreißel

eißeln

geißeln
meißeln
weißeln
→ eißel

eißen

abreißen
aufreißen
ausreißen
befleißen
beißen
durchreißen
einreißen
entreißen
Geißen
gleißen
gutheißen
heißen
hinreißen
kreißen
mitreißen
Possenreißen
reißen
scheißen
schmeißen
umreißen
umschmeißen
verbeißen
verheißen
verreißen
verschleißen
verschweißen
weißen
zerbeißen
zerreißen
zerschleißen
zerschmeißen
zerspleißen
zusammen-
reißen

eißend

glückverheißend
herzzerreißend
vielverheißend
→ eiße, eißen

eißende

Gleißende
Glückverhei-
ßende
Kreißende
reißende
→ eißen

eißer

Anbeißer
Abreißer
Anpreißer
Anreißer
Ausreißer
Beißer
Bullenbeißer
heißer
Hosenscheißer
Possenreißer
Reißer
Scheißer
Schweißer
Verheißer
Verschleißer
weißer
weiß er
→ eis, eißen

eißern

weißern
→ eis, eißer

eißes

heißes
reiß es
weiß es
→ eis, eiße,
eißen

eißig(ch)

bärbeißig
dreißig
fleißig
schweißig
•
heiß ich
→ eißen

eißigen

befleißigen
schweißigen
→ eißig

eißlich

unzerreißlich
→ eislich

eißner

Gleißner
Verheißner

eißung

Schweißung
Verheißung
Verschweißung
Zerreißung

eist(ßt)

allermeist
dreist
dummdreist
Erdgeist
feist
Freigeist
Geist
geschweißt
Heiligergeist
Kastengeist
leihst
meist
Plag(e)geist
Poltergeist
Quälgeist
reist
schreist
Schwarmgeist
seist
tolldreist
Unternehmungs-
geist
vielgereist
weißt
weitgereist
Widerspruchs-
geist
Zeitgeist
zugereist
zumeist
→ eie, einen,
eise, eiße, eisen,
eißen

eiste(n)
eißte(n)

erdreisten
geisten
gewährleisten
hilfeleisten
kreisten
leisten
Leisten
reisten
Verwaisten
zugereisten
→ eisen, eißen,
eist

eister (ßter)

Baumeister
Bürgermeister
Geister
geweißter
heißt er
Hochmeister
Jägermeister
Kapellmeister
Kellermeister
Kerkermeister
Kleister
koppheister
Lehrmeister
Meister
Rittmeister
Schulmeister
umkreister
verspeister
vielgereister
Wachtmeister
Werkmeister
→ eist

eistern

begeistern
bemeistern
dreistern
entgeistern
feistern
geistern
kleistern
meistern
schulmeistern
→ eister

eistert

geistert
verkleistert
→ eistern

eisterung

Begeisterung
Bemeisterung
Entgeisterung

eistes

dreistes
weist es
→ eist

eistig

freigeistig
→ eist, eistigen

eistigen

geistigen
→ eistig

eisung

Abspeisung
Abweisung
Anpreisung
Anweisung
Ausweisung
Einkreisung
Einweisung
Entgleisung
Hinweisung
Lobpreisung
Seligpreisung
Speisung
Überweisung
Umkreisung
Unterweisung
Vergreisung
Verwaisung
Verweisung

Weisung
Zurechtweisung
Zurückweisung
Zuweisung

eit

allezeit
all right
anderweit
Anlaufzeit
Arbeitszeit
Bedenkzeit
befreit
benedeit
bereit
Blütezeit
breit
derzeit
ebensoweit
einsatzbereit
Fahrzeit
Faschingszeit
Fastenzeit
fingerbreit
Freizeit
gedeiht
gefeit
Geleit
gescheit
Geschmeid
gesprayt
Halbzeit
handbreit
hilfsbereit
himmelweit
Hochzeit
Holzscheit
insoweit
inwieweit
Jahreszeit
jederzeit
jenseit
Jugendzeit
kampfbereit
Mahlzeit
maledeit
marschbereit
meilenweit
opferbereit
Rauchzeit
Reifezeit
Scheit
schneit
Schonzeit
schreit
Schulzeit
seid
seinerzeit
seit
soweit
sperrangelweit
sperrweit
sprungbereit
Streit
stundenweit
todbereit
überschneit
unweit
Uhrzeit
Unzeit
Urzeit
vermaledeit
verschneit
Vorzeit
Wartezeit
weit
weit und breit
Wettstreit
Widerstreit
wieweit
Winter(s)zeit
Wortstreit
Zeit
zollbreit
Zweit
Zwischenzeit

•

Arbeit
•Fronarbeit
•Handarbeit
•Kopfarbeit
•Nachtarbeit
•Schichtarbeit
•Schluderarbeit
•Schularbeit
•Sklavenarbeit
•Tag(es)arbeit
•Werkarbeit
•Wertarbeit

•

(heit)
Abgeklärtheit
Abgeneigtheit
Abgeschiedenheit
Abwesenheit
Albernheit
Affektiertheit
Angelegenheit
Angewohnheit
Anwesenheit
Aufgeblasenheit
Ausgelassenheit
Barschheit
Befangenheit
Begebenheit
Beherrschtheit
Beherztheit
Beklommenheit
Beleibtheit
Beliebtheit
Beschaffenheit
Bescheidenheit
Beschwingtheit
Beseeltheit
Besonnenheit
Bestürztheit
Betroffenheit
Betrübtheit
Betrunkenheit
Blasiertheit
Bosheit
Buntheit
Christenheit
Dreistheit
Dummheit
Dumpfheit
Dunkelheit
Durchtriebenheit
Echtheit
Eigenheit
Einfachheit
Entschiedenheit
Entschlossenheit
Erdgebundenheit
Erfülltheit
Ergebenheit
Ergriffenheit
Erhabenheit
Exaktheit
Falschheit
Faulheit
Feigheit
Frechheit
Freiheit
Ganzheit
Gebundenheit
Gedankenfreiheit
Gediegenheit
Gedrungenheit
Geflissenheit
Gegebenheit
Geilheit
Gelegenheit
Gemeinheit
Gemessenheit
Geneigtheit
Gepflogenheit
Gerissenheit
Gesundheit
Gewißheit
Gewogenheit
Gewohnheit
Gleichheit
Grobheit
Halbheit
Hoheit
insonderheit
Kargheit
Keckheit
Keuschheit
Klugheit
Korrektheit
Krankheit
Kühnheit
Lauheit
Laxheit
Lüsternheit
Mehrheit
Menschheit
Minderheit
Obliegenheit
Offenheit
Plattheit
Plumpheit
Rauheit
Reinheit
Robustheit
Schlaffheit
Schlauheit
Schlichtheit
Schönheit
Schroffheit
Schüchternheit
Schulweisheit
Schwachheit
Seichtheit
Seltenheit
Sicherheit
Siegesgewißheit
Sonderheit
Sorgenfreiheit
Steifheit
Steilheit
Straffheit
Stumpfheit
Sturheit
Tollheit
Tollkühnheit
Torheit
Treffsicherheit
Trockenheit
Trunkenheit
Überlegenheit
Überspanntheit
Unbefangenheit
Unbescheidenheit
Unbescholtenheit
Unbesonnenheit
Unbestimmtheit
Unbewußtheit
Unebenheit
Unentschiedenheit
Unentschlossenheit
Unerschrockenheit
Unfeinheit
Ungebundenheit
Ungelegenheit
Ungereimtheit
Ungeschicklichkeit
Ungeschliffenheit
Ungewandtheit
Ungewißheit
Ungewohntheit
Ungezogenheit
Ungezwungenheit
Ungleichheit
Unreinheit
Unsicherheit
Unüberlegtheit
Unzufriedenheit
Unverfrorenheit
Unverschämtheit
Unverzagtheit
Unvollkommenheit
Unwahrheit
Unwissenheit
Verbissenheit
Verborgenheit
Verbundenheit
Verderbtheit
Vergangenheit
Vergessenheit
Verkommenheit
Verlegenheit
Verliebtheit
Verlogenheit
Vermessenheit
Vernarrtheit
Verrücktheit
Verschiedenheit
Verschlagenheit
Verschlossenheit
Verschwiegenheit
Versonnenheit
Verstiegenheit
Verstocktheit
Verträumtheit
Verwegenheit
Verworfenheit
Verworrenheit
Verzagtheit
Vielheit
Vollkommenheit
Vornehmheit
Weichheit
Weisheit
Wesenheit
Wohlhabenheit
Zartheit
Zerrissenheit
Zerstreutheit
Zufriedenheit
Zuvorkommenheit

•

(keit)
Abhängigkeit
Abscheulichkeit
Abwegigkeit
Achtsamkeit
Affigkeit
Altertümlichkeit
Anfälligkeit
Anfechtbarkeit
Ängstlichkeit
Anhänglichkeit
Anständigkeit
Arbeitsamkeit
Arglosigkeit
Ärmlichkeit
Artigkeit
Aufdringlichkeit
Aufmerksamkeit
Aufrichtigkeit
Ausführbarkeit
Ausführlichkeit
Ausgiebigkeit
Ausschließlichkeit
Äußerlichkeit
Aussichtslosigkeit
Ausweglosigkeit
Bärbeißigkeit
Baufälligkeit
Bedachtsamkeit
Bedenklichkeit
Bedeutsamkeit
Bedürftigkeit
Begehrlichkeit
Behäbigkeit
Beharrlichkeit
Behendigkeit
Behutsamkeit
Belanglosigkeit
Bequemlichkeit
Beredsamkeit
Bereitwilligkeit
Berühmtheit
Beschaulichkeit
Beschwerlichkeit
Besinnlichkeit
Beständigkeit
Bestechlichkeit
Betriebsamkeit
Beweglichkeit
Bewußtlosigkeit
Biederkeit
Bissigkeit
Bitterkeit
Borstigkeit
Böswilligkeit
Brauchbarkeit
Brennbarkeit
Brüchigkeit
Brüderlichkeit
Bußfertigkeit
Dämlichkeit
Dankbarkeit
Denkwürdigkeit
Deutlichkeit
Dreifaltigkeit
Dreistigkeit
Dringlichkeit
Duldsamkeit
Durchsichtigkeit
Dürftigkeit
Ehrbarkeit
Ehrenhaftigkeit
Ehrerbietigkeit
Ehrlichkeit
Eigenartigkeit
Eigennützigkeit
Eigensinnigkeit

Eigentümlichkeit
Eigenwilligkeit
Eilfertigkeit
Eindeutigkeit
Eindringlichkeit
Einigkeit
Einmütigkeit
Einsamkeit
Einstimmigkeit
Eitelkeit
Empfindsamkeit
Endlosigkeit
Engherzigkeit
Enthaltsamkeit
Erbärmlichkeit
Erbaulichkeit
Erfolglosigkeit
Ergiebigkeit
Erkennbarkeit
Erkenntlichkeit
Erregtheit
Ertragfähigkeit
Erträglichkeit
Erwerbsfähigkeit
Ewigkeit
Fähigkeit
Fahrigkeit
Fälligkeit
Feindseligkeit
Fertigkeit
Festigkeit
Feuchtigkeit
Findigkeit
Fingerfertigkeit
Flüchtigkeit
Flüssigkeit
Folgsamkeit
Freigebigkeit
Freimütigkeit
Freizügigkeit
Fremdheit
Freundlichkeit
Friedlichkeit
Friedelosigkeit
Friedsamkeit
Fröhlichkeit
Frömmigkeit
Fruchtbarkeit
Furchtlosigkeit
Furchtsamkeit
Gastlichkeit
Gebrechlichkeit
Gefälligkeit
Gegensätzlichkeit
Gegenseitigkeit
Gehässigkeit
Gelehrsamkeit
Gelenkigkeit
Gemeinsamkeit
Gemütlichkeit
Genauigkeit
Genügsamkeit
Gerechtigkeit
Geringfügigkeit
Geschicklichkeit
Geschwätzigkeit
Geschwindigkeit
Geselligkeit
Gesetzmäßigkeit
Gewalttätigkeit
Gewissenhaftigkeit
Gewissenlosigkeit
Glaubwürdigkeit
Gleichförmigkeit
Gleichmäßigkeit
Glückseligkeit
Göttlichkeit
Gottlosigkeit
Grausamkeit
Grenzenlosigkeit
Großmütigkeit
Großzügigkeit
Gründlichkeit
Gültigkeit
Gutmütigkeit
Gutwilligkeit
Habseligkeit
Haltbarkeit
Handfertigkeit
Heftigkeit
Heiligkeit
Heimlichkeit
Heiserkeit
Heiterkeit
Helligkeit
Hemmungslosigkeit
Herrlichkeit
Herzhaftigkeit
Herzlichkeit
Herzlosigkeit
Hinterhältigkeit
Hochherzigkeit
Höflichkeit
Hörigkeit
Innigkeit
Interessenlosigkeit
Kaltblütigkeit
Kampffähigkeit
Käuflichkeit
Klatschhaftigkeit
Kleinigkeit
Kleinmütigkeit
Knifflichkeit
Kopflosigkeit
Kostbarkeit
Köstlichkeit
Kostspieligkeit
Kraftlosigkeit
Kränklichkeit
Kunstfertigkeit
Kurzlebigkeit
Lächerlichkeit
Langmütigkeit
Langweiligkeit
Lässigkeit
Lasterhaftigkeit
Lauterkeit
Lautlosigkeit
Lebendigkeit
Lebhaftigkeit
Leblosigkeit
Leichtfertigkeit
Leichtfüßigkeit
Leichtgläubigkeit
Leichtigkeit
Leidenschaftlichkeit
Liebenswürdigkeit
Lieblichkeit
Liederlichkeit
Lustigkeit
Mannigfaltigkeit
Männlichkeit
Mäßigkeit
Mattigkeit
Menschlichkeit
Merkwürdigkeit
Mildtätigkeit
Mißliebigkeit
Möglichkeit
Müdigkeit
Munterkeit
Mutwilligkeit
Nachgiebigkeit
Nachlässigkeit
Natürlichkeit
Neuigkeit
Nichtigkeit
Notwendigkeit
Nützlichkeit
Obrigkeit
Persönlichkeit
Räumlichkeit
Redlichkeit
Regelmäßigkeit
Regsamkeit
Reinlichkeit
Reizbarkeit
Rückständigkeit
Sauberkeit
Schicklichkeit
Schimptlichkeit
Schläfrigkeit
Schlagfertigkeit
Schlechtigkeit
Schnelligkeit
Schuldigkeit
Schweigsamkeit
Schwierigkeit
Sittsamkeit
Sorglosigkeit
Sorgsamkeit
Sparsamkeit
Sterblichkeit
Süßigkeit
Tapferkeit
Tätigkeit
Tüchtigkeit
Übelkeit
Unachtsamkeit
Unbequemlichkeit
Uneinigkeit
Vergeßlichkeit
Verträglichkeit
Vertraulichkeit
Vielfältigkeit
Vielseitigkeit
Vollständigkeit
Voreiligkeit
Vortrefflichkeit
Wachsamkeit
Wahrhaftigkeit
Weiblichkeit
Wendigkeit
Widerlichkeit
Widersetzlichkeit
Wirklichkeit
Wirksamkeit
Zärtlichkeit
Zufriedenheit
Zutraulichkeit
Zwangsläufigkeit
Zweisamkeit
Zwistigkeit
→ aid, eid, eiden, eie, eien, eiten, ichkeit, igkeit, osigkeit

eitbar

leitbar
streitbar
unbestreitbar
unleitbar

eite

befreite
beiseite
Breite
freite
Freite
geleite
gescheite
Gestreite
Kehrseite
Leite
Pleite
prophezeite
Reichweite
Rückseite
Saite
Schattenseite
schneite
Schußweite
Seite
Sichtweite
spreite
Streite
Tragweite
Weite
→ eit, eiten

eitel

Beitel
eitel
Scheitel

eiteln

eiteln
scheiteln
vereiteln

eiten

arbeiten
ausbreiten
ausweiten
bearbeiten
begleiten
beizeiten
bereiten
beschreiten
bestreiten
einleiten
einschreiten
entgleiten
fehlleiten
fortschreiten
freiten
gedeihten
Gezeiten
gleiten
irreleiten
Lebzeiten
leiten
mitarbeiten
reiten
schreiten
seiten, auf –
streiten
überleiten
überschreiten
umleiten
unterbreiten
unterschreiten
verbreiten
verleiten
vorbereiten
vorzeiten
weihten
weiten
Wellenreiten
wettstreiten
widerstreiten
zuzeiten
→ eien, eit, eite

eitend

→ eiten

eiter

Ableiter
Arbeiter
Außenseiter
Begleiter
Bereiter
Blitzableiter
breiter
Dachreiter
Eingeweihter
Eiter
Fighter
Gefreiter
gescheiter
heiter
Himmelsleiter
Leiter
Mitarbeiter
Reiter
Streiter
Stufenleiter
Tonleiter
Verbreiter
vermaledeiter
Vorarbeiter
Wegbereiter
weiter
Wellenreiter
zweiter
→ eit

eitern

aufheitern
eitern
erheitern
erweitern
gescheitern
scheitern
verbreitern
weitern
→ eit, eiter

eitert

angeheitert
gescheitert
→ eitern

eites

befreit es
breites
→ eit

eiterung

Eiterung
Erheiterung
Erweiterung
Verbreiterung
Weiterung
→ ung

eitet

abgeleitet
ausgebreitet
ausgeweitet
zartbesaitet

zugeleitet
→ eiten

eitig(ch)

abseitig
anderweitig
beid(er)seitig
derzeitig
diesseitig
doppelseitig
einseitig
frühzeitig
gegenseitig
gleichzeitig
halbseitig
jenseitig
rückseitig
streitig
unstreitig
unzeitig
vielseitig
vorzeitig
zeitig
•
bereit' ich
entgleit' ich
→ eiten

eitige(n)

allseitigen
beseitigen
→ eitig

eitlich

einheitlich
freiheitlich
ganzheitlich
jahreszeitlich
neuzeitlich
seitlich
zeitlich

eits

abseits
allerseits
andererseits
beiderseits
bereits
diesseits
dortseits
euerseits
gegenseits
Gescheits
jenseits
keinerseits
längsseits
rückseits
seid's
umseits
weiht's
→ eid, eit, eiz

eitschaft

Begleitschaft
Bereitschaft
→ aft

eitste

bereitste
weitste

eitung

Ableitung
Anleitung
Ausschreitung
Begleitung
Fehlleitung
Leitung
Schriftleitung
Überleitung
Überschreitung
Umleitung
Verbreitung
Verleitung
Vorbereitung
Zeitung
Zubereitung
Zuleitung

eiung

Aneinander-
reihung
Befreiung
Beleihung
Entweihung
Entzweiung
Feiung
Kasteiung
Parteiung
Prophezeiung
Verleihung
Verzeihung

eiz

Anreiz
Geiz
Gespreiz
Liebreiz
Reiz
Sinnenreiz
Sinnesreiz
Schweiz
→ eits

eize(n)

anheizen
aufheizen
aufreizen
beheizen
beizen
Beizen
geizen
Reizen
reizen
spreizen
Weizen
→ eiz

eizend

liebreizend
→ eizen

eizer

Heizer
Beizer
Schweizer
→ eizen

eizt

gebeizt
geheizt
gereizt
gespreizt
→ eizen

eizung

Beizung
Heizung
Reizung
Spreizung
Verheizung
→ eizen, ung

ek

Beefsteak
Bibliothek
Hypothek
Kartothek
Photothek

eke(n)

Apotheke
Azteke
Kopeke
Scharteke
Theke
→ ek

ekel

Ekel
Gerekel
Menetekel
Rekel

ekeln

ekeln
rekeln
verekeln
→ äkeln

eker

Apotheker
Störtebeker

ekt

Affekt
Architekt
Aspekt
aufgeweckt
defekt
Dialekt
direkt
Effekt
indirekt
inkorrekt
Insekt
Intellekt
Knalleffekt
Konfekt
korrekt
Nutzeffekt
Objekt
perfekt
Projekt
Prospekt
Respekt
Sekt
Subjekt
suspekt
Trajekt
unbedeckt
unbefleckt
→ ecke

ekte(n)

Analekten
Effekten
Kollekten
neckten
Pandekten
Sekten
weckten
→ ecken, ekt

ektor

Direktor
Hektor
Inspektor
Korrektor
Lektor
Projektor
Reaktor
Redaktor
Rektor
Sektor
Spiritus rector

el

Archipel
Befehl
Cocktail
Fehl
fidel
Hehl
Hel
Israel
Juwel
Kamel
Krakeel
kreuzfidel
Mehl
Michael
Oberbefehl
Paneel
parallel
scheel
→ elen

elbe

dasselbe
derselbe
dieselbe
Elbe
gelbe

elben

→ elbe

elber

gelber
Kälber
selber

elch(e)

Elche
etwelche
Kelche
welche
→ elch, elchen

el-chen

Fellchen
Forellchen
Kapellchen
Libellchen
Mamsellchen
Quellchen
Zellchen

elchen

welchen
→ elche

ēlchen

Kehlchen
Seelchen
→ ehl

eld

Bargeld
Blickfeld
Brachfeld
Feld
Fersengeld
Geld
Gesichtsfeld
Held
Lösegeld
Messerheld
Nadelgeld
Pantoffelheld
Schlachtfeld
Schmerzensgeld
Schmiergeld
Sportfeld
Springinsfeld
Stoppelfeld
Tugendheld
Vorfeld
Wegegeld
Zehrgeld
→ ellen, elt

elde

Schelde
→ älde, eld,
elden

elden

abmelden
anmelden
Helden
melden
vermelden
→ älde, eld

elder

Felder
Feuermelder
Gelder
Melder
→ älder

ele

Adele
Befehle
Fehle
Garnele
Kamele
Kehle
Krakeele
Krämerseele
Makrele
Parallele
Seele
→ el, elen

elen

Allerseelen
befehlen
beseelen
bestehlen
empfehlen
entseelen
fehlen
fidelen
Juwelen
schwelen
stehlen
verfehlen
verhehlen
verschwelen
→ eld, ele

elend

Elend
→ elen

eler

Erzähler
Fehler
Hehler
Krakeeler
Pennäler
Quäler
schmäler
Täler
Wähler
Zähler
→ el

eles

befehl' es
fideles
→ el, ele, elen

elf

Behelf
elf
Gotthelf
helf
Notbehelf
→ elfen

elfe(n)

abhelfen
behelfen
durchhelfen
Elfen
helfen
nachhelfen
schelfen
verhelfen
Welfen
weiterhelfen

elfer

Aushelfer
Gebelfer
Helfershelfer
Helfer
Nothelfer

elfern

belfern
schelfern

elfisch

delphisch
elfisch
Schellfisch

elge(n)

Felgen
Geschwelgen
Helgen
schwelgen

elich

allmählich
schmählich
unausstehlich
unübersehlich
unwiderstehlich
→ elig

elig

armselig
feindselig
glückselig
holdselig
mehlig
redselig
saumselig
selig
trübselig
überzählig
unselig
unzählig
→ elich

elige(n)

beseligen
unzähligen
→ elig

elk

welk
→ älk

elke

Nelke
→ älke, elken

elken

melken
verwelken
welken
→ älken, elke

ell

aktuell
Appell
Aquarell
blitzschnell
Bordell
Drell
Duell
eventuell
experimentell
exzeptionell
Fell
finanziell
Flanell
formell
Gebell
generell
Gesell
Gestell
graduell
grell
hell
Hotel
ideell
individuell
inoffiziell
intellektuell
irrationell
Israel
Kalbfell
Karamel
Kartell
Karussell
Kastell
konfessionell
konjunkturell
konventionell
kriminell
kulturell
Kuratel
Mademoiselle
Mamsell
manuell
materiell
ministeriell
Modell
Motel
naturell
nominell
offiziell
oppositionell
originell
Pastell
Pedell
personell
potentiell
prinzipiell
professionell
Pulcinell
Quell
Raffael
rationell
Rebell
reell
rituell
Rondell
schnell
Schrapnell
sensationell
sexuell
Skalpell
speziell
spirituell
Sprungquell
sternenhell
tag(es)hell
traditionell
Trommelfell
universell
unreell
usuell
virtuell
visuell
Wandergesell
Zeremoniell
→ elle, ellen

ellchen

Dellchen
Elchen
Ellchen
Fellchen
Forellchen
Gestellchen
Kapellchen
Kelchen
Mamsellchen
Stellchen
Wellchen
→ ällchen, elch, elchen

elle

Bagatelle
Delle
Elle
Fehlerquelle
Forelle
Gazelle
Geschäftsstelle
Geselle
Grelle
Handschelle
Heilquelle
Helle
Immortelle
industrielle
Intellektuelle
Isabelle
Junggeselle
Kapelle
Karavelle
Keimzelle
Kelle
Kriminelle
kulturelle
Lamelle
Libelle
Maulschelle
Mirabelle
Modelle
Novelle
originelle
Parzelle
Pelle
Quelle
Sardelle
Schelle
Schlafstelle
Schnelle
Schwelle
sicherstelle
Soutanelle
Spießgeselle
Stelle
Stromschnelle
Tankstelle
Welle
Zelle
Zitadelle
→ all, älle, ell, ellen

ellen

abbestellen
abprellen
abschwellen
anbellen
anheimstellen
anschwellen
anstellen
aufhellen
aufprellen
aufstellen
beigesellen
bellen
bereitstellen
bestellen
bloßstellen
darstellen
einstellen
entstellen
erhellen
erstellen
fertigstellen
feststellen
gellen
gesellen
Gestellen
gleichstellen
hellen
herstellen
hinstellen
hochschwellen
hochstellen
kaltstellen
Kamellen
klarstellen
nachstellen
pellen
prellen
quellen
richtigstellen
schaustellen
schellen
schnellen
schwellen
stellen
totstellen
überquellen
überstellen
umstellen
unterstellen
verbellen
vergällen
verquellen
verstellen
vorstellen
wellen
wiederherstellen
zerspellen
zerschellen
zufriedenstellen
zurechtstellen
zurückprellen
zurückstellen
zustellen
→ ällen, ell, elle

eller

Beller
Besteller
Bestseller
Bittsteller
Darsteller
Fallensteller
Heller
Hersteller
Holzfäller
Keller
Muskateller
Propeller
Schausteller
Schriftsteller
Weinkeller
Zechpreller
Zusteller
→ ell

ellerei

Anstellerei
Bestellerei
Kellerei
Prellerei
→ eller

ellern

einkellern
schriftstellern
trällern
unterkellern
→ eller

elli

casus belli
Elli
Nelli
→ i

ellig

anstellig
dickfellig
einhellig
gesellig
mißhellig
ungesellig
unterschwellig
wellig
→ ällig

elligen

behelligen
bewerkstelligen
→ ellig

elligkeit

Anstelligkeit
Dickfelligkeit
Gefälligkeit
Mißhelligkeit
→ ellig, eit

ells

erhell's
stell's
→ ell, ellen, els

ellt

angestellt
anheimgestellt
dahingestellt
gedellt
geprellt
geschwellt
gestellt
gewellt
hochgestellt
unbestellt
wieder-hergestellt
zugestellt
→ ellen, elt

ellung

Abbestellung
Anschwellung
Anstellung
Aufhellung
Aufstellung
Ausstellung
Bestellung
Darstellung
Einstellung
Entstellung
Erhellung
Feststellung
Gestellung
Herstellung
Prellung
Schwellung
Stellung
Unterstellung
Verstellung
Vorstellung
Zusammen-stellung
Zustellung

elm

Anselholm
Helm
Schelm
Stahlhelm
Wilhelm

elme(n)

Helmen
→ elm

els

Fels
Wels
→ ell, ellen, ells

elschen

Elschen
Felschen

else

Else
Gelse

elsen

Felsen
Gelsen

elster

Elster
grellster
→ ell

ēlt

→ ält, elen, ēlten

elt

Außenwelt
Belt
Entgelt
gelt!
Gezelt
Guckindiewelt
Halbwelt
Himmelszelt
Kickindiewelt
Lebewelt
Mitwelt
Modewelt
Nachwelt
Spelt
Sportwelt
Sternenzelt
Umwelt
Unterwelt
Urwelt
Welt
Zelt
→ ält, eld, elle, ellen, elten

ēlte

Entseelte
schwelte
Verfehlte
verhelte
→ elen, ēlt

elte

Angestellte
Belte
Kelte
Schelte
Zelte
→ älte, elten

ēlten

auserwählten
entseelten
→ ält

elten

abgelten
entgelten
gelten
schellten
schelten
selten
stellten
vergelten
zelten

elte

Angestellte
→ älten, ellen, elt, elte

elter

Angestellter
Geprellter
geschwellter
Kelter
Vergelter

eltern

Eltern
Großeltern
Schwiegereltern
keltern
→ älter, elter

eltes

Beltes
geschwelltes
hält' es
→ elt

entgeltlich

unentgeltlich
weltlich
→ ältlich

elung

Beseelung
Empfehlung
Verfehlung

elz

entgelt's
Faulpelz
Gott vergelt's
Kuppelpelz
Schmelz
schellt's
Spelz
stellt's
→ ält, älts, ellen, elt

elze(n)

belzen
pelzen
Pelzen
schmelzen
Schmelzen
Schneeschmelzen
Stelzen
stelzen
umschmelzen
verschmelzen
→ älze, älzen

ēm

angenehm
außerdem
bequem
dem
Diadem
ehedem
Emblem
extrem
indem
Krem
Lehm
nachdem
nehm
ohnedem
Poem
Polyphem
Problem
seitdem
System
Theorem
trotzdem
unanagenehm
unbequem
verfem'
vordem
währenddem
wem
zudem
→ emen

em

carpe diem
Jem
Methusalem
Moslem
plemplem
Requiem

ema

Schema
Thema

emand

Demant
jemand

ember

Dezember
September
November

emd

aufgeschwemmt
fremd
Hemd
Nachthemd
Totenhemd
ungehemmt
weltfremd
wesenfremd
wildfremd
→ ämmt, emde, emmen, emmt

emde

Fremde
→ emd, emden

emden

•befremden
•entfremden
→ emd, emde

eme

extreme
Feme
Lehme
nehme
→ em, emen

eme = äme

Boheme
Creme
Tantieme
→ äme

emel

Memel
Dehmel
Schemel

emen

abnehmen
annehmen
aufnehmen
benehmen
Benehmen
bequemen
Einvernehmen
entnehmen
hernehmen
hinnehmen
nehmen
Problemen
Schemen
übelnehmen
übernehmen
unternehmen
Unternehmen
verfemen
vernehmen
vornehmen
zunehmen
→ ämen, em, eme

emer

Arbeitnehmer
Krämer
Umstands-krämer
Unternehmer
→ em

emes

bequemes
Diademes
nehm' es
→ em, eme

emisch

akademisch
chemisch
epidemisch
hämisch
polemisch

emlich

annehmlich
bequemlich
unbequemlich
vernehmlich
vornehmlich

emm

schlemm
schwemm
→ ämm, emmen

emmchen

Bemmchen
Klemmchen
→ emm, emme

emme

Bemme
Hemme
Kaschemme
Klemme
Memme
Schwemme
→ ämmen, emmen

emmen

abdämmen
abklemmen
aufstemmen
dämmen
eindämmen
einklemmen
festklemmen
hemmen
klemmen

schlemmen
stemmen
über-
schwemmen
verklemmen
zuschwemmen
→ ämme, ämmen, emme

emmend
herzbeklemmend
klemmend
→ emmen

emmer
Klemmer
Schlemmer
→ ämmer

emmern
belemmern
schlemmern
→ ämmern, emmer

emmert
→ ämmert, emmern

emmt
abgeschwemmt
aufgeschwemmt
eingeklemmt
fremd
gehemmt
→ ämmt, emmen

emmung
Anschwemmung
Aufschwemmung
Beklemmung
Eindämmung
Enthemmung
Hemmung
Überschwemmung

empe
Kämpe
Krempe
Plempe
→ ämpe

empel
Exempel
Gekrempel
Gestempel
Krempel
Stempel
Tempel

empeln
anrempeln
aufkrempeln
rempeln
stempeln
umkrempeln
→ empel

empen
aufkrempen
→ empe

empern
klempern
plempern
verplempern

emse
Bremse
Gemse
Wämse
→ emsen

emsen
abbremsen
aufbremsen
bremsen
Gemsen

emser
Bremser
Kremser
→ ämser

emter
Ämter
Remter
verklemmter
Verschlemmter
→ ämmt, emme, emmen, emmt

emung
Bequemung
Einvernehmung
Unternehmung
Verfemung
Vernehmung

emut
Demut
Wehmut

en
Ben
den
endogen
exogen
flehn
fotogen
heterogen
homogen
Kapitän
Kren
Lehn
Mäzen
Phänomen
schizophren
Selen
souverän
stehn
telegen
Vergehn
vergehn
verschmähn
wen
Wohlergehn
zehn
→ ehen

ena
Arena
Lena
Manuela
Philomena
→ a

ence (Nasal)
par excellence
Fayence
Patience
→ ance

enchen
Lenchen
Grenchen
Sehnchen
Venchen
→ ene

end
behend
happy end
Reverend
Trend
Weekend
→ ände, ende, enden, ent

endbar
abwendbar
unabwendbar
unanwendbar
versendbar
zuwendbar
→ ar

endchen
Blendchen
Endchen
→ ändchen, ende

ende
Agende
Allmende
behende
Blende
Dividende
Ende
horrende
Jahreswende
Lebensende
Legende
Lende
Sonnenwende
Spende
stupende
übersende
verblende
Wende
Wochenende
→ ände, enden

endel
Bendel
Lavendel
Pendel
Wendel
→ ändel

endeln
pendeln
trendeln
→ ändeln, endel

enden
abblenden
absenden
abwenden
allerenden
aufblenden
beenden
bewenden
blenden
einsenden
einwenden
enden
nachsenden
senden
spenden
umwenden
verelenden
verenden
verschwenden
versenden
verwenden
vollenden
wenden
zusenden
zuwenden
→ änden, ende

endend
blendend
lebensspendend
segenspendend
→ enden

ender
Absender
behender
Blender
Einsender
Geschlender
horrender
Kalender
Marketender
Sender
Spender
Verschwender
Versender
Vollender
→ and, änder

endern
schlendern
stupendern
→ ändern, ender

endet
angewendet
formvollendet
verblendet
→ enden

endi
Effendi
in statu nascendi
→ i

endig
abwendig
auswendig
elendig
inwendig
lebendig
notwendig
wendig
→ ändig

endigen
endigen
Lebendigen
→ ändig, endig

endisch
abendländisch
ständisch
vaterländisch
wendisch
wetterwendisch
→ ändisch

endler
Pendler
→ ändler

endlich
abendlich
endlich
unabwendlich
unendlich
→ ändlich, enntlich

endnis
Bekenntnis
Erkenntnis
Geständnis
Kenntnis
Mißverständnis

ends
abends
vollends
wend's
→ end, enden, enz

endung
Abwendung
Anwendung
Beendung
Einsendung
Endung
Nutzanwendung
Sendung
Übersendung
Verblendung
Verschwendung
Versendung
Verwendung
Vollendung
Wendung
Zusendung
Zuwendung
→ ändung, ung

ene
bene
Helene
heterogene
Hygiene
Irene
Lehne
Lene
Magdalene
Marlene
Mäzene
notabene
Phänomene
Sehne
Selene
Sirene
Szene
Vene
→ en, enen

enen
belehnen
dehnen
denen
entlehnen

fotogenen
jenen
lehnen
sehnen
→ änen, en, ene

ener

Belehner
jener
Nazarener
oxygener
schizophrener
Zehner
→ en

enes

hydrogenes
sehn' es
→ ehen,
ene, enen

eng

eng
schnedderen-
teng!
sittenstreng
→ äng, enge, en-
gen

enge

einenge
einmenge
Enge
Gemenge
gestrenge
Landenge
Menge
Strenge
Unmenge
vermenge
Wegenge
→ änge, engen

engel

Bengel
Dengel
Engel
Gedengel
Gequengel
Glimmstengel
Krengel
Ladenschwengel
Lausebengel
Mängel
Schutzengel
Schwengel
Sprengel
Stengel
Todesengel
Würgengel
→ ängel, engeln

engelchen

Bengelchen
Engelchen
Stengelchen
→ engel

engeln

dengeln
krengeln
quengeln
→ ängeln, engel

engen

anstrengen
beengen
beimengen
besprengen
engen
mengen
sengen
sprengen
strengen
überanstrengen
verengen
versengen
versprengen
zersprengen
→ ängen, enge

enger

enger
strenger
→ änger, eng

engern

engern
strengern
verengern
→ ängern

englein

Englein
Stenglein
→ engel

englich

bedenklich
erdenklich
überschweng-
lich
→ änglich

englig

stenglig
→ änglich, eng-
lich

engsel

Anhängsel
Gemengsel
Mengsel
Sprengsel

engst

Hengst
zersprengst
→ änke, ängen,
enge, enke

engt

angestrengt
eingeengt
eingesprengt
gesprengt
→ ängt, engen

engte(n)

angestrengten
Versprengten
→ engt

engung

Anstrengung
Beengung
Beimengung
Besprengung
Sprengung
Vermengung
→ ängung

enig

dehnig
ebensowenig
sehnig
wenig
•
dehn' ich
lehn' ich
→ enen

enige(n)

•derjenige(n)
•diejenige(n)
→ enig

eniger

nichtsdesto-
weniger
→ enig

enk

eingedenk
Gehenk
Gelenk
Geschenk
Mundschenk
Schenk
ungelenk
→ änke, änken,
enken

enkbar

denkbar
lenkbar
undenkbar
unlenkbar

enke

eingedenke
Gesenke
Menkenke
Schenke
Senke
→ änke, enk, en-
ken

enkel

Enkel
Henkel
Schenkel
Schnürsenkel
→ änkel

enkeln

besprenkeln
einhenkeln
Schenkeln
übersprenkeln
→ änkeln, enkel

enkelt

gesprenkelt
eingehenkelt
→ enkeln

enken

ablenken
abschwenken
absenken
Andenken
ausrenken
ausschenken
Bedenken
beschenken
denken
einlenken
einrenken
einschenken
einschwenken
erdenken
Gedenken
henken
hinlenken
lenken
schenken
schwenken
senken
umdenken
umlenken
umschwenken
verdenken
verrenken
verschenken
versenken
→ ank, änken,
enk, enke

enkend

andersdenkend
klardenkend
einschwenkend
→ enken

enkende

Andersdenken-
de
Lenkende
→ enken

enker

Absenker
Denker
Henker
Lenker
Schenker
Schlenker
Schwenker
Senker
→ änker

enkerisch

freidenkerisch
schwenkerisch
→ änkern, enker

enkern

Denkern
schlenkern
→ änkern, enker

enkes

denk' es
gelenkes
Geschenkes
→ enk, enke

enkig(ch)

absenkig
gelenkig
•
gedenk' ich
lenk' ich
→ enken

enklich

•bedenklich
•nachdenklich
•unbedenklich
→ änklich, enk-
lig

enklig

henklig
schenklig
sprenklig
→ enklich

enkt

gelenkt
geschenkt
→ änkt, enken

enkte

Beschenkte
→ enken

enkung

Ablenkung
Abschwenkung
Beschenkung
Einlenkung
Einrenkung
Lenkung
Schenkung
Schwenkung
Senkung
Verrenkung
Versenkung
→ änkung

enn

denn
Gentlemen
majorenn
minorenn
solenn
wenn
→ enne, ennen

ennbar

abtrennbar
brennbar
einbrennbar
erkennbar
trennbar
unnennbar
unverkennbar

enne

Antenne
Einbrenne
Geflenne
Gerenne
Henne
Penne
Senne
Tenne
→ änne, ennen

ennen

abbrennen
aberkennen
abtrennen
anbrennen
anerkennen
anrennen
auftrennen
auskennen
bekennen
benennen
berennen
brennen
durchbrennen
entbrennen
erkennen
ernennen

flennen
kennen
pennen
rennen
trennen
umrennen
verbrennen
verkennen
verrennen
Wettrennen
wiedererkennen
zertrennen
→ änne, ännen, enne

enner

Bekenner
Einspänner
Kenner
Nenner
Penner
Renner
Senner
→ ennen

ennig

einspännig
Mennig
Notpfennig

ennige

Pfennige
→ ennig

ennlich

unverbrennlich
unzertrennlich
→ ännlich

enns

bekenn's
trenn's
→ ennen, ens

ennst

kennst
→ ännst, ennen, enst

ennt

getrennt
→ ännt, ennen, ent

enntlich

endlich
erkenntlich
kenntlich
unkenntlich
→ ändlich, endlich

enntnis

•Bekenntnis
•Erkenntnis
•Kenntnis
•Unkenntnis
→ ändnis

ennts

→ enz

ennung

Abtrennung
Benennung
Erkennung
Ernennung
Nennung
Trennung
Verbrennung
Verkennung
Zuerkennung

ens

Agens
bekenn's
Dispens
immens
Ingrediens
Klemens
nolen volens
Nonsens
Pence
Reagens
verrenn's
verpenn's
→ ennen

ense

Gänse
Sense
Trense

enst

Gespenst
rennst
→ ännst, enne, ennen

enster

Fenster
Gespenster

enstern

fenstern
→ enster

enstes

Gespenstes
kennst es
solennstes
→ enst

ent

Abiturient
Abonnent
Abstinent
absent
Absolvent
abstinent
Advent
Agent
äquivalent
Argument
Assistent
Cent
dekadent
Deliquent
dezent
Dezernent
different
Dirigent
Disponent
divergent
Dokument
Dozent
Element
eminent
evident
existent
Experiment
exzellent
Ferment
Firmament
flennt
Fragment
Fundament
imminent
impertinent
impotent
indifferent
indolent
inkompetent
inkonsequent
Inspizient
Instrument
intelligent
Interessent
kennt
Klient
Komment
kompetent
Kompliment
Konkurrent
konsequent
konsistent
Konsulent
Konsument
Kontinent
Kontrahent
Konvent
korpulent
Korrespondent
kurrent
latent
Medikament
Moment
Monument
nennt
Okzident
Opponent
opulent
Orient
Ornament
Parlament
Patent
patent
Patient
Pergament
permanent
Pigment
Postament
potent
Präsent
Präsident
Prätendent
Produzent
prominent
Proponent
Prozent
Referent
Rekonvaleszent
Regent
Regiment
renitent
Rezensent
Rudiment
sackerment
Sakrament
sapperment
Sediment
Segment
Skribent
solvent
Sortiment
Student
Talent
Temperament
Testament
Transparent
transparent
turbulent
vehement
virulent
Wochenend
Zement
→ ännt, end, ende, enne, ennen

ent (Nasal)

Agreement
Amüsement
Appartement
Arrangement
Attachement
Avancement
Detachement
Engagement
Etablissement
Gouvernement
Logement
Meublement
Raffinement
Reglement
Ressentiment
Revierement
Sentiment
Signalement
→ and, ant

entchen

Entchen
Momentchen
Quentchen
Studentchen
→ end, ent

ente

Alimente
Dolce far niente
Ente
Komponente
Momente
Polente
Rente
→ ent, ennen

enten

Fisimatenten
pergamenten
→ ent, enne, ente

enter

Sackermenter
→ ent

entern

entern
kentern
→ ent, enter

entisch

authentisch
identisch

entlich

angelegentlich
freventlich
ordentlich
wöchentlich

entner

pergamentner
Rentner
Zentner

ento

Lamento
lento
Memento
→ o

enz

Abstinenz
Äquivalenz
Assistenz
Audienz
brennt's
Dekadenz
Differenz
Divergenz
Eminenz
end's
Essenz
Existenz
Exzellenz
Impertinenz
Impotenz
Indifferenz
Inkonsequenz
Intelligenz
Karenz
kennt's
Koexistenz
Kompetenz
Kondulenz
Konferenz
Kongruenz
Konkurrenz
Konsequenz
Korpulenz
Korrespondenz
Kredenz
Latenz
Lenz
Lizenz
Lorenz
Magnifizenz
nennt's
Permanenz
Pestilenz
Pönitenz
Potenz
Präsenz
Prominenz
Provenienz
Quintessenz
Referenz
Rekonvaleszenz
Reminiszenz
Renitenz
Residenz
Reverenz
Sentenz
Tendenz
Transparenz
Turbulenz
Vehemenz
Virolenz
→ änz, ent, enzen

enze

Grenze
kredenze
→ änze, enzen

enzel
Scharwenzel
→ änzel

enzeln
brenzeln
→ änzeln, enzel

enzen
abgrenzen
angrenzen
begrenzen
grenzen
lenzen
scharwenzen
umgrenzen
→ änzen, enz

enzer
Angrenzer
Faulenzer
Grenzer
Spenzer
→ änzer

enzt
begrenzt
→ enzen

enzung
•Abgrenzung
•Begrenzung
•Umgrenzung
→ änzung

ep
→ epp

epfe
Schnepfe
→ äpfe

epp
Depp
Handicap
Krepp
Nepp
Sepp
Step
Trepp
→ eppe, eppen

eppchen
Schleppchen
Treppchen
→ äppchen, eppe

eppe
Geschleppe
Schleppe
Schneppe
Steppe
Treppe
→ eppen

eppen
abschleppen
anschleppen
beschleppen
kreppen
nachschleppen
neppen
schleppen
steppen
verschleppen
versteppen
→ eppe

epper
Flapper
Geschepper
Kidnapper
Klepper
Nepper
Schlepper
Schnepper

eppern
scheppern
schneppern
→ äppern, epper

eppert
bedeppert
scheppert
→ eppern

eppich
schlepp' ich
Teppich
→ eppen

eppig
neppig
schleppig
→ eppen

epps
Krepps
→ epp

ept
Adept
gehandicapt
geneppt
geschleppt
gesteppt
Konzept
Rezept
→ eppen

epter
gesteppter
Zepter
→ eppen

eptisch
aseptisch
epileptisch
septisch
skeptisch

er
Air
anderswoher
bisher
daher
der
dorther
er
fair
fernher
Flair
folgenschwer
Ger
Heer
her
hierher
hinterher
inhaltschwer
langher
leer
Lehr
Lorbeer
Meer
mehr
menschenleer
nachher
nebenher
nimmermehr
obenher
Plainair
quer
regenschwer
ringsumher
Schmer
schwer
seither
sorgenschwer
Speer
stelle her
Ster
Teer
tränenleer
tränenschwer
überallher
umher
unschwer
unterher
Verkehr
verquer
Verzehr
vielmehr
vorher
weit(er)her
wer
woher
zwischenher
→ är, ehr, ehren, eren

erb
derb
Erwerb
herb
Verderb
Wettbewerb
→ ärb, erben

erbe
Erbe
Gewerbe
herbe
Kerbe
Scherbe
Werbe
→ ärb, erb, erben

erbel
Hyperbel
Kerbel
Scherbel
verscherbel

erbeln
→ erbel

erben
absterben
abwerben
anwerben
bewerben
derben
einkerben
enterben
erben
ersterben
erwerben
gerben
kerben
sterben
umwerben
verderben
Verderben
werben
→ ärben, erb, erbe

erber
Bewerber
Gerber
Spielverderber
Verderber
Werber
→ ärber, erb

erbes
erb 'es
→ erb, erbe, erben

erblich
erblich
gewerblich
sterblich
unsterblich
unverderblich
verderblich

erbst
Herbst
→ ärbst, erben

erbt
geerbt
gegerbt
gekerbt
→ ärbt, erben

erbung
Abwerbung
Anwerbung
Erwerbung
Beerbung
Bewerbung
Erwerbung
Vererbung
Werbung
→ ärbung

erch(e)
Lerche
Pferche
Recherche
→ erchen

erchen
einpferchen
→ ärchen, erche

erd
Herd
Pferd
Steckenpferd
Vogelherd

erde
Beschwerde
Erde
Heimaterde
Herde
Muttererde
Pferde
→ ärde, ērt

erden
bekanntwerden
Erden, auf –
innewerden
irrewerden
klarwerden
kundwerden
loswerden
Werden
werden
→ ärden, erde

erdig(ch)
erdig
•
werd' ich
→ erden

erdung
Erdung
Kundwerdung
Menschwerdung
→ ung

ere
Bajadere
Barriere
Beere
Belvedere
Ehre
Erdenschwere
Galeere
Karriere
Kehre
Konifere
Leere
Lehre
Meere
Misere
Miserere
Nolimetangere
Premiere
Quere
Schere
Schwere
→ äre, er, eren, iere

erei
Arbeiterei
Baderei
Fischerei
Försterei
Gärtnerei
Haarspalterei
Leierei
Leisetreterei
Lotterei
Mauserei
Miesmacherei
Mummerei
Nachäfferei
Paukerei
Quatscherei
Quertreiberei
Rackerei
Rechnerei
Rechthaberei
Rederei
Regiererei

Reiberei
Rennerei
Renommisterei
Sauerei
Schaum-
schlägerei
Schlägerei
Schießerei
Schimpferei
Schlabberei
Schlamperei
Schlaubergerei
Schleckerei
Schönfärberei
Schöntuerei
Schwelgerei
Schwimmerei
Silbenklauberei
Spaßerei
Spiegelfechterei
Spioniererei
Spötterei
Spukerei
Stöberei
Störerei
Streberei
Stubenhockerei
Stümperei
Stürmerei
Tierquälerei
Räumerei
Treiberei
Treterei
Tuerei
Turnerei
Ulkerei
Vexiererei
Vornehmtuerei
Wilddieberei
Windmacherei
Wort(e)mache-
rei
Wortklauberei
Wurstelei
Zankerei
Zauberei
Zechprellerei
Zuhälterei
Zuträgerei
→ ei

eren

abkehren
abwehren
aufbegehren
aufklären
auskehren
ausscheren
Bären
beehren
Begehren
bekehren
belehren
bescheren
beschweren
bewähren
bewehren
deren
durchqueren
ehren
einkehren
entbehren
entehren
entleeren
erklären
erschweren
gären
gebären
Gewehren
hären
Heeren
hehren
kehren
klären
leeren
lehren
mehren
scheren
teeren
überqueren
verehren
verheeren
verkehren
verklären
vermehren
versehren
verwehren
verzehren
vorkehren
wären
wehren
zehren
→ ären, ehren,
er, ere

erend

belehrend
→ ehren, eren

erer

Bekehrer
derer
Entehrer
Ernährer
Heimkehrer
Kehrer
Lehrer
Mehrer
Verehrer
→ er

eres

Ceres
ehr' es
Meeres
→ er, ere

erf

→ ärf, erfen

erfe(n)

bewerfen
entnerven
entwerfen
Kerfen
Nerven
niederwerfen
überwerfen
umwerfen
unterwerfen
verwerfen
vorwerfen
werfen
zurückwerfen
zuwerfen
→ ärfen

erfend

unterwerfend
→ erfen

erfer

Bildwerfer
Entschärfer
Minenwerfer
schärfer
Scheinwerfer
Werfer

erft

Werft
→ ärft, erfen

erfung

Bewerfung
Entnervung
Verwerfung
→ erfen

erg

Berg
Blocksberg
verberg
Weinberg
Wellenberg
Werg
Zwerg
→ ergen

erge

Berge
Herberge
Latwerge
Zwerge
→ ärge, ergen

ergen

•beherbergen
•bergen
•verbergen
→ ärgen, erge

erger

•berger
•Drückeberger
•Schlauberger
→ ärger

ergig

bergig
zwergig
→ ig

ergisch

allergisch
bergisch
energisch

erie = eri

Fasanerie
Gendarmerie
Maschinerie
Parfümerie
Pikanterie
Piraterie
Pläsanterie
Scharlatanerie
Tapisserie
Valerie
→ i

erie

Arterie
Bakterie
Materie
Serie

erien

Ferien
Kriterien
Ministerien
Mysterien
→ erie

erig

bisherig
gelehrig
seitherig
teerig

erin

Arbeiterin
Buhlerin
Dulderin
Führerin
Oberin
Pförtnerin
Pfuscherin
Priesterin
Sängerin
Schauspielerin
Schaustellerin
Schlafwandlerin
Schuldnerin
Schülerin
Schwägerin
Schwärmerin
Schwätzerin
Seherin
Sennerin
Siegerin
Spinnerin
Sünderin
Tänzerin
Teilhaberin
Trägerin
Träumerin
Verbrecherin
Verkäuferin
Vorsteherin
Wahrsagerin
Wallfahrerin
Wärterin
Wohltäterin
Zauberin
→ in

erisch

angeberisch
ätherisch
atmosphärisch
aufdrängerisch
aufrührerisch
befehlerisch
cholerisch
dicktuerisch
esotherisch
exoterisch
frevlerisch
gegnerisch
hysterisch
lutherisch
sphärisch
venerisch
→ isch

erk

Augenmerk
Bauwerk
Beiwerk
Bergwerk
Bildwerk
Blendwerk
Bollwerk
Fachwerk
Feuerwerk
Flickwerk
Fuhrwerk
Gemeinwerk
Gemerk
Gewerk
Handwerk
Kunstwerk
Liebeswerk
Meisterwerk
merk
Mundwerk
Räderwerk
Stellwerk
Stockwerk
Stückwerk
Tag(e)werk
Teufelswerk
Triebwerk
Vermerk
Vorwerk
Waidwerk
Werk
→ ärk, erke,
erken

erke

Hüttenwerke
→ ärke, erk,
erken

erkel

Cercle
Ferkel

erken

anmerken
bemerken
feuerwerken
fuhrwerken
merken
vermerken
werken
→ ärken, erk,
erke

erker

Berserker
Erker
Feuerwerker
Handwerker
Kerker
Scharwerker
Werker
→ ärker

erkern

einkerkern
→ erker

erkt

wohlgemerkt
→ erken

erl

Kerl
→ erlen

erlchen

Kerlchen
Perlchen
→ erl

erle
Erle
Merle
Perle
Schmerle
→ erlen

erlen
Erlen
perlen
verperlen
→ erle

erlich
begehrlich
beschwerlich
ehrlich
entbehrlich
schwerlich
→ ärlich

erm
Ferm
Perm
→ ärm

erme
Herme
Therme
→ ärme

ermen
Fermen
Spermen
→ ärmen, erme

ern
allzugern
Deern
entfern
extern
fern
gern
Herrn
insofern
intern
inwiefern
Kern
Konzern
Möchtegern
modern
Morgenstern
Ordensstern
sofern
Stern
subaltern
unfern
ungern
unmodern
Unstern
welt(en)fern
wofern
→ ernen

erne
Ferne
Gelerne
Kaserne
Kaverne
Laterne
Moderne
Taverne
Zisterne
→ ern, ernen

ernen
anlernen
auslernen
entfernen
entkernen
erlernen
kennenlernen
lernen
verlernen
zulernen
→ ern, erne

erner
Falerner
Ferner
Kärner
subalterner
Werner
→ ern

ernes
fernes
Holofernes
Kernes
kern' es
→ ern, erne, ernen

ernst
ernst
entfernst
fernst
modernst
todernst
→ ernen

ernt
besternt
gelernt
→ ernen

ernte
besternte
Ernte
Mißernte
→ ernen, ernt,
ernten

ernten
ernten
Gelernten
→ ernen, ernte

ernung
Entfernung
Erlernung

ero
Bolero
Cicero
dero
Hero
Nero
Sombrero
Torero
Trocadero
Zero

eros
Eros
Heros
→ ero

err
Ahnherr
Gesperr
Gezerr
Hausherr
Herr
Parterr
Schirmherr
Schloßherr
sperr
zerr
Zwingherr
→ ärr

errchen
Herrchen
Närrchen
→ ärrchen

erre
Gezerre
Parterre
Sperre
Talsperre
→ ärre, erren

erren
einsperren
sperren
versperren
verzerren
zerren
→ ärre, err, erre

errin
Herrin
Närrin
→ err, in

errisch
herrisch
närrisch
→ ärrisch

errlich
herrlich

•

plärr' ich
sperr' ich
→ erren

errt
gesperrt
→ erren, ert

errts
sperrt's
versperrt's
verzerrt's
zerrt's
→ erz

errung
Absperrung
Sperrung
Versperrung
Verzerrung
Zerrung
→ erren

ers
divers
Geplärrs
pervers
Revers
travers
Vers

erse
Ferse
Kontroverse
→ ers

erst
allererst
begehrst
erschwerst
ehrst
erst
lehrst
vorerst
zuerst
→ ere, eren

ērste
erste
hehrste
schwerste

erste(n)
bersten
Gersten

ērsten
ersten
schwersten

erster
erster
hehrster
schwerster

ērt
abgekehrt
abgezehrt
anerkennenswert
ausgekehrt
ausgeschert
ausgezehrt
beachtenswert
begehrenswert
bedauernswert
Beiwert
beklagenswert
bemerkenswert
beneidenswert
bewunderungswert
dankenswert
ehrenwert
Eigenwert
empfehlenswert
erstrebenswert
erwähnenswert
geehrt
Gegenwert
gekehrt
gekehrt, in sich –
Geld(es)wert
geleert
gelehrt
geteert
hassenswert
Kaufwert
Kuvert
lesenswert
liebenswert
liebwert
lobenswert
nachahmungswert
nennenswert
preiswert
Schwert
sehenswert
tadelnswert
unbeschwert
unversehrt
unwert
verdammenswert
wert
Wert
wissenswert
wünschenswert
→ ärt, ehren, erd,
ēre, ēren

ert
Adalbert
Albert
alert
Bert
Dagobert
Engelbert
Gallert
Gerbert
Gilbert
Herbert
Hubert
inert
Konzert
Kunibert
Norbert
Robert
Rupert
Stert
→ errt

ērte
Bekehrte
bescherte
ehrte
Geehrte
Gelehrte
vermehrte
Versehrte
verwerte
→ ehren, **ehrte**
eren, ērt

erte
Experte
Gerte
Offerte
sperrte
versperrte
verzerrte
zerrte
zusperrte
→ ärt, ert

ērten
abwerten
auswerten
beschwerten
bewerten
Gelehrten
überwerten
unterwerten
verwerten
werten
→ ärt, ēren, **ērte**

erten
gesperrten
→ ärten, **erren**,
ert, erte

ērter
begehrter
Schwerter
Verehrter
Versehrter
→ ērt

erter
gesperrter
versperrter
verzerrter
→ ärter, erren, eren

ertes
lehrt es
Schwertes
wertes
→ ere, ērt

erteste
Allerwerteste
verehrteste
→ ērt

ertheit
Gelehrtheit
Unversehrtheit
Verkehrtheit
→ eit

ērtig(ch)
•gleichwertig
•hochwertig
•minderwertig
•wertig
•
ehrt' ich
→ ēren

ertig(ch)
fertig
friedfertig
gallertig
leichtfertig
•
sperrt' ich
→ ärtig erren

erts
Konzerts
sperrt's
zerrt's
→ erz

erung
Bekehrung
Belehrung
Bescherung
Bewährung
Bewehrung
Ehrung
Entbehrung
Entleerung
Nehrung
Verehrung
Verheerung
Vermehrung
Zehrung
→ ärung

erve(n)
entnerven
Konserven
Nerven
Reserven
Verven

ērz
begehrt's
Erz
lehrt's
Werts
→ eren, ērt

erz
Herz
Kommerz
Mutterherz
Nerz
Scherz
Schmerz
Sterz
versperrt's
→ ärz, erts, errts, erzen

erze(n)
anschwärzen
ausmerzen
einschwärzen
herzen
Kerzen
scherzen
schmerzen
verscherzen
verschmerzen
Zündkerzen
→ ärzen, erz

erzig(ch)
•barmherzig
•engherzig
•großherzig
•hartherzig
•herzig
•hochherzig
•leichtherzig
•offenherzig
•
herz' ich
scherz' ich
→ erzen

erzlich
herzlich
schmerzlich
→ ärzlich

erzlos
herzlos
scherzlos
schmerzlos
→ erzen

erzt
ausgemerzt
beherzt
→ ärzt, erzen

ēs
Fes
gesteh's
Kees
Premiers
Wehs
→ e, ehen

es
Abszeß
Agnes
Baroneß
des
Dreß
es
eß
expreß
Exzeß
indes
keß
kompreß
Komteß
Kongreß
meß
Prinzeß
Prozeß
SOS
unterdes
wes
→ ässen, essen

esch
fesch
Gepresch
kesch
resch
→ äsch

esche(n)
Breschen
Depeschen
dreschen
Eschen
feschen
Kaleschen
preschen
reschen
verdreschen
→ äsche, esch

escher
Drescher
Frescher
→ äscher, esch

eschern
→ äschern, escher

ese
Antithese
Askese
Auslese
Chaise
Diözese
Hypothese
Lese
Marchese
Marseillaise
Mayonnaise
Nachlese
Prothese
Synthese
Therese
These
Weinlese
→ äse, esen

esel
Esel
Pesel

esen
ablesen
Anwesen
auflesen
auserlesen
auslesen
belesen
Besen
durchlesen
erlesen
Federlesen
gelesen
genesen
gewesen
Lebewesen
Leidwesen
lesen
pesen
Spesen
Tresen
Unwesen
verlesen
verwesen
vorlesen
Wesen
→ ese

esend
•abwesend
•anwesend
→ esen

esende
Lesende
→ esen

esenheit
Erlesenheit
Wesenheit
→ esen

eser
Bläser
Gläser
Kalabreser
Leser
Verweser
Vorleser
→ äser

esisch
artesisch
chinesisch
•
les' ich
→ esen

esk
burlesk
chevaleresk
pittoresk
→ eske

eske(n)
Arabesken
Fresken
Grotesken
Humoresken
→ esk

eslich
unleslich
unverweslich
verweslich

eß
Dreß
expreß
Exzeß
Fairneß
Herkules
indes
Jazz
keß
Kurateß
Mephistopheles
Progreß
Prozeß
Regreß
Truchseß
→ es

eßchen
Baroneßchen
Kompteßchen
Prinzeßchen
Prozeßchen
→ äßchen, eß

esse
Adresse
Akuratesse
bemesse
Blesse
Delikatesse
Duchesse
Esse
Finesse
Fresse
Interesse
Kompresse
Kresse
Mätresse
Messe
Nässe
Noblesse
Presse
Tresse
Zypresse
→ ässe, eß, essen

essel
Brennessel
Fessel
Hexenkessel
Kessel
Nessel
Sessel

esseln
einkesseln
entfesseln
fesseln
→ essel

essen
abgemessen
anessen
angemessen
auffressen
aufgesessen
beimessen
besessen
dessen
durchfressen
durchmessen
ehrvergessen
eingesessen
Ermessen
erpressen
essen
Essen

fressen
gemessen
indessen
infolgedessen
kessen
messen
pflichtvergessen
pressen
angemessen
unvergessen
verfressen
vergessen
versessen
währenddessen
zerfressen
zumessen
zupressen
→ässen, esse

esser

besser
Durchmesser
Erpresser
Esser
Fresser
Gradmesser
Menschenfresser
Messer
Mitesser
Wertmesser
→ässer

esserei

Fresserei
→esser

essern

ausbessern
bessern
entwässern
verbessern
verwässern
→ässern, esser

essig

Essig
→ässig

ession

Depression
Konfession
Pression
Prozession
→on

eßlich

ermeßlich
unermeßlich
unvergeßlich
vergeßlich
→äßlich

eßner

Beseßner
Meßner
vergeßner
vermeßner

essor

Agressor
Assessor
Professor
Sukzessor
→or

essung

Abmessung
Beimessung
Erpressung
Messung
Vermessung
Zumessung

ēst

bläst
Geest
gehst
genest
lest
stehst
verwest
→äsen, ehen, esen

est

Arrest
Attest
betreßt
bombenfest
dingfest
eßt
felsenfest
fest
Fest
feuerfest
Gebrest
gepreßt
handfest
Kuckucksnest
läßt
Manifest
Nest
niet- und nagelfest
Pest
Podest
preßt
Protest
Rest
Richtfest
sattelfest
Schützenfest
Test
Trachtenfest
Überrest
verläßt
West
Weihnachtsfest
wetterfest
Wiegenfest
Wildwest
→äst, esse, essen

estchen

Festchen
Nestchen
→ästchen

este

beste
feste
Weste
→ästen, est, esten

esteln

nesteln
→ästeln

esten

Gebresten
Molesten
preßten
testen
verpesten
→ästen, est, este

ester

Bester
fester
gepreßter
Nester
Orchester
Schwester
Semester
Silvester
Südwester
Trester
verläßt' er
Wildwester
→äster, est

estern

gestern
→ästern, est, ester

estes

verläßt es
→est, este

estigen

befestigen
→ästigen

estigung

Befestigung
→ästigung, ung

estlich

festlich
restlich
westlich

estrich (g)

Estrich
gestrig

estung

Festung
Mästung
Verpestung
→ung

esung

Äsung
Genesung
Lesung
Verwesung
→ung

ēt

Alphabet
Analphabet
Asket
Ästhet
Athlet
Beet
Dekret
diskret
Elisabeth
Gebet
indiskret
Interpret
Kismet
Komet
konkret
Magnet
Met
Paket
Pamphlet
Plaid
Planet
Poet
Prolet
Prophet
Sekret
Signet
stet
Tapet
unstet
→ät, ēhen, eten

et

adrett
Amulett
Bajonett
Ballett
Bankett
Barett
Bukett
Stakett
up to date
Valet
Wildbret
→ett

etchen

Bukettchen
Stiefelettchen
→ättchen, et, ette

ētchen

Gretchen
Pastetchen
→ēt

ete

Angebetete
Bete
Enquete
etepetete
Fete
Grete
Lethe
Muskete
Nofretete
Pastete
Rakete
Stete
Tapete
Tete
Trompete
→äte, ehen, ēt, eten

eten

abtreten
antreten
beten
betreten
breittreten
dazwischentreten
drehten
eintreten
erbeten
erflehten
fehltreten
kneten
Moneten
nähertreten
nahetreten
treten
übertreten
verbeten
verdrehten
vertreten
→äten, ehen, ēt, ēte

etend

stellvertretend
→eten

eter

Abtreter
Barometer
Beter
Chronometer
Demeter
diskreter
Elfmeter
geht er
Gezeter
Hackepeter
Katheder
Kilometer
Leisetreter
Meter
Miesepeter
Millimeter
Nachbeter
Peter
Stellvertreter
Struwwelpeter
Treter
Trompeter
verdrehter
Vertreter
Vorbeter
Zappelpeter
→äter, ēt

etern

zetern
→äter, eter

etes

Beetes
versteht es
→ēt, eten

etik

Ästhetik
Athletik
Ethik
Kosmetik
Pathetik
Poetik

etisch

alphabetisch
asketisch
ästhetisch
athletisch
ethisch
Fetisch
frenetisch
gravitätisch
hermetisch
kosmetisch
magnetisch

Nähtisch
pathetisch
poetisch
prophetisch
Teetisch
theoretisch

etlein

Gebetlein
Pastetlein
→ ĕt

ets

geht's
knet's
Mets
steht's
stets
versteht's
vertret's
→ ehen, et, eten, ez

etsch

Dolmetsch
Gefletsch
Ketsch
Sketsch
→ ätsch

etsche

Quetsche
Zwetsche
→ etschen

etschen

anfletschen
ausquetschen
dolmetschen
fletschen
ketschen
quetschen
zerquetschen
→ etsche

etscher

Dolmetscher
Gletscher
Quetscher
Zähnefletscher
→ etschen

ett

A bis Zett
adrett
Bajonett
Balett
Bankett
Barett
Bett
Billett
Blankett
Brett
Brikett
brünett
Büfett
Bukett
Duett
Etikett
Falsett
Fett
fett
Florett
Gefrett
Griffbrett
Hackbrett
Himmelbett
honett
Jett
Kabarett
Kabinett
Kabriolett
Kadett
Klosett
kokett
komplett
Korsett
Kotelett
Lazarett
Menuett
Minarett
nett
Omelett
Parkett
Quartett
Quintett
Rakett
rett
Roulett
Ruh(e)bett
Schachbrett
Schwungbrett
Skelett
Sonett
Spinett
Sprungbrett
Staket
Stilett
Tablett
Terzett
Tezett, bis zum Totenbett
violett
Wochenbett
→ ätt, et, ette, etten

ettchen

Frettchen
Kettchen
Nettchen
→ ättchen, ett

ette

Amorette
Anette
Antoinette
Babette
Chansonette
Dublette
Etikette
Fazette
Facette
Gazette
Grisette
Henriette
Jenette
Kassette
Kastagnette
Kette
Klarinette
Klette
Kokette
Korvette
Lafette
Lazarette
Lorgnette
Manschette
Marionette
Mette
Midinette
Motette
Nannette
Operette
Palette
Pinzette
Pipette
Piruette
Plakette
Reinette
Rosette
Sandalette
Serviette
Silhouette
Soubrette
Stafette
Stätte
Statuette
Suffragette
Toilette
Vignette
Wette
Zigarette
→ ätte, et, ett, etten

ettel

Bettel
Brettel
Denkzettel
Gebettel
Kettel
Sättel
Vettel
Zettel
→ ättel, etteln

etteln

abbetteln
anbetteln
anzetteln
bettel
verketteln
verzetteln

etten

adretten
abketten
anketten
betten
entketten
erretten
fetten
ketten
retten
Soubretten
umbetten
verfetten
verketten
wetten
zubetten
→ ätten, ett, ette

etter

Aprilwetter
Bretter
Donnerwetter
Erretter
Gekletter
Geschmetter
honetter
Lebensretter
Letter
netter
Regenwetter
Reisewetter
Retter
Setter
Tauwetter
Unwetter
Vetter
violetter
Wetter
zerschmetter
→ ätter, et, ette, etern

etterer

Kletterer
netterer
→ etter

ettern

klettern
nettern
schmettern
Vettern
wettern
zerschmettern
→ ätter, ett, etter

ettert

klettert
→ ettern

etti

Konfetti
Spaghetti

ettig(ch)

fettig
klettig
•
Rettich

etto

Allegretto
Ghetto
in petto
Larghetto
Libretto
netto

etts

Parketts
→ ett, etz

ettung

Ankettung
Bettung
Einbettung
Errettung
Rettung
Verfettung
Verkettung
→ ättung

etung

Abtretung
Anbetung
Nachbetung
Verspätung
Vertretung
Vorbetung

etz

Fangnetz
Gesetz
Netz
Petz
Steinmetz
→ ätz, et, ett, ette, etzen

etzbar

absetzbar
benetzbar
ersetzbar
→ etzen

etzchen

Fetzchen
Netzchen
→ etz

etzel

Gemetzel
Gesetzel

etze

Gesetze
Hetze
Netze
Petze
→ ätzen, etz, etzen

etzen

abhetzen
absetzen
abwetzen
anpetzen
ansetzen
aufhetzen
auseinander-setzen
auswetzen
benetzen
besetzen
durchsetzen
entsetzen
ersetzen
festsetzen
Fetzen
fortsetzen
herabsetzen
hetzen
hinsetzen
netzen
petzen
pfetzen
Schmachtfetzen
setzen
übersetzen
umsetzen
untersetzen
verhetzen
verletzen
verpetzen
versetzen
voraussetzen
vorsetzen
wetzen
widersetzen
zerfetzen
zurücksetzen
zusammen-setzen
zusetzen
→ ätzen, ätzer, etz, etze

etzer

Hetzer
Ketzer
Krippensetzer
Petzer
Setzer
Zersetzer
→ ätzer

etzig(ch)
jetzig
petzig
•
petz' ich
setz' ich
→ ätzig, etzen

etzlich
entsetzlich
ersetzlich
gesetzlich
unersetzlich
unverletzlich
verletzlich
widersetzlich
zusetzlich
→ ätzlich

etzt
abgesetzt
allerletzt
entgegengesetzt
gehetzt
gesetzt
jetzt
unausgesetzt
unbesetzt
vorletzt
zugesetzt
zuletzt
→ ätzt, etzen

etzte(n)
ätzten
Gehetzten
letzten
Vorgesetzten
→ etz, etzen

etzung
Absetzung
Beisetzung
Benetzung
Besetzung
Fortsetzung
Übersetzung
Verhetzung
Verletzung
Versetzung
Widersetzung
Zersetzung
→ ätzung

eu
Abscheu
ahoi!
Boy
Cowboy
Efeu
funkelnagelneu
Gestreu
getreu
Reu
Konvoi
kopfscheu
Leu
lichtscheu
Liftboy
Männertreu
menschenscheu
nagelneu
naturgetreu
neu
Pneu
Scheu
Spreu
Streu
toi-toi-toi!
Treu
treu
untreu
wasserscheu
wortgetreu
→ äu, euen

euch
euch
Gekeuch
→ äuch

euche
Gekeuche
scheuche
Seuche
Vogelscheuche
→ äuche, euchen

eucheln
heucheln
meucheln

euchen
aufscheuchen
keuchen
verscheuchen
verseuchen
→ äuchen, euche

euchler
Heuchler
Meuchler

euchst
kreuchst
fleuchst
scheuchst
→ euchen

eucht
aufgescheucht
fleucht
Geleucht
kreucht, fleugt
und –
verseucht
→ euchen, euchten

euchte
Feuchte
Leuchte
→ euchen, eucht, euchten

euchten
anfeuchten
befeuchten
beleuchten
deuchten
durchfeuchten
durchleuchten
entfleuchten
erleuchten
feuchten
heimleuchten
keuchten
scheuchten
verscheuchten
Wetterleuchten
→ euchen, eucht

euchtend
einleuchtend
helleuchtend
verscheuchtend
→ euchten

euchter
Armleuchter
aufgescheuchter
Beleuchter
Erleuchter
feuchter
Leuchter
verscheuchter
verseuchter
→ euchten

euchtung
Befeuchtung
Beleuchtung
Erleuchtung
→ euchen

eude(n)
Freuden
Schadenfreuden
vergeuden
→ äude,

euder
Schleuder
Vergeuder

eudern
schleudern
Vergeudern
verschleudern
wegschleudern

äudig(ch)
räudig
farbenfreudig
freudig
•
bereu' ich
freu' ich
→ euen

eue
Freundestreue
Mannestreue
Neue
Pflichttreue
Reue
Treue
→ äue, eu, euen

euel
Greuel
Pleuel
→ äuel

eueln
Greueln
→ äuel, euel

euen
ausstreuen
bereuen
bestreuen
betreuen
durchbleuen
einbleuen
erfreuen
erneuen
freuen
gereuen
Getreuen
heuen
Leuen
reuen
scheuen
streuen
treuen
verabscheuen
verbleuen
verstreuen
veruntreuen
zerstreuen
→ äuen, eue

euend
herzerfreuend
→ euen

euer
Abeuteuer
Aussteuer
Betreuer
Elmsfeuer
euer
Fegefeuer
Feuer
Freudenfeuer
geheuer
getreuer
Heuer
heuer
Lauffeuer
neuer
scheuer
teuer
treuer
Trommelfeuer
Ungeheuer
ungeheuer
Ungetreuer
Wach(t)feuer
→ äuer, eu

euerer
Abenteuerer
Neuerer
→ euer

euerlich
abenteuerlich
neuerlich
steuerlich
ungeheuerlich
→ äuerlich

euern
abfeuern
anfeuern
anheuern
ansteuern
beisteuern
besteuern
beteuern
erneuern
euern
feuern
getreuern
scheuern
steuern
teuern
übersteuern
versteuern
verteuern
→ äuren, eu, euer

euert
angeheuert
gescheuert
→ äuert, euern

euerung
Besteuerung
Beteuerung
Erneuerung
Feuerung
Neuerung
Steuerung
Teuerung
Verteuerung
→ eurung, ung

euf
teuf
→ äuf

eufe
Teufe
→ äufe, eufen

eufel
Geträufel
Teufel
→ äufel

eufeln
Teufeln
→ äufel, eufel

eufen
abteufen
häufen
teufen
→ äufe

euft
abgeteuft
→ eufen

eug
•Badezeug
•Fahrzeug
•Flugzeug
•Kroppzeug
•Raubzeug
•Rüstzeug
•Schlagzeug
•Spielzeug
•Zeug
→ äug, eugen

euge
Augenzeuge
Beuge
Kniebeuge
Kronzeuge
Trauzeuge
Zeuge
→ äuge, eugen

eugen
beugen
bezeugen
erzeugen
überzeugen
verbeugen
zeugen
→ äugen, euge

euger
Beuger
Erzeuger
Verbeuger

eugt
fleugt
gebeugt
gezeugt
→ äugt, eugen

eugung
Beugung
Bezeugung
Erzeugung
Überzeugung
Verbeugung
Zeugung

eulchen
Beulchen
Keulchen
→ äulchen

eule
Beule
Eule
Freudengeheule
Geheule
Keule
Nachteule
Pestbeule
→ äule, eulen

eulen
ausbeulen
beulen
heulen
verbeulen
→ äulen, eule

euler
Beuler
Boiler
Heuler

eulig
beulig
keulig
→ äulig

eulich
abscheulich
erfreulich
getreulich
greulich
großmäulig
heul' ich
neulich
treulich
unerfreulich
→ äulich, eulen

eult
ausgebeult
→ eulen

eum
Kolosseum
Lyzeum
Mausoleum
Museum
Odeum
Tedeum

eun
betreun
erfreun
neun
streun
→ äun, euen

eund
Freund
freund
neunt, zu –
streunt
umzäunt
→ äunt, eunden

eude(n)
anfreunden
befreunden
streunten
umzäunten
→ eund

eune(n)
neunen
Scheunen
streunen
→ äunen

euner
Neuner
Streuner
Zigeuner

eunt
neunt, zu –
streunt
→ eune

eunte
neunte
→ eund

eur = ör
Akteur
Ambassadeur
→ ör

eure(n)
euren
steuren
teuren
ungeheuren
→ äure, euern

eurer
Abenteurer
Erneurer
eurer
getreurer
Neurer
teurer
ungeheurer

eurig
eurig
feurig
heurig

eurige
Heurige
→ eurig

eurn
abenteurn
erneurn
→ euern, eure

eurung
Zusteurung
→ euerung

eus
betreu's
Boys
Morpheus
Nereus
Odysseus
Orpheus
Prometheus
Proteus
scheu's
Zeus
→ äus, euen

eusch
keusch
→ äusch

eusche(n)
keuschen
→ äuschen

euscher
keuscher
→ äuscher

euse = öse
Balletteuse
Shamponeuse
Coiffeuse
→ öse

euse(n)
durchschleusen
einschleusen
Geusen
Reusen
Schleusen
schleusen
→ äusen

euße(n)
Preußen
Reußen

eut
bestreut
betreut
beut
erfreut
erneut
gebeut
Geläut
gescheut
heut
Pharmazeut
Therapeut
ungescheut
ungestreut
verstreut
zugestreut
→ äut, euen, euten

eute
bestreute
Beute
Edelleute
Eheleute
erfreute
erneute
heute
Heute
→ äute, euen, euten

eutel
Beutel
Gedeutel
Geldbeutel
Klingelbeutel
Windbeutel
→ euteln

euteln
beuteln
deuteln
→ eutel

euten
ausbeuten
ausdeuten
bedeuten
deuten
erbeuten
mißdeuten
scheuten
streuten
zerstreuten
zustreuten
→ äuten, euen, eute

eutend
erbeutend
gleichbedeutend
nichtsbedeutend
unbedeutend
→ euten

euter
Ausbeuter
Deuter
erfreuter
erneuter
Euter
Freibeuter
Stern(en)deuter
Traumdeuter
wohlbetreuter
zerstreuter
→ äutern, eut

euterer
erfreuterer
Meuterer
→ euter

eutern
freibeutern
freibeutern
→ äutern, euter

eutes
erneutes
scheut es
→ euen, eut

eutig(ch)
eindeutig
heutig
mehrdeutig
unzweideutig
zweideutig
•
deut' ich
erneut' ich
→ äutig, euen, euten

eutik
Pharmazeutik
Propädeutik
Therapeutik

eutisch
pharmazeutisch
propädeutisch
therapeutisch

eutung
Andeutung
Ausbeutung
Bedeutung
Deutung
Erbeutung
Mißdeutung
Traumdeutung
Vorbedeutung
→ äutung

euung
Bestreuung
Betreuung
Zerstreuung

euz
•Fadenkreuz
•Kreuz
→ äuzen, euzen

euzchen
Kreuzchen
→ äuzchen, euze

euze(n)
bekreuzen
durchkreuzen
kreuzen
schneuzen
→ äuzen

eve
alle breve
Breve
Eleve
→ even

evel
Frevel
Schwefel

eveln
freveln
schwefeln

even
Breven
Steven

ex
Bergfex
Cracks
ex
Fex
Gewächs

Index
Klecks
Kodex
Komplex
Konnex
konvex
Lex
perplex
Pontifex
Reflex
Rex
sechs
Specks
→ eck, exe, exen

exe

Hexe
Kleckse
→ ächse, eck

exen

behexen
hexen
klecksen
verhexen
→ exe

exer

Hexer
Kleckser
perplexer
Sechser

ext

behext
hext
kleckst
Text
versteckst
wächst
→ ecksen, exen

exter

behexter
Texter
→ ext

ez

Fez
Pakets
stets
Trapez
→ ehen, et, eten, ets

ī

Ai!
Akademie
Alchemie
Alibi
Allegorie
Allergie
Amnestie
Analogie
Anatomie
Anarchie
anderswie
Annemarie
Anthologie
Apathie
Aristokratie
Artillerie
Astrologie
Astronomie
Autarkie
Autokratie
Batterie
Belesprit
Bigamie
Bigotterie
Bijouterie
Blasphemie
Bonhomie
Bourgeoisie
Bürokratie
Chassis
Chemie
Chirurgie
Chronologie
City
dalli!
Demokratie
dernier cri
Despotie
die
Draperie
Dynastie
Elegie
Epidemie
Esprit
Etui
Eugenie
Fait accompli
Galerie
Garantie
gedieh
Genie
Glacis
Halali
Harmonie
Havarie
Hegemonie
heidi!
hie
Hierarchie
hihi!
Hotel garni
Hysterie
Idiotie
Industrie
Infamie
Infant(e)rie
Ironie
Jalousie
Jury
Kalorie
Karosserie
Kategorie
Kavallerie
kikeriki!
Knie
Koketterie
Kolonie
Kommis
Kompanie
Komparserie
Kopie
Krambambuli
lieh
Logis
Lotterie
ma chérie
Magie
Manie
Marie
Marquis
Melancholie
Melodie
Menagerie
merci!
Mimikry
Monarchie
mon chérie
Monotonie
nie
Ökonomie
Ondit
Orangerie
Orgie
Parodie
Partie
Pedanterie
Perfidie
Peripherie
pfui!
Phantasie
Phantasmorgie
Philosophie
Photographie
Physiognomie
Pli
Poesie
Polygamie
Prärie
Prophetie
Prüderie
Regie
remis
Rhapsodie
Sanssouci
Schi
schrie
sie
sieh
Ski
sowie
spie
Strategie
Sympathie
Szenerie
Telegraphie
Telephonie
Theologie
Therapie
tirili!
Trilogie
Utopie
verzieh
Vieh
vis-à-vis
wie
Zeremonie
→ iehen

i

Addi
Anno Domini
Baby
Berti
Betti
Bubi
Dandy
Dementi
Derby
Frutti
Gaudi
Gummi
Hallodri
Harakiri
Harri
hatschi!
Henri
Jakobi
Juni
Juli
Kadi
Käppi
Kolibri
Krethi und Plethi
Kuli
Lady
Lilli
Louis
Makkaroni
Milly
Minni
Mitzi
Mufti
Muli
Nelli
Okuli
Pantry
Paroli
pater peccavi
Patschulie
Penny
Papi
Pepi
Philippi
Plethi
Poldi
Pony
Porti
Potpourri
quasi
Rabbi
Radi
Resi
Rowdy
Rudi
Simonie
Soli
Spezi
Strizzi
Susi
Talmi
Taxi
Tempi
Toni
tutti
Tuttifrutti
Uli
Uni
urbi et orbi
veni, vedi, vici
Vroni
Walli
Willi
Wischiwaschi
Yankee
Zenzi
→ ieh

ial

Altmaterial
potential
spezial

ianer

Indianer
→ aner

iater

→ ater

ib

Sahib
Wittib
→ ieb

ibbeln

aufribbeln
dribbeln
knibbeln
kribbeln
ribbeln

ibel

Bibel
disponibel
Enfant terrible
explosibel
Fibel
flexibel
horribel
impossibel
indisponibel
penibel
plausibel
sensibel
terribel
visibel
→ iebel

iber

Biber
Fiber
Kaliber
Kassiber
Fünfliber
→ ieber

ic

sic!
→ ik

ice

Alice
Beatrice
Direktrice
Komplice
Police

ice = ik

publice
→ ik

ice = is

Service
→ is

ich

abendlich
abenteuerlich
absonderlich
Abstich
Abstrich
ähnlich
amtlich
ängstlich
ansehnlich
Anstich
Anstrich
ärgerlich
ärztlich
Aufstrich
äußerlich
außerordentlich
bäuerlich
beachtlich
bedauerlich
bedrohlich
behilflich
beruflich
besinnlich
betrieblich
bildlich
bitterlich
brich
brüderlich
bürgerlich
charakterlich
christlich

Datterich
deutlich
dich
Dietrich
dienstlich
ehelich
eigentlich
erblich
Erdstrich
Erich
erinnerlich
ernstlich
erstaunlich
ewiglich
fälschlich
feierlich
flehentlich
Fittich
folglich
förmlich
freundlich
Friedrich
fürchterlich
fürstlich
gänzlich
gebräuchlich
gedanklich
gelegentlich
geistlich
gelblich
gemeinschaft-
lich
geschicklich
geschäftlich
gesellschaftlich
glaublich
glich
gottsjämmerlich
häuslich
heimatlich
heimlich
Heinrich
herbstlich
herrlich
herrschaftlich
hinderlich
hoffentlich
höflich
ich
inniglich
jährlich
jämmerlich
jugendlich
kameradschaft-
lich
kärglich
käuflich
klösterlich
königlich
körperlich
kränklich
kümmerlich
künstlich
kürzlich
lächerlich
lediglich
leidenschaftlich
letzlich
lieblich
liederlich
löslich
mählich
meisterlich
menschlich
merklich
mich
mißbräuchlich
monatlich
morgendlich
Mostrich
mutmaßlich
mütterlich
nachbarlich
nachweislich
Nadelstich
namentlich
nämlich
nützlich
öffentlich
ordentlich
päpstlich
Pfirsich
preislich
profitlich
pünktlich
räumlich
redlich
restlich
Rettich
ritterlich
Roderich
sachlich
sämtlich
säuberlich
schädlich
schauerlich
scheußlich
schlich
Schlußstrich
schriftlich
sehnlich
selbstherrlich
sich
sicherlich
sinnlich
Sittich
sommerlich
sonderlich
Sonnenstich
sorglich
sportlich
sprich
staatlich
stattlich
Stich
stiefmütterlich
stofflich
Strick
Strich
stündlich
süßlich
Tatterich
tauglich
Theoderich
Tischleindeck-
dich
trefflich
tröstlich
tunlich
überglücklich
übersinnlich
Ulrich
unabkömmlich
unähnlich
unansehnlich
unaufhörlich
unausweichlich
unbedenklich
unbegreiflich
unbehaglich
unerfindlich
unersättlich
unerschöpflich
unerschütterlich
unerträglich
unförmlich
unfreundlich
ungeheuerlich
ungeschicklich
unglaublich
unheimlich
unhöflich
unkenntlich
unmöglich
unnützlich
unredlich
unreinlich
unrühmlich
unschädlich
unschicklich
untad(e)lich
untauglich
untröstlich
unverantwortlich
unverfänglich
unvergänglich
unvergeßlich
unversöhnlich
unverständlich
unverwüstlich
unweigerlich
unwesentlich
unwiderruflich
unwirklich
unwirtlich
unziemlich
unzuträglich
ursächlich
ursprünglich
väterlich
veränderlich
verantwortlich
verdienstlich
verkäuflich
verläßlich
vermutlich
verwerflich
volkstümlich
voraussichtlich
vorbildlich
vorsintflutlich
vorsorglich
vortrefflich
vorzeitlich
Wegerich
weihnachtlich
weinerlich
weislich
wesentlich
willkürlich
winterlich
wirtlich
wirtschaftlich
wissentlich
wöchentlich
wohlweislich
wohnlich
wonniglich
wörtlich
wunderlich
wuppdich!
Wüterich
zärtlich
zerbrich
ziemlich
zudringlich
zugänglich
zusätzlich
→ ichen, iechen,
ierlich, ießlich,

iche

Affiche
etliche
Geistliche
Jugendliche
liederliche
Schliche
wesentliche
→ ich, ichen

ichel

Gepichel
Gestichel
Gestrichel
Michel
Mondsichel
Sichel
Stichel

icheler

Picheler
Sticheler

icheln

picheln
sicheln
sticheln
stricheln
→ ichel

ichen

ausgeglichen
ehelichen
erblichen
erschlichen
gewichen
gestrichen
glichen
schlichen
strichen
umschlichen
veräußerlichen
verblichen
verehelichen
vereinheitlichen
verheimlichen
verherrlichen
verinnerlichen
vermenschlichen
veröffentlichen
verstrichen
verweichlichen
verwischen
verwirklichen
wesentlichen
wichen
→ ich

i - chen

Etuichen
Mariechen
→ i

icher

Gekicher
sicher
unsicher
zielsicher
→ ich

ichern

kichern
sichern
versichern
zusichern

ichkeit

•Ähnlichkeit
•Alltäglichkeit
•Annehmlichkeit
•Feierlichkeit
•Festlichkeit
•Öffentlichkeit
•Pünktlichkeit
•Redlichkeit
•Ritterlichkeit
•Sachlichkeit
•Schändlichkeit
•Sinnlichkeit
•Sittlichkeit
•Unannehmlich-
keit
•Unbehaglichkeit
•Unehrlichkeit
•Unempfindlich-
keit
•Unerbittlichkeit
•Unfreundlichkeit
•Ungemütlichkeit
•Unhöflichkeit
•Unmenschlich-
keit
•Unmöglichkeit
•Unpäßlichkeit
•Unredlichkeit
•Unreinlichkeit
•Unschicklichkeit
•Unsittlichkeit
•Unziemlichkeit
•Unzuträglichkeit
•Verbindlichkeit
•Vergeßlichkeit
•Wahrscheinlich-
keit
→ eit

ichs

brich's
→ echen

ichs = iks

Blicks
→ icks

ichse = ikse

knickse
Schickse
Schuhwichse
Wichse
→ ichs, ichsen,
ixe

ichsen = iksen

knicksen
verwichsen
wichsen
→ icks, ickse,
ixen

ichser = ikser

Wichser
→ ixer

ichst

brichst
möglichst
schlichst
sprichst
→ echen, ichen

ichst = ikst

ausgeixt
gemixt
gewichst
verflixt
→ icksen

icht

Absicht
Angesicht
Ansicht
Aufsicht
Augenlicht
Aussicht
Bericht
Bösewicht
Dämmerlicht
dicht
Dickicht
Durchsicht
Ehrengericht
Einsicht
erpicht
gebricht
Gedicht
Gegengewicht
Gericht
Gesicht
Gewicht
Gicht
Gleichgewicht
Habicht
hellicht
Himmelslicht
Hinsicht
Hochgericht
Kehricht
Kerzenlicht
Kirchenlicht
Lebenslicht
Leibgericht
Licht
licht
markicht
Morgenlicht
Nachricht
Nachsicht
nicht
Pflicht
Rampenlicht
Rücksicht
Scherbengericht
Schicht
Schlaglicht
schlicht
Schwergewicht
Sicht
Sonnenlicht
Spülicht
stach(e)licht
steinicht
Sternenlicht
Strafgericht
stricht
Tageslicht
Talglicht
tannicht
Übergewicht
Übersicht
Umsicht
Unterricht
Vergißmeinnicht
veröffentlicht
Verzicht
Wehrpflicht
Wicht
Windlicht
Zuversicht
Zwielicht
→ echen, ichen, ichten

ichtchen

Geschichtchen
Lichtchen
Nichtchen
Wichtchen
→ icht, ichte, ichten

ichte

Anrichte
aufrichte
ausrichte
Dichte
entwichte
Fichte
Geschichte
Lichte
Nichte
pichte
Spukgeschichte
Vorgeschichte
Weltgeschichte
→ icht, ichten

ichten

abdichten
abrichten
anrichten
bedichten
beipflichten
belichten
berichten
dichten
entrichten
erdichten
fichten
lichten
mitnichten
richten
schichten
schlichten
sichten
umschichten
unterrichten
verdichten
vernichten
veröffentlichen
verpflichten
verrichten
verzichten
zunichten
zurichten
→ icht, ichte

ichter

Berichter
Dichter
Gelichter
Gesichter
Lichter
Richter
Schlichter
Scharfrichter
Schiedsrichter
Sittenrichter
Trichter
Vernichter
→ icht

ichterin

Dichterin
Richterin
→ ichter

ichtern

eintrichtern
lichtern
→ ichter

ichtes

dichtes
spricht es
→ icht

ichtet

abgerichtet
gerichtet
gesichtet
geschlichtet
unterrichtet
unverrichtet
→ ichten

ichtig

ansichtig
aufrichtig
durchsichtig
einsichtig
folgerichtig
gewichtig
hellsichtig
kurzsichtig
lebenswichtig
nachsichtig
nichtig
richtig
umschichtig
umsichtig
unnachsichtig
unwichtig
weitsichtig
wichtig

ichtige(n)

beabsichtigen
beaufsichtigen
benachrichtigen
berichtigen
berücksichtigen
beschwichtigen
besichtigen
bezichtigen
vorsichtigen
→ ichtig

ichtiges

aufrichtiges
→ ichtig

ichtlein

Gedichtlein
Gesichtlein
Wichtlein
→ icht

ichtlich

absichtlich
ersichtlich
gerichtlich
geschichtlich
hinsichtlich
sichtlich
übersichtlich
unabsichtlich
zuversichtlich

ichts

angesichts
Habenichts
lichts
nichts
spricht's
Taugenichts
zerbricht's
→ icht

ichtung

Abrichtung
Dichtung
Einrichtung
Entrichtung
Errichtung
Hinrichtung
Lichtung
Richtung
Schlichtung
Sichtung
Verdichtung
Verpflichtung
Verrichtung
Vorrichtung

ick

Augenblick
Blick
Bolschewik
dick
Durchblick
erschrick
Fallstrick
Flick
Galgenstrick
Genick
Geschick
Gig
Hinblick
Kennerblick
Knick
Lichtblick
Mißgeschick
Pick
Picknick
quick
Romantik
Rückblick
Schartblick
schick
Schlick
Strick
Tick
Trick
Überblick
Weitblick
→ icken

icke

Clique
Dicke
Flicke
Geblicke
Micke
Picke
Ricke
Schnicke
Wicke
Zicke
→ ick, icken

ickel

Bickel
Karnickel
Nickel
Perpendickel
Pickel
Pumpernickel
Vehikel
Wickel
Zwickel
→ ickeln

ickeln

auswickeln
Bewickeln
einwickeln
entwickeln
pickeln
prickeln
umwickeln
verwickeln
wickeln
→ ickel

ickels

Pickels
→ ickel

icken

abschicken
anblicken
anschicken
beschicken
bestricken
blicken
durchblicken
einnicken
erblicken
erquicken
ersticken
flicken
kicken
klicken
knicken
nicken
picken
pricken
schicken
schnicken
spicken
sticken
stricken
ticken
überblicken
umblicken
umstricken
verdicken
verquicken
verschicken
verstricken
zunicken
zwicken
→ ick, icke

ickend

erstickend
rückblickend
tiefblickend
→ icken

icker

dicker
Flicker
Kesselflicker
Kicker
Klicker
Knicker
Nicker
Sticker
Stricker
Zwicker

ickerchen
Nickerchen
→ icker

ickerei
Strickerei
→ icker

ickerig
knickerig
mickerig
→ ickrig, ig

ickerlein
Nickerlein
→ icker

ickern
durchsickern
flickern
klickern
knickern
pickern
zwickern
→ icker

ickert
durchgesickert
vermickert
versickert
→ ickern

ickes
Blickes
erblick' es
→ ick, icke

icket
Kricket
→ icke, icken

ickig
schlickig
stickig

icklich
augenblicklich
dicklich
erquicklich
schicklich
unerquicklich

ickrig
knickrig
→ ickerig

icks
Blicks
Geschicks
Gicks
Kicks
Knicks
knicks!
Tricks
Wichs
→ ick, ix

icks-chen
Knickschen
Kruzifixchen
→ icks

ickse
Knickse
→ ichse, icks

icksen
gicksen
kicksen
knicksen
→ ichsen, icks

ickst
nickst
→ ichst

ickt
bespickt
Delikt
Distrikt
Edikt
geknickt
geschickt
gestickt
gestrickt
Interdikt
Konflikt
Relikt
verzwickt
→ icke, icken

icktes
verzwicktes
verschickt es
→ icke, icken, ickt

ickung
Beschickung
Bestrickung
Erquickung
Knickung
Schickung
Verschickung
Verstrickung

id
Augenlid
David
frigid
humid
illiquid
Ingrid
invalid
liquid
Orplid
Rhombold
Sigrid
timid
→ iet

ida
Ida
Lida
→ a

ide
Ägide
bona fide
Eumenide
Karyatide
Tide
→ iede

iden
Iden
→ ide

ider
dawider
solider
wider
zuwider
→ ieder

idert
erwidert
→ iedern

idern
anwidern
→ iedern

ido
Dido
Fido
Kupido
Libido
Lido

idrig
gesetzwidrig
→ ig

ie
Aktie
Arie
Folie
Hostie
Mumie
Prämie
Studie
Tragödie

ie = i
Partie
sonstwie
sowie
Symmetrie
Therapie
Travestie
→ i, iech

ieb
Abtrieb
Anhieb
Antrieb
Auftrieb
Betrieb
Dieb
fürlieb
Gottlieb
Hieb
Jeep
Lieb
Ortlieb
piep
Prinzip
Seitenhieb
Sieb
Tag(e)dieb
Trieb
Umtrieb
unlieb
verblieb
vergib
viellieb
vorlieb
→ eib, eiben, ib, ieben, iep

iebchen
Feinsliebchen
Triebchen
Vielliebchen
→ ieb

iebe
Eigenliebe
Geschiebe
Getriebe
Griebe
Hiebe
Liebe
Nächstenliebe
Triebe
Vorliebe
zuliebe
→ ieb, ieben

iebel
Giebel
Schiebel
Zwiebel
→ ibel

iebeln
liebeln
zwiebeln
→ ibel, iebel

ieben
belieben
beschrieben
betrieben
blieben
durchtrieben
gerieben
geschrieben
getrieben
hieben
hintertrieben
lieben
schieben
schnieben
schrieben
stieben
trieben
überblieben
übriggeblieben
umschrieben
unterschieden
verblieben
verlieben
verschrieben
vertrieben
vorgetrieben
vorschieben
zerrieben
zerstieben
zuschieben
→ ieben, ieb, iebe

iebend
friedliebend
prachtliebend
siebend
zuschiebend
→ ieben

iebende
Liebende
Schiebende
→ iebend

iebene
Geriebene
Durchtriebene
Hinterbliebene
Überbliebene

ieber
Fieber
Jelängerjelieber
Lampenfieber
Lieber
Schieber
Stieber
→ iber

iebes
gib es
Liebes
schrieb es
→ ieb

iebig(ch)
ausgiebig
beliebig
ergiebig
kiebig
mißliebig
nachgiebig

lieb' ich
trieb' ich
→ ieben

ieblich
betrieblich
lieblich

iebs
Griebs
lieb's
→ ieben

iebsam
betriebsam
unliebsam

iebst
allerliebst
schriebst
→ ieben

iebste
Herzallerliebste
Liebste
schriebste
triebste
→ ieben

iebstes
Liebstes
triebst es
→ ieben

iebt
beliebt
geliebt
gesiebt
gibt
heißgeliebt
liebt
pipt
siebt
triebt
verliebt
→ ieb, iebe, ieben

iebte(n)
Geliebten
siebten
Verliebten
→ ieben

iech
schiech
siech
Viech
→ ich, iechen

ieche(n)
beriechen
dahinsiechen
kriechen
riechen
siechen
verkriechen

iechend
kriechend
übelriechend
wohlriechend
→ iechen

iecher
Kriecher
Riecher
sicher
Viecher

ied
Abschied
Bergfried
Bindeglied
Glied
Gottfried
Hohelied
Klagelied
Lid
Lied
Loblied
Mitglied
morbid
Nachtlied
Ränkeschmied
Ried
Schmied
Siegfried
solid
splendid
Störenfried
Unterschied
Winfried
→ iet, it

iedchen
Liedchen
→ ied

iede
Aneide
Burgfriede
Danaide
Druide
Elfriede
Friede
Hausfriede
Karyatide
Liede
Nereide
perfide
Pyramide
Schmiede
Siede
solide
stupide
Sylphide
Unfriede
→ id, ied, ieden

iedel
Fiedel
Friedel
Gefiedel
Liedel

iedeln
ansiedeln
besiedeln
fiedeln
siedeln
→ iedel

ieden
abgeschieden
befrieden
beschieden
einfrieden
entschieden
geschieden
hienieden
Invaliden
mieden
schieden
schmieden
sieden
umfrieden
unentschieden
unzufrieden
unterschieden
verabschieden
verschieben
vorschieben
zufrieden
→ iede

ieder
bieder
danieder
Flieder
Gefieder
Glieder
hernieder
Kehrwieder
Lieder
Mieder
nieder
wieder
→ ider

iedere
biedere
→ ieder

iederer
biederer
→ ieder

ied(e)rig
gliederig
niederig
pflichtwiderig
→ ieder, iedrig

iederlich
liederlich
widerlich

iedern
anbiedern
eingliedern
erwidern
gliedern
Gliedern
Liedern
solidern
zergliedern
→ ied, ieder, iet

iedert
angewidert
erwidert
gefiedert
gegliedert
→ idert, ieder, iedern

iederung
Anbiederung
Eingliederung
Erwiderung
Gliederung
Niederung
Zergliederung

iedler
Ansiedler
Einsiedler
Fiedler
Siedler

iedlich
friedlich
niedlich
unfriedlich
unterschiedlich

iedrig
feingliederig
sittenwidrig
vielgliedrig
widrig
zartgliedrig
→ iederig

iedrigen
erniedrigen
→ iedrig

ieds
Glieds
mied's
flieht's
→ ied, iet, iz

iedung
Anschmiedung
Siedung

ie-en
fliehen
Knien
knien
schrien
spien
Tuilerien
→ iehe, iehen

ief
berief
Brief
Freibrief
Liebesbrief
lief
Mief
rief
schief
schlief
Tief
tief
untief
verlief
windschief
→ iefen, if, iv

iefe
Griefe
Riefe
Schiefe
triefe
Untiefe
verbriefe
→ ief, iefen, ive

iefel
Riefel
Schaftstiefel
Siebenmeilen-
stiefel
Stiefel
Triefel

iefeln
riefeln
stiefeln
→ iefel

iefelt
angestiefelt
gestiefelt
riefelt
stiefelt

iefen
beriefen
fortliefen
liefen
riefen
schiefen
schliefen
tiefen
triefen
verliefen
verschliefen
vertiefen
zulliefen
→ ief, iefe, iven

iefend
bluttriefend
vertiefend
→ iefen

iefer
Kiefer
rief er
Schiefer
Ungeziefer
→ ief

iefern
•einliefern
•liefern
•überliefern
→ iefer

ieferer
Lieferer
schieferer
→ iefer

ieferung
Lieferung
Schieferung
Überlieferung

iefert
•liefert
•überliefert
→ iefern

iefst
beriefst
tiefst
zutiefst
→ iefen

ieft
gewieft
→ iefen

iefung
Verbriefung
Vertiefung
→ ung

ieg
Abstieg
Anstieg
Aufstieg
Einstieg
Krieg
Sieg
→ iegen

iege
Biege
Eintagsfliege
Fliege
Intrige
Kriege
Liege
Riege
Schmiege
Siege
Stiege
Wiege
→ iegen

iegel
Eulenspiegel
Igel
Riegel
Siegel
Spiegel
Striegel
Tiegel
Türriegel
Ziegel

iegelchen
Igelchen
Spiegelchen
Tigelchen
→ iegel

iegeln
abriegeln
aufwiegeln
besiegeln
bespiegeln
entsiegeln
riegeln

schniegeln
schuhriegeln
siegeln
spiegeln
striegeln
verriegeln
versiegeln
vorspiegeln
widerspiegeln
zuriegeln
→ iegel

iegelt

geschniegelt
→ iegeln

iegelung

Abriegelung
Spiegelung
→ iegeln

iegen

abgestiegen
abkriegen
angestiegen
Anliegen
anschmiegen
auffliegen
beibiegen
bekriegen
besiegen
bestiegen
biegen
brachliegen
erliegen
erstiegen
fliegen
gediegen
geschwiegen
kriegen
liegen
obliegen
schmiegen
schwiegen
siegen
stiegen
stilliegen
überstiegen
überwiegen
umbiegen
unterkriegen
unterliegen
verbiegen
verfliegen
verschwiegen
versiegen
verstiegen
wiegen
zufliegen
→ iege, iegend

iegend

beiliegend
einliegend
schwerwiegend
umliegend
vorliegend
vorwiegend
→ iegen

ieger

Anlieger
Besieger
Flieger
Krieger
Sieger
Tiger

iegler

Aufwiegler
→ iegeln

ieglung

→ iegelung

iegsam

biegsam
schmiegsam

iegt

gewiegt
→ iegen

iegung

Besiegung
Biegung
→ ung

ieh

sieh!
Stimmvieh
Vieh
→ i

iehe

siehe
fliehe
→ iehen

iehen

abziehen
anziehen
aufziehen
beziehen
Demokratien
durchziehen
einziehen
entfliehen
entziehen
erziehen
fliehen
gediehen
geliehen
Harmonien
knien
liehen
schrien
spien
Tauziehen
überziehen
unterziehen
verliehen
vollziehen
vorziehen
ziehen
zurückziehen
→ i

ieher

Bezieher
Drahtzieher
Erzieher
Gewieher
Rückzieher
Überzieher
Vollzieher

iehern

wiehern
→ ieher

iehl

stiehl
→ iel, il

iehlt

befiehlt
→ ielt, ilt

iehung

Anziehung
Beziehung
Entfliehung
Erziehung
Vollziehung
Ziehung
Zuziehung

iek

kiek!
Kriek
→ ik

ieke

Antike
Butike
Gequieke
Pike
pieke
→ ieken

ieken

kieken
quieken
schnieken
→ ieke, ik, ike

ieker

Kieker
Spieker
Spökenkieker

iel

allzuviel
Beispiel
ebensoviel
Farbenspiel
Festspiel
Gastspiel
Gaukelspiel
gefiel
Gespiel
gleichviel
Glückspiel
Kartenspiel
Kirchenspiel
Lichtspiel
Lustspiel
Mienenspiel
Nachspiel
Pappenspiel
Possenspiel
Puppenspiel
Ränkespiel
Saitenspiel
Schauspiel
Seal
Siel
soviel
Spiel
Stiel
Stil
Trauerspiel
viel
Vorspiel
wieviel
Wortspiel
Ziel
zuviel
Zwischenspiel
→ ielen, il

iele(n)

abfielen
abspielen
anfielen
anschielen
anspielen
ausfielen
ausspielen
befielen
Dielen
einfielen
entfielen
erzielen
gefielen
schielen
Schwielen
sielen
spielen
überfielen
überspielen
umfielen
umspielen
verfielen
verspielen
vielen
vorfielen
vorspielen
zielen
zufielen
zuspielen
→ iel

ielend

rückzielend
→ ielen

ieler

Aufspieler
Falschspieler
Gegenspieler
Schauspieler
Spieler
subtiler
vieler
ziviler
→ iel, il

ierer

Tapezierer
→ ieren

ielern

•schauspielern
•Taschenspielern
→ ielen, ieler

ielig

kostspielig
stielig
→ ig

iell

existenziell
immateriell
industriell
kommerziell
substantiell
→ ell

ielt

behielt
gedielt
gefielt
gespielt
gezielt
gestielt
hielt
stiehlt
verhielt
→ ielen

ielung

Anspielung
Ausspielung
Erzielung
Hinzielung
Überspielung

iem

ihm
Pfriem
Priem
Team
→ im

iemchen

Pfriemchen
Riemchen
Striemchen

ieme

Kieme
Strieme
→ iem, iemen, ime

iemel

Primel
Schwiemel

iemen

geziemen
Knieriemen
priemen
Riemen
Schmachtriemen
Striemen
ziemen
→ iem, ieme, ime

iemend

geziemend
priemend
unziemend
→ iemen

iemer

intimer
legitimer
Ochsenziemer
Steamer
→ iem

ien

Harmonien
ihn
Kien
Lamprien
Melodien
schrien
spien
überschrien
Utopien
verschrien
→ i, iehen, ienen, in

ience (nasal)

Fayence

Patience
→ ence (nasal)

ienchen

Bienchen
Cousinchen
Gardinchen
Kaninchen
Sabinchen

iene(n)

abdienen
angrienen
bedienen
beschienen
Bienen
dienen
erdienen
erschienen
grienen
ihnen
Kienen
Mienen
schienen
Schienen
Sündermienen
verdienen
→ ien, inen

iener

Bediener
Diener
geliehner
Liebediener
Verdiener
verschriener
→ ien, ienen

ienern

verschrienern
→ iener

iens

Ingrediens
→ ens

ienst

Dienst
erschienst
Gegendienst
Gottesdienst
Götzendienst
Liebesdienst
→ ienen

ient

gedient
ungedient
unverdient
→ ienen

iente

Bediente
beschiente
→ ienen

ienung

Bedienung
Verminung

iep

fiep
piep!
→ ieb

iepe

Gefiepe
Gepiepe
Geziepe
Kiepe
Piepe
Prinzipe

iepen

fiepen
piepen
ziepen

iept

gepiept
→ iebt, iepen

ier

allhier
Barbier
Begier
Bier
Brevier
dahier
dir
Elexier
Empire
Fabeltier
Fakir
Faultier
Füsilier
Geldgier
Geschmier
Getier
Gezier
Gier
Grautier
Grenadier
Habgier
Hasenpanier
Herdentier
hier
Kanonier
Kavalier
Klavier
Klistier
Kürassier
Kurier
Leittier
Magier
Manier
Musketier
Neugier
Offizier
Panier
Papier
Passagier
Pier
Pionier
Pläsier
Quartier
Rachgier
Raffgier
Papier
Rapier
Raubtier
Revier
Saphir
Scharnier
schier
Sire
Souvenir
Spalier
Stier
Tier
Trampeltier
Turnier
Untier
Vampir
vier
Visier
wir
Wißbegier
Wundertier
Zier
→ ieren, ir

•

Büffettier
Cafetier
Croupier
Dossier
Finanzier
Garderobier
Hotelier
Karabinier
Kollier
Privatier
Rentier
→ e

•

Agrarier
Argentinier
Arier
Galizier
Helvetier
Olympier
Patrizier
Spanier

ierchen

Bierchen
Papierchen
Tierchen
→ ier

ierde

Begierde
Neugierde
Wißbegierde
Zierde

iere

Niere
Saline
Schliere
Schmiere
→ ier, ieren

•

Bonbonniere
Garderobiere
Gondoliere
Jardiniere
Portiere
Tabatiere
Voliere
→ ere

ieren

abkommandie-
ren
abmontieren
abonnieren
abreagieren
absolvieren
absorbieren
abstrahieren
addieren
adoptieren
adorieren
adressieren
affichieren
affrontieren
agieren
agitieren
akklimatisieren
akkomodieren
akquirieren
aktivieren
akzeptieren
alarmieren
alliieren
alterieren
amputieren
amtieren
amüsieren
analysieren
anfrieren
animieren
annektieren
annoncieren
annullieren
anstieren
antichambrieren
appellieren
applaudieren
apportieren
argumentieren
arrangieren
arretieren
arrivieren
assistieren
ästimieren
atomisieren
attachieren
attackieren
attestieren
ausquartieren
ausstaffieren
automatisieren
autorisieren
avancieren
avisieren
bagatellisieren
balancieren
balsamieren
bandagieren
barbieren
barrikadieren
basieren
beschmieren
biwakieren
blamieren
blessieren
blondieren
boykottieren
bramarbasieren
brillieren
brüskieren
buchstabieren
bugsieren
changieren
charakterisieren
debütieren
dedizieren
defilieren
definieren
deflorieren
degoutieren
degradieren
deklamieren
deklarieren
deklassieren
dekolletieren
dekorieren
delegieren
delektieren
demaskieren
dementieren
demolieren
demonstrieren
demontieren
denunzieren
depeschieren
deponieren
deportieren
deprimieren
deputieren
desertieren
destillieren
detachieren
detonieren
dezimieren
diffamieren
diktieren
dinieren
dirigieren
diskutieren
dispensieren
disponieren
disputieren
distanzieren
dokumentieren
dominieren
dramatisieren
drangsalieren
drapieren
dressieren
dublieren
duellieren
düpieren
durchfrieren
echauffieren
einfrieren
einkassieren
einquartieren
einstudieren
elektrifizieren
elektrisieren
emanzipieren
emigrieren
engagieren
ennuyieren
entrieren
erfrieren
eskortieren
etablieren
evakuieren
exaltieren
examinieren
exekutieren
exerzieren
existieren
expedieren
experimentieren
explizieren
explodieren
exponieren
exportieren
fabrizieren
fabulieren
faszinieren
fieren
finanzieren
firmieren
fixieren
flanieren
flankieren
florieren
forcieren
formieren
frappieren
fraternisieren
frequentieren
frieren
frisieren
frottieren
fundieren
funktionieren
füsilieren
galoppieren

garantieren
garnieren
gastieren
gefrieren
genieren
gestikulieren
gieren
glorifizieren
glossieren
grassieren
gratulieren
gruppieren
halbieren
hantieren
hausieren
hofieren
honorieren
hypnotisieren
idealisieren
identifizieren
ignorieren
ihren
illuminieren
illustrieren
imitieren
imponieren
importieren
improvisieren
informieren
inhaftieren
inspizieren
installieren
instruieren
inszenieren
integrieren
interessieren
internieren
investieren
ironisieren
irritieren
isolieren
jonglieren
jubilieren
kalkulieren
kampieren
kapieren
kapitulieren
karessieren
kassieren
kokettieren
kollaborieren
koll dieren
kolorieren
kolportieren
kombinieren
kommandieren
kommentieren
kommunizieren
kompensieren
komplizieren
komponieren
kompromittieren
konferieren
konfrontieren
konkurrieren
konservieren
konstatieren
konsumieren
kontrollieren
konzipieren
kopieren
korrespondieren
korrigieren
kostümieren
kreieren
krepieren
kultivieren
kurieren
kursieren
kutschieren
laborieren
lädieren
lamentieren
lavieren
liieren
logieren
malträtieren
Manieren
manifestieren
manipulieren
manövrieren
markieren
marschieren
maskieren
mechanisieren
meditieren
memorieren
mobilisieren
möblieren
mokieren
monieren
montieren
moralisieren
motivieren
motorisieren
moussieren
musizieren
narkotisieren
navigieren
negieren
Nieren
nivellieren
notieren
okkupieren
ondulieren
operieren
organisieren
orientieren
paktieren
parfümieren
parieren
parkieren
parodieren
passieren
patentieren
patrouillieren
pausieren
pensionieren
phantasieren
photographieren
plädieren
pokulieren
poussieren
praktizieren
präludieren
prämiieren
präparieren
präsentieren
präsidieren
präzisieren
pressieren
probieren
produzieren
profitieren
proklamieren
promenieren
propagieren
protegieren
protestieren
prozessieren
radieren
radikalisieren
ramponieren
randalieren
rangieren
rasieren
räsonnieren
reagieren
realisieren
rebellieren
recherchieren
referieren
regieren
regulieren
renovieren
rentieren
reparieren
repräsentieren
reservieren
residieren
respektieren
retirieren
revanchieren
revidieren
revoltieren
rezitieren
riskieren
rivalisieren
ruinieren
sabottieren
salutieren
Saphieren
schamponieren
Scharnieren
schikanieren
Schlieren
schmieren
schnabulieren
schockieren
schwadronieren
sekkieren
sekundieren
servieren
simulieren
skalpieren
skizzieren
sortieren
soupieren
spazieren
spekulieren
spendieren
spionieren
stagnieren
stationieren
stieren
stolzieren
strapazieren
studieren
suggerieren
tangieren
tapezieren
tätowieren
taxieren
telegraphieren
telephonieren
tendieren
terrorisieren
Tieren
tirilieren
titulieren
tolerieren
torpedieren
toupieren
trainieren
traktieren
transportieren
tyrannisieren
uniformieren
vagabundieren
variieren
vegetieren
verbarrikadieren
verschmieren
vertieren
verunzieren
verzieren
vibrieren
vieren, zu –
visieren
visitieren
zelebrieren
zieren
zirkulieren
zitieren
zivilisieren
→ ier

ierend

balancierend
dominierend
existierend
imponierend
regierend
→ ieren

ierer

Hausierer
Kassierer
Schmierer
Sektierer
stierer
Taxierer
Verlierer
Vierer
→ ieren

ieres

Bieres
erlasse mir es
regier' es
→ ier, iere, ieren, ir

ierig

begierig
gierig
habgierig
langwierig
neugierig
schlierig
schmierig
schwierig
stierig
wißbegierig

ierlich

despektierlich
manierlich
possierlich
respektierlich
zierlich

ierst

zierst
→ ieren

iert

affektiert
alliiert
autorisiert
blamiert
blasiert
borniert
couragiert
deplaciert
distingiert
dressiert
echauffiert
emanzipiert
exaltiert
exponiert
fingiert
fundiert
garantiert
gebiert
geniert
geriet
geschmiert
Geviert
geziert
havariert
illustriert
imitiert
indigniert
interessiert
isoliert
kariert
koloriert
kompliziert
konsterniert
kultiviert
lackiert
lädiert
manieriert
möbliert
motiviert
passioniert
pikiert
profitiert
qualifiziert
raffiniert
renommiert
reserviert
residiert
routiniert
schiert
simuliert
studiert
talentiert
ungeniert
verliert
versiert
vertiert
→ ieren

ierte

Alliierte
Arrivierte
Delegierte
Deputierte
Liierte
Prostituierte
Reformierte
Studierte
→ ieren, iert

ierung

Amerikani-
sierung
Annullierung
Applaudierung
Armierung
Arretierung
Balsamierung
Charakterisie-
rung
Deformierung
Dekolletierung
Demaskierung
Demolierung
Dezimierung
Diffamierung
Differenzierung
Diskriminierung
Dosierung
Dramatisierung
Einquartierung
Einstudierung
Etablierung

Evakuierung
Formierung
Formulierung
Garnierung
Gruppierung
Halbierung
Hantierung
Inspizierung
Inszenierung
Internierung
Isolierung
Kommandierung
Konsumierung
Kristallisierung
Lädierung
Legierung
Legitimierung
Liierung
Liquidierung
Markierung
Maskierung
Mechanisierung
Mobilisierung
Motivierung
Motorisierung
Negierung
Nivellierung
Nüancierung
Organisierung
Orientierung
Pensionierung
Postierung
Prämiierung
Profanierung
Proklamierung
Proviantierung
Qualifizierung
Radierung
Radikalisierung
Rationalisierung
Rationierung
Realisierung
Regierung
Registrierung
Regulierung
Rehabilitierung
Rekrutierung
Renovierung
Sanierung
Schattierung
Schraffierung
Sondierung
Sortierung
Stabilisierung
Stilisierung
Strangulierung
Symbolisierung
Tätowierung
Taxierung
Terrorisierung
Titulierung
Torpedierung
Transportierung
Tyrannisierung
Umquartierung
Uniformierung
Ventilierung
Verbarrikadierung
Verschmierung
Vertierung
Verunzierung
Zentralisierung
Zitierung
→ ieren

ies

blies
dies
fies
Fließ
Fries
Genies
Grieß
hieß
Kies
knies
Kolibris
Kris
lies
ließ
mies
ohnedies
Paradies
Paris
pries
Service
sie's
sieh's
Spieß
überdies
verhieß
Verlies
verließ
Vlies
wies
wie's
→ i, iesen, ießen

ieschen

Lieschen
Radieschen
Wieschen
→ ies

iese

Anneliese
Biese
Brise
bewiese
Devise
Fliese
Friese
Liese
Prise
Riese
Wiese
→ ies, iesen, ise

iesel

Diesel
Geriesel
Kiesel
Liesel
Stiesel
Wiesel

ieseln

durchrieseln
grieseln
krieseln
nieseln
wieseln
→ iesel

iesen

abgewiesen
anbliesen
angewiesen
anpriesen
aufwiesen
bewiesen
bliesen
Devisen
erkiesen
erwiesen
gepriesen
niesen
priesen
wiesen
→ ies, iese

ieser

wies er
→ iesen, iser

ieses

wies es
→ iesen

iesig

diesig
hiesig
riesig

ieß

begieß
→ ieße, ießen

ieße

Fließe
Geschieße
Schließe
Spieße
→ iesen, ießen

ießen

abfließen
abschießen
abschließen
aufschließen
begießen
beschießen
beschließen
Blutvergießen
durchfließen
eingießen
einschließen
entschließen
entsprießen
ergießen
erschießen
erschließen
fließen
genießen
gießen
hießen
ließen
schießen
schließen
spießen
sprießen
stießen
überfließen
umschließen
verdrießen
verfließen
vergießen
verschließen
verstießen
vorschießen
zerfließen
zufließen
zuschießen
zuschließen
→ ieße

ießende

anschließend
→ ießen

ießer

Beschließer
hieß er
ließ er
Nutznießer
Schließer
Spießer
stieß er

ießern

kannegießern
→ ießer

ießlich

ausschließlich
einschließlich
ersprießlich
schließlich
verdrießlich

iest(ß)

Biest
erkiest
→ iesen, ießen

ießung

Beschließung
Eheschließung
Entschließung
Erschießung
Erschließung
Schließung

iester

Biester
erkiester
niest er
Priester
Riester
→ iest

iet

briet
Bugspriet
ersieht
flieht
Gebiet
geschieht
Glied
kniet
Lied
Niet
Riet
riet
sieht
Spriet
verriet
verzieht
zieht
→ ied, ieden, iehen, it, iten

iete

Aphrodite
Elite
Miete
Profite
Suite
Termite
Visite
→ iet, ieten

ieten

abrieten
anbieten
Anerbieten
aufbieten
Banditen
berieten
bieten
brieten
erbieten, sich –
feilbieten
gebieten
Jesuiten
knieten
Leviten
mieten
nieten
rieten
Riten
überbieten
unterbieten
verbieten
vermieten
verrieten
→ iet, iete, it

ietende

•Höchstbietende
•meistbietende
→ ieten

ieter

Bieter
Dieter
Gebieter
Mieter
Nieter
Vermieter
→ ieten, iter

iets

Gebiets
mied's
Miez
sieht's
verriet's
→ ied, ieden, iet, ieten, it, iz

ietsche

Gequietsche
→ ietschen

ietschen

Knietschen
prietschen
quietschen

ietung

Anerbietung
Darbietung
Ehrerbietung
Nietung
Vermietung

ieu

adieu
→ ö

ieze(n)

Komplizen
Miezen
siezen
striezen
triezen
→ izen

if

Aperitif

Corned beef
Kalif
Scherif
Tarif
→ ief, iff, iv

iff

Angriff
Anpfiff
Begriff
Eingriff
Fehlgriff
Griff
Handgriff
Inbegriff
Kniff
Mißgriff
Pfiff
Riff
Rückgriff
Schiff
Schliff
Übergriff
Vorgriff
Zugriff
→ eifen, iffen

iffe

griffe
→ iff, iffen

iffel(n)

Griffeln
riffeln

iffen

abgegriffen
angegriffen
angepfiffen
aufgegriffen
begriffen
einbegriffen
einschiffen
geschliffen
inbegriffen
kniffen
pfiffen
schiffen
schliffen
ungeschliffen
vergriffen
verkniffen
verschiffen
→ iff, iffe

iffer

Chiffer
Schiffer
Ziffer

iffern

•beziffern
•entziffern
→ iffer

iffig(ch)

griffig
kniffig
schliffig
•
•kniff' ich
→ iffen

ifflich

begrifflich
knifflich

iffst

begriffst
→ iffen

ift

Abschrift
Anschrift
Aufschrift
Drift
Durchschrift
Gegengift
Geheimschrift
Gift
Handschrift
Inschrift
Lift
Mitgift
schifft
Schrift
Stift
trifft
Trift
Überschrift
Unterschrift
Vorschrift
Zuschrift
→ iffe, iffen, iften

ifte(n)

anstiften
beschriften
driften
entgiften
giften
schifften
stiften
vergiften
→ ift

ifter

Anstifter
Stifter
Unheilstifter
Unruhstifter
Vergifter

iftig

giftig
triftig

iftung

Anstiftung
Beschriftung
Entgiftung
Stiftung
Vergiftung

ig(ch)

Brigg
Gig
→ ick
•
abspenstig
achtarmig
adlig
adrig
bannig
bedürftig
böig
brenzlig
dämmerig
ehrgeizig
einzig
eklig
emsig
ewig
fähig
felsig
garstig
geizig
gespenstig
gesprächig
griffig
Hartwich
Hedwig
holperig
holzig
irrig
kugelig
listig
milchig
neblig
paarig
reuig

ige

einige
Gläubige
Hörige
Reisige
•
Intrige
Prestige

igel

Igel
Schwein(e)igel
Siegel
→ iegel

igen

•ängstigen
•verängstigen
•
•bekreuzigen
•kreuzigen
•
•fertigen
•rechtfertigen
•verfertigen

igkeit

Einträchtigkeit
Flegelhaftigkeit
Niederträchtigkeit
Rechtmäßigkeit
Redseligkeit
Reichhaltigkeit
Richtigkeit
Säumigkeit
Saumseligkeit
Schäbigkeit
Schamhaftigkeit
Scheinheiligkeit
Schlüpferigkeit
Schmerzhaftigkeit
Schmutzigkeit
Schnodd(e)rigkeit
Schreckhaftigkeit
Schuftigkeit
Schwerfälligkeit
Sehenswürdigkeit
Selbständigkeit
Sinnfälligkeit
Sinnwidrigkeit
Spitzfindigkeit
Standhaftigkeit
Störrigkeit
Streitigkeit
Süchtigkeit
Sündhaftigkeit
Tiefsinnigkeit
Trächtigkeit
Traurigkeit
Tugendhaftigkeit
Unabhängigkeit
Unanständigkeit
Unartigkeit
Unbarmherzigkeit
Uneinigkeit
Unfähigkeit
Unflätigkeit
Ungefälligkeit
Ungehörigkeit
Ungerechtigkeit
Ungültigkeit
Unmäßigkeit
Unrichtigkeit
Unstimmigkeit
Untätigkeit
Unvorsichtigkeit
Unzüchtigkeit
Üppigkeit
Wehleidigkeit
Wehmütigkeit
Weichherzigkeit
Wichtigkeit
Widerwärtigkeit
Winzigkeit
Wohltätigkeit
Wurstigkeit
Zaghaftigkeit
Zähigkeit
Zweckmäßigkeit
Zweideutigkeit
Zuständigkeit
→ eit, osigkeit

ik

Äronautik
Akkustik
antik
Artistik
Bolschewik
Domestik
Dominik
Duplik
Elastik
Elektronik
Exzentrik
Fabrik
Heraldik
Katholik
Keramik
Klinik
Kolik
Kritik
Melodik
Mimik
Mosaik
Musik
Nautik
Optik
Ornamentik
Pantomimik
Pazifik
Physik
Pik
Polemik
Politik
publik
quick
replik
Republik
Rhythmik
Rubrik
Symbolik
Teak
Technik
Theatralik
Thematik
Tragik
→ ic, ice, ick

ika

Angelika
Harmonika
Philippika
→ a

ike

Butike
Clique
Frederike
Nike
Pike
Ulrike
→ ieke, ik

ikel

Artikel
Matrikel
Partikel
Perpendikel
Vehikel

iken

batiken
piken
→ ieken, ik, ike

iker

Akademiker
Alkoholiker
Asketiker
Budiker
Chemiker
Choleriker
Dramatiker
Exzentriker
Fanatiker
Graphiker
Klassiker
Kleriker
Komiker
Lyriker
Mechaniker
Melancholiker
Musiker
Mystiker
Philharmoniker
Physiker
Platoniker
Polemiker
Politiker
Praktiker
Romantiker
Satiriker
Schwachmatiker
Skeptiker
Stoiker
Studiker
Symphoniker
Techniker
Zyniker

ikt

Benedikt
Delikt

Distrikt
Edikt
erblickt
er blickt
Konflikt
strikt
Verdikt
→ ick, icken

ikus

Kanonikus
Phlegmatikus
Portikus
Schwachmatikus

il

agil
Asyl
Automobil
Brasil
diffizil
Domizil
Emil
Exil
Fossil
gentil
grazil
habil
imbezil
infantil
Konzil
Krokodil
labil
Lebensstil
merkantil
mobil
Nil
Profil
Projektil
Reptil
Schlemihl
senil
servil
Sex Appeal
skurril
stabil
steril
Stil
subtil
textil
Ventil
zivil
→ iel

ilbe(n)

Milben
Silben
vergilben

ilch

Drilch
Milch

ild

Abbild
Abziehbild
Bild
Ebenbild
Freiwild
fuchsteufelswild
Gottesbild
Götzenbild
Heiligenbild
Lichtbild
Luftbild
Mannsbild
mild
Schattenbild
Schaubild
Schild
Sinnbild
Stern(en)bild
Traumbild
Trugbild
Vexierbild
Vorbild
Wappenschild
Weibsbild
Weichbild
wild
Wild
Wunschbild
Zerrbild
→ ilt

ildchen

Hildchen
→ ild

ilde

Brunhilde
Gebilde
Gefilde
Gilde
Hilde
Klothilde
Mathilde
Milde
Othilde
Schützengilde
Traumgebilde
Traumgefilde
→ ilt

ilden

abbilden
bilden
einbilden
fortbilden
milden
nachbilden
verbilden
→ ilde

ilder

Abbilder
Ausbilder
Bilder
milder
Schilder
wilder

ilderchen

→ ilder

ilderer

milderer
Schilderer
Wilderer

ildern

bebildern
beschildern
schildern
verwildern
wildern
→ ilder

ilderung

Bebilderung
Milderung
Schilderung
Verwilderung

ildes

mildes
→ ilde

ildet

→ ilden

ildnis

Bildnis
Wildnis

ildung

•Bildung
•Abbildung
•Fortbildung
•Nachbildung
•Neubildung
→ ild, ung

ilf(e)

Abhilfe
Aushilfe
Beihilfe
Gehilfe
Hilfe
Nachhilfe
Nothilfe
Schilfe
Selbsthilfe
Sylphe

ilfen

→ ilfe

ilge(n)

Bilgen
tilgen
vertilgen

ilger

Pilger
Tilger
Vertilger

ilgern

pilgern
tilgern

ilie

Emilie
Familie
Lilie
Ottilie

ilien

Fossilien
Immobilien
Mobilien
Ponderabilien
Reptilien
Textilien
Utensilien
Vegetabilien
→ ilie

ill

Achill
Ankerspill
April
Bill
Drill
Gangspill
Gedrill
Goodwill
Grill
Mandrill
mucksmäuschenstill
Spill
still
totenstill
Unbill
will
→ illen

illa

Chinchilla
Gorilla
Kamarilla
Kamilla
Tilla
Villa
→ a

illchen

milchen
→ ille

ille

Brille
Destille
drille
Flotille
Grille
Idylle
Kamille
killekille
Mantille
Mille
Mutwille
Pastille
Pille
Postille
pro mille
Pupille
Rille
Stille
Unwille
Widerwille
Wille
Zille
→ ill, illen

•

Bastille
Quadrille
Vanille

illen

Bazillen
deinetwillen
derentwillen
des(sent)willen
grillen
himmelswillen
killen
quillen
rillen
schrillen
Siegeswillen
stillen
Villen
→ ill, ille

illend

schmerzstillend
→ illen

iller

Killer
Schiller
schriller
stiller
Thriller
Triller
will er
→ ill, illen

illern

killern
schillern
trillern
→ iller

illernd

buntschillernd
→ illern

illes

Achilles
will es
→ ill, illen

illi

Billi
Lilli
Milli
Tilli
Willi
Zilli
→ i

illich

Drillich
will ich
Zwillich
→ illen, illig

illig

billig
böswillig
bereitwillig
freiwillig
grillig
gutwillig
mutwillig
unwillig
willig
→ illich

illige(n)

bewilligen
einwilligen
Freiwilligen
grilligen
mißbilligen
verbilligen
→ illig

illing

Drilling
Schilling
Zwilling

il(l)t

bebrillt
gewillt
gilt
Kilt
schilt
ungestillt
vergilt
→ ild, ille, illen

ilter

Filter

gedrillter
→ illt

ilz
Filz
gilt's
Glückspilz
Milz
Pilz
quillt's
schmilz
stillt's
→ ild, illen, illt

ilzen
filzen
schmilzen
verfilzen

ilzig
filzig
pilzig

im
Archim
Cherubim
ihm
intim
Joachim
legitim
maritim
Olim
Pilgrim
privatim
Regime
Seraphim
sublim
Team
→ iem

ima
Diotima
Klima
prima
Prima

ime
Maxime
Mime
Pantomime
Septime
→ im

imer
→ iemer

imm
Benimm
bim-biml
Grimm
im
Isegrim
Kimm
Klimbim
nimm
vernimm
→ im, immen

imme
Grimme
Imme
Kimme
schlimme
Stimme
→ imm, immen

immel
Amtsschimmel
Bimmel
Fimmel
Gebimmel
Gewimmel
Himmel
Schimmel
→ immeln

immeln
abwimmeln
anhimmeln
bimmeln
himmeln
schimmeln
verhimmeln
verschimmeln
wimmeln

immen
abstimmen
anstimmen
bestimmen
ergrimmen
erklimmen
erstimmen
glimmen
grimmen
klimmen
mißstimmen
schlimmen
schwimmen
Stimmen
trimmen
überstimmen
übereinstimmen
umstimmen
verglimmen
verschwimmen
verstimmen
vertrimmen
zustimmen
→ imme

immer
Flimmer
Frauenzimmer
Geflimmer
Gewimmer
Gezimmer
Glimmer
grimmer
immer
Krimmer
nimmer
Schimmer
Schwimmer
Zimmer

immern
flimmern
glimmern
schimmern
verschimmern
verschlimmern
wimmern
zimmern
→ immer

immes
Grimmes
nimm' es
→ im

immet
→ immen

immig(ch)
einstimmig
grimmig
ingrimmig
vielstimmig
•
bestimm' ich
schwimm' ich
→ immen

imms
bestimm's
Gesims
Grimms
nimm's
Sims

immt
angestimmt
gestimmt
nimmt
unbestimmt
Zimt
→ immen

immtes
bestimmtes
nimmt es
verstimmt es
→ immt

immung
Abstimmung
Beistimmung
Bestimmung
Ergrimmung
Erklimmung
Kimmung
Stimmung
Verglimmung
Verstimmung
Vorbestimmung
Zustimmung

impel
Gimpel
Simpel
Wimpel

impeln
fachsimpeln
pimpeln
simpeln
verpimpeln
versimpeln
→ impel

imper
Geklimper
Wimper

impern
klimpern
pimpern
Wimpern
zimpern

impf
Glimpf
Schimpf
→ impfe, impfen

impfe
Geschimpfe
Schimpfe
→ impfe

impfen
ausschimpfen
beschimpfen
einimpfen
impfen
schimpfen
verunglimpfen

impflich
glimpflich
schimpflich

impfung
Beschimpfung
Impfung
→ impfen

ims
Sims
→ immen, imms

imt
→ immt

in
Aladin
Albin
Alboin
alpin
Alwin
Aquamarin
Armin
Augustin
Baldachin
Balduin
Benjamin
Delphin
Disziplin
Doktrin
Erwin
feminin
Fridolin
Harlekin
Hermelin
Heroin
ihn
Jasmin
Kamin
Kanin
Karin
Karmin
Kokain
Konradin
Konstantin
Laurin
Lohengrin
Magazin
Mandarin
Martin
maskulin
Medizin
Moralin
Musselin
Nikotin
Odin
Offizin
Paladin
Pinguin
Platin
Quirin
Rosmarin
Rubin
Ruin
Spleen
Tamburin
Termin
Trampolin
Turmalin
ultramarin
Valentin
Vitamin
Zeppelin
→ ien

in
anderswohin
Apennin
Beginn
bin
Buhlerin
dahin
daraufhin
darin
Dienerin
dorthin
drin
Enkelin
Erbin
fernerhin
fernhin
Flattersinn
forthin
Freiin
fürderhin
Gattin
Gefährtin
gemeinhin
Genossin
geradehin
Gespielin
Gewinn
Gin
Gräfin
Greisin
Heldin
Heroin
Herrscherin
Herrin
hier(auf)hin
hin
hintenhin
Hirtin
Huldin
immerhin
in
Kaiserin
Kameradin
Klägerin
Kollegin
Königin
Krämerin
Kundin
künftighin
Künstlerin
Kupplerin
Lehrerin
leichthin
Leiterin
Lesbierin
Leserin
letzthin
Liebhaberin
Löwin
Lügnerin
Märtyrerin
Meisterin
mithin
mittendrin
Nachbarin
Näherin
Novizin
obenhin

ohnehin
Partnerin
Patientin
Patin
Patronin
Pilgerin
Prinzessin
Prophetin
Riesin
Schäferin
schlechthin
Schreiberin
Schuldnerin
Schurkin
Schwägerin
Schwätzerin
Schwindlerin
Sekretärin
Sinn
Sklavin
späterhin
Spinnerin
Studentin
Teufelin
Törin
Tyrannin
überallhin
umhin
vorhin
vorn(e)hin
weiterhin
Wirtin
woandershin
Wöchnerin
wohin
worin
zwischendrin
→ erin, inn

in (nasal)

Bassin
Bulletin
Chagrin
Cousin
Dessin
Gamin
Gobelin
Kretin
Mannequin
Ragout fin
Refrain
Satin
Terrain
→ ain

ina

Angina
Ballerina
Berolina
Bettina
China
Katharina
Konzertina
Okarina
Palestina
Signorina

inchen

Kaninchen
Linchen
Minchen
Sabinchen

ind

Beichtkind
blind
Christkind
Enkelkind
farbenblind
Gegenwind
geschwind
Grind
Kind
Kindeskind
lind
Menschenkind
Patenkind
Pflegekind
Rind
Sausewind
Schmerzenskind
Schoßkind
Schulkind
sind
Sonntagskind
Sorgenkind
Spind
Stiefkind
stockblind
Sturmwind
verschwind
Waisenkind
Wind
Zugwind
→ inde, inden, int

indchen

Bindchen
Kindchen
Windchen
→ ind, int

inde

Angebinde
Ankerwinde
Armbinde
Binde
Blinde
Gebinde
gelinde
Gesinde
Gewinde
Linde
Rinde
Rosalinde
Spinde
→ ind, inden, int

indel

Gesindel
Kindel
Lumpengesindel
Schindel
Schwindel
Spindel
Windel

indeln

abschwindeln
beschwindeln
erschwindeln
Schindeln
schwindeln
→ indel

inden

abbinden
abfinden
abschinden
aufbinden
auffinden
Befinden
binden
empfinden
entbinden
entschwinden
erblinden
erfinden
festbinden
finden
Nachempfinden
schinden
schwinden
stattfinden
überwinden
umbinden
umwinden
unterbinden
verbinden
verschwinden
verwinden
vorfinden
wiederfinden
winden
zubinden
zurechtbinden
zurechtfinden
zusammen-
binden
zusammenfinden
→ inde, int

inder

Binder
Erfinder
Finder
gelinder
geschwinder
Inder
Kinder
Leuteschinder
linder
minder
nichtsdesto-
minder
Pfadfinder
Rinder
Schinder
Überwinder
Zylinder
→ int

indern

abmindern
behindern
hindern
mindern
verhindern
vermindern
→ inder, int

indert

herabgemindert
verhindert
→ indern

inderung

Behinderung
Linderung
Minderung
Verhinderung
Verminderung
→ ung

indes

empfind es
gelindes
Kindes
sind es
→ ind, inde, inden

indest

schwindest
zumindest
→ inden

indheit

Blindheit
Kindheit
→ eit

indig(ch)

ausfindig
dickrindig
dünnrindig
findig
grindig
spitzfindig
windig
•
find' ich
geh in dich
→ inden

indlich

befindlich
empfindlich
kindlich
überwindlich
unempfindlich
unerfindlich
unüberwindlich
unverbindlich
verbindlich

indung

Abfindung
Auffindung
Bindung
Empfindung
Entbindung
Erblindung
Erfindung
Überwindung
Verbindung
Windung
→ ung

ine

Albertine
Alwine
Apfelsine
Augustine
Beduine
Bettine
Biene
Blondine
Brahmine
Christine
Cousine
Delphine
Draisine
Duldermiene
Ernestine
Eveline
Faschine
Figurine
Gabardine
Gardine
Gelatine
Georgine
Geraldine
Glyzine
Guillotine
Hermine
Josephine
Kabine
Kantine
Klementine
Kolombine
Konkubine
Krioline
Latrine
Lawine
Leopoldine
Limousine
Lupine
Mandarine
Mandoline
Margarine
Marine
Maschine
Melusine
Messaline
Mine
Pantine
Pauline
Peleriene
Praline
Regine
Rosine
Routine
Sabine
Saline
Sardine
Serpentine
Sonatine
Stine
Terrine
Trine
Turbine
Undine
Violine
Vitrine
Zechine
→ iene, in

inen

Kaminen
Ruinen
verminen
→ in, ine

iner

Augustiner
Benediktiner
Berliner
Bernhardiner
Diener
Florentiner
Kapuziner
Karabiner
Mediziner
Rabbiner
Schlawiner
→ iener

ing

Abkömmling
Abstämmling
anhing
Anlernling
Aufdringling
Ausgeding
Beding
Beinling
Blödling
Bückling
Camping
Darling

Däumling
Dichterling
Ding
Doping
Dummerling
Dumping
durchging
Eindringling
Fasching
Fäustling
Feigling
Findling
Fingerling
Fremdling
Frühling
Genüßling
gering
Günstling
Häftling
Häuptling
Helling
Hering
hing
Höfling
Hüpferling
Jüngling
Keimling
klingling!
Kümmerling
Lehrling
Liebling
Lüstling
Meeting
Mischling
Mittelding
Nachkömmling
Neuling
Ohrring
Persenning
Pfifferling
Prüfling
Pudding
Reling
Rettungsring
Riesling
Ring
Sämling
Säugling
Schädling
Schiejöring
Schirling
Schirting
Schlagring
Schmetterling
Schößling
Schreiberling
Schützling
Schwächling
shocking
Silberling
Sing-Sing
Smoking
Söldling
Sonderling
Sperling
Sprößling
Steckling
Sträfling
Täufling
Tesching
Thing
Training
tsching!
Unding
Verding
Wildling
Wohllüstling
Wüstling
Zögling
→ ingen, ink

ingbar

anbringbar
aufbringbar
erschwingbar
→ ingen

inge

aufdringe
entringe
Geschlinge
Geschwinge
Inge
Klinge
Messerklinge
Rasierklinge
Schlinge
Schwinge
Syringe
unverrichteter-
dinge
Zwinge
→ ing, ingen

ingel

Geklingel
Geringel
Klingel
Kringel
Ringel
Schlingel
Sonnenkringel

ingelchen

Dingelchen
→ ingel

ingeln

klingeln
kringeln
ringeln
tingeln
umzingeln
→ ingel

ingen

abbringen
abdingen
absingen
abspringen
anbringen
anklingen
aufbringen
aufspringen
ausschwingen
auswringen
bedingen
begingen
beibringen
beispringen
beringen
Berlichingen
besingen
beschwingen
bespringen
bezwingen
bringen
dingen
dringen
durchbringen
durchdringen
durchklingen
durchringen
einbringen
eindringen
einschwingen
einspringen
empfingen
entgingen
entspringen
erbringen
erringen
erschwingen
erzwingen
fingen
gelingen
gingen
Händeringen
heimbringen
herbringen
hinbringen
hingen
hinterbringen
hochbringen
hochschwingen
hochspringen
klingen
lobsingen
mißlingen
mitbringen
niederspringen
niederzwingen
ringen
schlingen
schwingen
singen
überspringen
umbringen
umringen
umschlingen
umspringen
unterbringen
verbringen
verdingen
vergingen
verklingen
verschlingen
vollbringen
vorbringen
vorgingen
vorspringen
vorwärts-
springen
widerklingen
wiederbringen
wringen
zerspringen
zubringen
zuspringen
zustande
bringen
zwingen
→ ing, inge

ingend

abdingend
fruchtbringend
gewinnbringend
glückbringend
händeringend
nutzbringend
todbringend
wohlklingend
→ ingen

inger

Bezwinger
Bringer
Dinger
Fahnenschwin-
ger
geringer
Langfinger
Meistersinger
Ringer
Ringfinger
Schwinger
Springer
Überbringer
Weltbezwinger
Zeigefinger
Zubringer
Zwinger
→ ing

ingern

fingern
schlingern
verringern
→ inger

ingert

fingert
→ ingern

inglich

aufdringlich
dinglich
dringlich
eindringlich
erschwinglich
unaufdringlich
unbezwinglich
undurchdring-
lich
unerschwinglich
unwiederbring-
lich
zudringlich

ings

allerdings
bäuchlings
blindlings
Dings
empfing's
fing's
ging's
guterdings
häuptlings
jählings
neuerdings
rings
rittlings
schlechterdings
trink's
vollbring's
→ ing, ingen,
inks

ingsel

Dingsel
Mitbringsel

ingst

bringst
→ ingen

ingsten

Pfingsten
→ ing

ingt

bedingt
Instinkt
unbedingt
→ ing, inge, in-
gen, inke

ingung

Bedingung
Beibringung
Beringung
Bezwingung
Darbringung
Erringung
Erzwingung
Hinterbringung
Schwingung
Unterbringung
Verdingung
Verschlingung
Zubringung

inie

Gloxinie
Grenzlinie
Kiellinie
Linie
Pinie
Schlangenlinie

inien

Abessinien
→ inie

inig

gradlinig
krummlinig
spleenig

inisch

alpinisch
apollinisch
augustinisch
klinisch
medizinisch
sanguinisch
zynisch

ink

Dreckfink
Drink
Fink
flink
Mistfink
Pink
pink-pink!
Schmierfink
Schmutzfink
Wink
→ inken

inke

Gewinke
Klinke
Linke
Pinke
plinke
Schminke
Zinke
→ ink, inken

inkel

Gesichtswinkel
Krähwinkel
Pinkel
Schlupfwinkel
Schmollwinkel
Winkel

inkeln

pinkeln
winkeln
→ inkel

inken

absinken
abwinken
antrinken
aufblinken
auftrinken
betrinken
blinken
einklinken
einsinken
ertrinken
flinken
hinken
klinken
Schinken
schminken
sinken
stinken
trinken
umsinken
untersinken
versinken
vertrinken
winken
zinken
zublinken
zutrinken
zuwinken
zwinken
→ ink, inke

inker

Blinker
flinker
Klinker
linker
Trinker
Winker
Zinker
→ inken

inkern

blinkern
zwinkern
→ inker

inks

allerdings
bring's
Dings
Drinks
ging's
links
rings
Sphinx
Winks
→ inge, ingen, ings

inkt

ausgeklinkt
sinkt
trinkt
ungeschminkt
→ inge, ingt, inke, inken

inn

Anbeginn
Biedersinn
Blödsinn
Doppelsinn
Eigensinn
Freisinn
Frohsinn
Gemeinsinn
Gewinn
Irrsinn
Kinn
Knechtssinn
Leichtsinn
Opfersinn
Reingewinn
Scharfsinn
Schinn
Schwachsinn
Sinn
Spürsinn
Stumpfsinn
Tiefsinn
Trübsinn
Unsinn
Wahnsinn
Widersinn
→ in, innen

innchen

Finnchen
→ inne

inne

Finne
inne
Minne
Pinne
Rinne
Sinne
Spinne
Zinne
→ inn, innen

innen

Ansinnen
Bäuerinnen
beginnen
darinnen
drinnen
entrinnen
entsinnen
entspinnen
ersinnen
gerinnen
gewinnen
hinnen
innen
liebgewinnen
Linnen
minnen
pinnen
rinnen
sinnen
spinnen
umspinnen
verrinnen
zerrinnen
→ in, inn, inne

innend

gewinnend
→ innen

inner

Dinner
Gewinner
Spinner

innere(n)

erinnere(n)
Innere(n)
zinnere(n)
→ inner

innerst

erinnerst
innerst
zuinnerst

innig(ch)

blödsinnig
doppelsinnig
eigensinnig
finnig
freisinnig
frohsinnig
herzinnig
hochsinnig
innig
irrsinnig
leichtsinnig
minnig
sinnig
widersinnig

•

bin ich
entrinn' ich
→ innen

inns

beginn's
Sinns
→ inn, ins

innst

beginnst
→ innen, inst

innt

gewinnt
wohlgesinnt
→ inden, innen, int

innte

Andersgesinnte
→ innt

innts

beginnt's
→ innen, inz

innung

Besinnung
Gerinnung
Gesinnung
Gewinnung
Innung
→ innen

ino

Albino
Bambino
Kasino
Kino
Pianino
Valentino

ins

bin's
Zins
→ inns

innschen

Linschen
Plinschen

inse

Binse
Linse
Plinse
→ insen

insel

Gepinsel
Gerinnsel
Gewinsel
Einfaltspinsel
Insel
Pinsel
→ inseln

inseln

anpinseln
bepinseln
einpinseln
pinseln
winseln
→ insel

insen

anlinsen
angrinsen
grinsen
linsen
plinsen
verzinsen
Zinsen
→ inse

inst

Gespinst
gewinnst
Hirngespinst
→ innen, innst

inster

finster
Ginster
grinst er
→ innst

int

Absinth
gleichgesinnt
Labyrinth
Spint
Splint
Stint
→ ind, innen, innt

inte(n)

dahinten
Finten
Flinten
Gleichgesinnten
hinten
Hyazinthen
Korinthen
minnten
Pinten
Printen
Quinten
→ innen, int

inter

dahinter
hinter
Sinter
Sprinter
Winter
wohinter
wohlgesinnter

intere(n)

auswintern
hintern
sintern
überwintern
wintern

inz

Chintz
Hinz
Kronprinz
Minz
Prinz
Provinz
sind's
→ innen, inns, ins, int

inze (n)

blinzen
Pfefferminzen
Plinsen
plinsen
→ inz

iole

Gladiole
Glorìole
Kapriole
Phiole
Triole
Viole

ion

Ambition
Annexion
Deduktion
Emotion
Pression
Provision
Zion
→ on

īp

→ ieb

ip

Chip
Flip
Tip
Trip
→ ipp

ipel

tripeln
verhohnepipeln

ipfel

Gipfel
Kipfel
Schnipfel
Wipfel
Zipfel

ipfeln

gipfeln
schnipfeln

zipfeln
→ ipfel

ipp
hipp
klipp
nipp
Philipp
schnipp!
Stipp
Tripp
wipp!
→ ippe, ippen

ippchen
Klippchen
Schnippchen
Wippchen
→ ipp, ippe

ippe
Gerippe
Grippe
Hippe
Klippe
Krippe
Lippe
Rippe
Schippe
Schlippe
Schrippe
Sippe
Strippe
Weihnachts-
krippe
Wippe
Xanthippe
→ ippen

ippel
Getrippel
Nippel
Schnippel
Tippel

ippeln
dribbeln
kippeln
rippeln
schnippeln
tippeln
trippeln

ippen
antippen
einstippen
kippen
nippen
schippen
schlippen
schnippen
schwippen
stippen
tippen
trippen
umkippen
versippen
vertippen
wippen
→ ippe

ipper
Kipper
Schipper
Stipper
Wipper
→ ippen

ippern
→ ipper

ippes
kipp es
Nippes
→ ippen

ippig
kippig
klippig
rippig
rosenlippig
stippig
strippig

ippse
Tippse
→ ipse

ippst
kippst
→ ipst

ippt
kippt
→ ipt

ips
Fips
Flips
Gips
Grips
kipp' s
Knips
Pips
Rips
Schlips
Schwips
Tips
wipp's
→ ipp, ippen,
ipsen

ipse
Apokalypse
Eklipse
Ellipse
→ ippen, ippse,
ipsen

ipsen
beschwipsen
knipsen
schnipsen
→ ippse, ips,
ipse

ipsig
fipsig
gipsig

ipst
bedripst
beschwipst
→ ippen, ipsen

ipt
angetippt
eingestippt
gerippt
getippt
Manuskript
Postkript
Skript
umgekippt
→ ippen

ipten
Ägypten
gerippten
→ ippt, ipt

iptisch
apokalyptisch
elliptisch

ir
dir
Emir
Fakir
ihr
Kasimir
mir
Nadir
Saphir
Sir
Sire
Souvenir
Triumvir
Vampir
wir
Wladimir
Zephir
→ ier

irb
erwirb
Gezirp
stirb
wirb

irbel
Gewirbel
Wirbel
Zirbel
Zwirbel

irbeln
schwirbeln
wirbeln
→ irbel

irbt
stirbt
→ erben, irb

ird
wird
→ irt

irgend(s)
irgends
nirgends

irk
Bezirk
Gewirk
→ irken

irke(n)
bewirken
Birken
durchwirken
einwirken
erwirken
mitwirken
nachwirken
verwirken
wirken
→ irkt

irkend
→ irken

irkt
gewirkt
umzirkt
→ irkt

irm
firm
Schirm

irmen
abschirmen
beschirmen
firmen
schirmen

irmes
firmes
Kirmes
schirm' es
→ irmen

irmt
gefirmt
→ irmen

irmung
Abschirmung
Beschirmung
Firmung
→ ung

irn
Dirn
Firn
Gehirn
Gestirn
Hirn
Stirn
Zwirn
→ irnen

irne(n)
Birnen
Firnen
Gestirnen
kirnen
zwirnen
→ irn

irnt
bestirnt
→ irnen

irps
erwirb's
Gezirps
Knirps
verdirb's

irr
brr!
Geklirr
Geschirr
Geschwirr
Gewirr
schirr
→ irren

irre
Gegirre
Irre
→ irr, irren

irren
abschwirren
anschwirren
anschirren
aufschirren
aufschwirren
beirren
entwirren
flirren
girren
irren
kirren
klirren
schirren
schwirren
sirren
umherirren
umschwirren
verirren
verwirren
wirren
→ irr, irre

irrst
→ irren, irst

irrt
unbeirrt
→ irren, irt

irrung
Entwirrung
Irrung
Umgirrung
Verirrung
Verwirrung
→ ung

irsch
Hirsch
Pirsch
unwirsch
wirsch
→ irsche, ir-
schen

irsche
Geknirsche
Kirsche
→ irsch, irschen

irschen
kirschen
pirschen
→ irsch, irsche

irscht
zerknirscht
→ irschen

irst
First
wirst
zerbirst
→ irren

irt

angeschirrt
Gastwirt
Landwirt
Schankwirt
Seelenhirt
unbeirrt
wird
Wirt
→ irren

irte

Verirrte
→ irren, irt, irten

irten

bewirten
flirten
girrten
irrten
verirrten
→ irren, irt

is

Adonis
Akropolis
Alexis
Alois
Amaryllis
Apsis
Ärgernis
Arktis
Artemis
Basis
Bedürfnis
Befugnis
Begängnis
Begräbnis
Besorgnis
Betrübnis
Bewandtnis
Bildnis
bis
Bitternis
Boris
cum grano salis
Doris
Dosis
Ereignis
Erfordernis
Eris
Erlaubnis
Erträgnis
Erzeugnis
Fährnis
Fäulnis
Finis
Finsternis
Firnis
Geheimnis
Gelöbnis
Genesis
gratis
Hemmnis
Hindernis
Hybris
Iris
Irrnis
Isis
Jspis
Kompromiß
Krisis
Kümmernis
Kürbis
Lapis
Michaelis
Nemesis
Office
ora pro nobis
Osiris
panem et circensis
Praxis
Schmollis
Schrecknis
Semiramis
Sepsis
Skepsis
Tennis
Thesis
Thespis
Thetis
Trübnis
Unkenntnis
vae victis!
Verdammnis
Verderbnis
Verhältnis
Verlöbnis
Versäumnis
Vorkenntnis
Vorkommnis
Wagnis
Wirrnis
Zerwürfnis
Zeugnis
→ ice, iß, issen

isch

aktivistisch
akustisch
älpisch
ambrosisch
amorphisch
amphibisch
anakreontisch
analytisch
anreißerisch
äolisch
apodiktisch
archäisch
argwöhnisch
arktisch
aseptisch
asymmetrisch
athletisch
atlantisch
attisch
aufrührerisch
aufwieglerisch
ausländisch
Backfisch
Bakschisch
banausisch
Bartwisch
bäuerisch
betrügerisch
biblisch
bildnerisch
diebisch
draufgängerisch
drisch
edelmännisch
egozentrisch
ehebrecherisch
elektrisch
episch
erfinderisch
erpresserisch
erwisch
erzieherisch
exzentrisch
fachmännisch
faunisch
faustisch
filmisch
Fisch
frisch
gauklerisch
gebieterisch
Gemisch
genießerisch
geometrisch
gespenstisch
gestalterisch
Gezisch
gleisnerisch
Goldfisch
großsprecherisch
großtuerisch
grüblerisch
halsbrecherisch
Harnisch
Haschisch
haushälterisch
hebräisch
heidnisch
heimisch
heimtückisch
heldisch
hellseherisch
herkulisch
heroisch
heuchlerisch
himmlisch
historisch
höfisch
höhnisch
höllisch
hündisch
hunnisch
hygienisch
hypothetisch
idyllisch
imperialistisch
irdisch
Irrwisch
jüdisch
juristisch
kämpferisch
ketzerisch
kindisch
knechtisch
komisch
konisch
konzentrisch
kosmisch
kriecherisch
kriegerisch
kultisch
künstlerisch
kupplerisch
läufisch
launisch
lesbisch
linkisch
liturgisch
logisch
lügnerisch
lukullisch
malerisch
masochistisch
materialistisch
mephistolistisch
metaphysisch
meuchlerisch
militärisch
mimisch
misch
mörderisch
morgenfrisch
mosaisch
motorisch
mystisch
neidisch
neuralgisch
nomadisch
nordisch
überirdisch
olympisch
optisch
organisch
orgastisch
orphisch
paradiesisch
parteiisch
pazifisch
pflegerisch
phallisch
pharisäisch
philosophisch
phrenetisch
physisch
plebeijsch
prahlerisch
prosaisch
psychisch
pygmäisch
pythisch
quälerisch
Rassengemisch
räuberisch
rebellisch
rechnerisch
rechthaberisch
regnerisch
rhythmisch
riesisch
romantisch
sakrisch
salomonisch
satirisch
säuisch
Schanktisch
schauspielerisch
schelmisch
schlafwandlerisch
schlaraffisch
schmeichlerisch
schnippisch
schöpferisch
Schreibtisch
schulisch
schurkisch
schwärmerisch
schweinisch
schwelgerisch
seelisch
seelsorgerisch
seemännisch
seherisch
selbstmörderisch
selbstquälerisch
sinfonisch
sklavisch
spielerisch
spitzbübisch
sporadisch
staatsmännisch
spezifisch
Stammtisch
statisch
statuarisch
stenographisch
stilistisch
stoisch
störrisch
Strohwisch
studentisch
stürmisch
subtropisch
symbolisch
symmetrisch
sympathisch
symptomatisch
synthetisch
tänzerisch
taufrisch
technisch
teuf(e)lisch
teutonisch
tierisch
Tisch
tragikomisch
tragisch
träumerisch
trügerisch
tückisch
turnerisch
typisch
tyrannisch
übelnehmerisch
überirdisch
überseeisch
umstürzlerisch
unästhetisch
unharmonisch
unheimlich
unlogisch
unmelodisch
unmoralisch
unparteiisch
unpolitisch
unpraktisch
unsympathisch
unterirdisch
untrügerisch
verbrecherisch
verführerisch
verleumderisch
verlisch
verräterisch
verschwenderisch
viehisch
völkisch
wählerisch
waidmännisch
Walfisch
wandalisch
weltmännisch
wichtigtuerisch
Wisch
wucherisch
wühlerisch
zänkisch
zauberisch
zigeunerisch
zirzensisch
züchterisch
zyklopisch
zylindrisch
zynisch
→ ischen

ischchen

Fischchen
→ isch, ische

ische

Fische
Frische
Jugendfrische
Nische

Sommerfrische
Taufrische
→ isch, ischen

ischen

auffrischen
auftischen
auswischen
dazwischen
einmischen
entwischen
erfrischen
erwischen
fischen
frischen
gischen
hierzwischen
inzwischen
mischen
tischen
untermischen
vermischen
verwischen
wischen
zwischen
→ isch, ische

is-chen

bischen
Leckerbißchen
Schmißchen

ischend

erfrischend
wischend
→ ischen

ischer

erfolgsicher
Fischer
Mischer
prahlerischer
Wischer
Zischer
→ isch

ischig

fischig
wischig
→ ischen, ig

ischlein

Fischlein
Tischlein
→ isch, ische

ischt

drischt
erlischt
geharnischt
gemischt
Gischt
lischt
verlischt
→ ischen

ischte(n)

erfrischten
mischten
→ ischen, ischt

ischung

Beimischung
Erfrischung
Mischung
Vermischung

ise

Aktrice
Betise
Bise
Brise
Devise
Elise
Krise
Luise
Markise
Marquise
Piece
Prise
Remise
Reprise
Sottise
→ iese

iseln

→ ieseln

iser

Pariser
→ ieser

isisch

aphrodisisch
dionysisch
→ isch

isk

Basilisk
Obelisk

iske

Odaliske
Tamariske
→ isk

iskus

Diskus
Fiskus
Meniskus
→ us

isma

Prisma
Schisma
→ a

ismen

Atavismen
Prismen
→ ismus

ismus

Absolutismus
Alpinismus
Altruismus
Amerikanismus
Anachronismus
Anarchismus
Antisemitismus
Aphorismus
Atavismus
Atheismus
Bürokratismus
Despotismus
Dilettantismus
Dualismus
Egoismus
Fanatismus
Fatalismus
Idealismus
Imperialismus
Individualismus
Journalismus
Kapitalismus
Katholizismus
Klassizismus
Liberalismus
Magnetismus
Mechanismus
Mystizismus
Naturalismus
Okkultismus
Opportunismus
Optimismus
Organismus
Parlamentaris-
mus
Patriotismus
Pessimismus
Pragmatismus
Protestantismus
Radikalismus
Realismus
Rheumatismus
Sadismus
Separatismus
Sophismus
Sozialismus
Spiritismus
Terrorismus
Vandalismus
Vitalismus
Zynismus

ispeln

lispeln
Mispeln
wispeln

ispern

pispern
wispern

iß

Abriß
Aufriß
Biß
biß
Durchriß
friß
Gebiß
gewiß
Grundriß
Imbiß
iß
Kommiß
Miß
Narziß
Riß
riß
Schattenriß
schiß
schmiß
siegesgewiß
Umriß
ungewiß
vergiß
vermiß
→ is, isse

ißchen

Bißchen
→ iß

isse

gewisse
Gewissensbisse
Hornisse
Kulisse
Narzisse
Nisse
Pisse
Ungewisse
→ is, issen

issen

abgerissen
Ärgernissen
aufgeschmissen
beflissen
bissen
durchgerissen
gerissen
geschlissen
geschmissen
Gewissen
hingerissen
hissen
Kissen
Leckerbissen
missen
mitwissen
rissen
Ruhekissen
schmissen
verbissen
vermissen
verrissen
verschlissen
wissen
Wissen
zerrissen
zerschmissen
zersplissen
→ is, isse

issend

allwissend
→ issen

issentlich

geflissentlich
unwissentlich
wissentlich

isser

•Besserwisser
•gewisser
•Mitwisser
•Wisser

issig

bissig
rissig
schmissig

ission

Demission
Dimission
Emission
Mission
Submission
→ ion, on

ißlich

gewißlich
mißlich

ist (ißt)

Absolutist
Aktivist
Alchimist
Alpinist
Amethyst
Anarchist
Äquilibrist
Arglist
Artillerist
Artist
Atheist
Avantgardist
Bassist
Batist
Bigamist
bist
Bolschewist
Cellist
Chauvinist
Chorist
Christ
Egoist
Evangelist
Faschist
Fatalist
Fetischist
Flötist
frißt
Frist
Galgenfrist
Gardist
Gnadenfrist
Harfenist
Hinterlist
Hornist
Humanist
Humorist
Idealist
Imperialist
Infanterist
ißt
Ist
Journalist
Jurist
Kabarettist
Kantonist
Kapitalist
Karikaturist
Kolonist
Kommunist
Komponist
Kontorist
Kopist
Leibgardist
Liberalist
Librettist
List
Materialist
Maschinist
Masochist
Militarist
mißt
Mist
Modist
Monarchist
Moralist
Morphinist
Nationalist
Nihilist
Obrist
Opportunist
Optimist
Organist
Parodist
Partikularist
Pazifist
Pensionist
Pessimist
Philatelist
Pianist
Pietist

Polizist
Polygamist
Professionist
Publizist
Putschist
Rabulist
Rationalist
Realist
Reformist
Renommist
Reservist
rißt
Rist
Royalist
Sadist
Seminarist
Separatist
Sigrist
Solist
Sophist
Spezialist
Spiritist
Statist
Stilist
Telegraphist
Telephonist
Terrorist
Tourist
trist
Twist
Utopist
vergißt
vermißt
Whist
Widerrist
wißt
wist!
Zivilist
Zwist
→ issen, isten

iste (ißte)

Kiste
Liste
Piste
Riste
triste
Vermißte
Ziste
→ issen, ist, isten

istel

Christel
Distel
Epistel
Fistel
Mistel

isteln

fisteln
→ istel

isten (ißten)

ablisten
ausmisten
befristen
einnisten
erlisten
fristen
hißten
mißten
nisten
überlisten
vermißten
→ ist, iste

ister

Geknister
Geschwister
ist er
Kanister
Magister
Minister
Mister
Philister
Register
Sündenregister
Tornister
Vermißter
→ ist

istern

knistern
verschwistern
→ ister

istig(ch)

arglistig
hinterlistig
kurzfristig
mistig

•

befrist ich
→ isten

istik

Alpinistik
Atomistik
Ballistik
Charakteristik
Journalistik
Kriminalistik
Mystik
Publizistik
Sophistik
Statistik
Stilistik
Touristik
→ ist

istin

Altistin
Artistin
Harfinistin
Kontoristin
Modistin
Solistin
Stenotypistin
Telegrafistin
Telephonistin
→ in, ist

istisch

absolutistisch
alchimistisch
alpinistisch
altruistisch
anachronistisch
artistisch
atheistisch
ballistisch
charakteristisch
dualistisch
egoistisch
humoristisch
humanistisch
idealistisch
journalistisch
juristisch
kapitalistisch
kollektivistisch
kommunistisch
monarchistisch
monopolistisch
nationalistisch
naturalistisch
nihilistisch
okkultistisch
optimistisch
paradistisch
partikularistisch
pazifistisch
pessimistisch
publizistisch
rabulistisch
rationalistisch
realistisch
royalistisch
sadistisch
snobistisch
sophistisch
spiritistisch
terroristisch
→ ist

it

à la suite
Antisemit
Appetit
Aquavit
Bandit
Biskuit
damit
Davit
Defizit
Dynamit
Eremit
exquisit
Favorit
fit
flieht
Galalith
Granit
Graphit
Habit
Hermaphrodit
hiermit
Inquisit
ipse fecit
Jesuit
Kolorit
Kosmopolit
Kredit
Limit
Malachit
Meteorit
Metropolit
Mißkredit
mit
Parasit
perfid
Pommes frites
Pour le mérite
Profit
Proselyt
prosit!
Requisit
Satellit
Semit
Sodomit
somit
Spit
Sprit
Sybarit
Transit
womit
Zenit
→ id, ied, iehen, ist, itt

ĭt

Edith
Judith

itas

Karitas
Fidelitas
→ as

ität

Abnormität
Affinität
Animosität
Anonymität
Antiquität
Banalität
Brutalität
Eventualität
Frivolität
Generosität
Illegalität
Illoyalität
Immoralität
Inaktivität
Integrität
Intimität
Invalidität
Kausalität
Kollegialität
Kriminalität
Labilität
Legalität
Legimität
Liberalität
Liquidität
Lokalität
Loyalität
Majorität
Mentalität
Minorität
Naivität
Nationalität
Nervosität
Notabilität
Novität
Nudität
Objektivität
Obskurität
Opportunität
Passivität
Perversität
Primitivität
Priorität
Produktivität
Prosperität
Publizität
Radioaktivität
Realität
Legalität
Religiosität
Rentabilität
Sentimentalität
Sexualität
Solidarität
Spektabilität
Spezialität
Spontanität
Stabilität
Stupidität
Subjektivität
Totalität
Uniformität
Universität
Utilität
Virtuosität
→ ät

itchen

Jesuitchen
Profitchen
→ it

ite

explizite
Margerite
Rendite
Stippvisite
Visite
→ it, itte

itel

Domkapitel
Kapitel
Titel
→ ittel

iteln

betiteln
→ itteln

itelung

Betitelung
→ ittlung

iten

Depositen
Dolomiten
graniten
Jesuiten
Riten
→ ite

iter

Liter
personaliter
Samariter
Tilsiter
verbaliter

•

Jupiter
→ ieter

itiker

Kritiker
Politiker
Statistiker
→ ik, istik

itim

illegitim
→ im

itin

Favoritin
→ in, it

ition

Definition
Deposition
Indisposition
Repartition
→ ion

itisch

analytisch
antisemitisch
aphroditisch
jesuitisch
kritisch
parasitisch
politisch

sodomitisch
sybaritisch
→ it

itische

abderitische
→ itisch

itischen

britischen
kritischen
→ itisch

ito

dito
Moskito
→ o

itor

Auditor
Debitor
Editor
Korrepetitor
Kreditor
Repetitor
→ or

itsch

Kitsch
klitsch!

itsche

Glitsche
Hitsche
quitsche
→ itschen

itschen

glitschen
kitschen
klitschen
knitschen
pritschen
Pritschen
→ itsche

itt

Abschnitt
Abtritt
Anschnitt
Antritt
Aufschnitt
Auftritt
Ausritt
Ausschnitt
Austritt
Beitritt
Beschnitt
damit
dritt
Durchschnitt
Durchtritt
Einschnitt
Eintritt
Fehltritt
fit
Fortschritt
Kitt
Laufschritt
Querschnitt
quitt
Ritt
Rückschritt
Rücktritt
Schnitt
Schritt
Splitt
Sturmschritt
Übertritt
Verschnitt
Vortritt
Zuschnitt
Zutritt
→ it, itte, itten

ittchen

Flittchen
Kittchen
Brigittchen
Schlafittchen
Schneewittchen
Schnittchen
Schrittchen
Trittchen
→ itte

itte

Abbitte
Bitte
Brigitte
Dritte
Fehlbitte
Fürbitte
Mitte
Quitte
Sitte
→ eiten, it, itt, itten

ittel

Arzneimittel
Brechmittel
Drittel
Druckmittel
Gegenmittel
Geheimmittel
Genußmittel
Heilmittel
Hilfsmittel
Kapitel
Kittel
Knittel
Lebensmittel
Mittel
Nahrungsmittel
Spittel
Zaubermittel
Zugmittel
→ ittel

ittelchen

→ ittel

itteln

bekritteln
betiteln
dritteln
ermitteln
schlitteln
übermitteln
vermitteln
→ ittel

ittels

vermittels
→ ittel

ittelt

bemittelt
betitelt
vermittelt
unvermittelt
→ itteln

ittelung

→ ittlung

itten

abbitten
angeschnitten
beritten
beschnitten
beschritten
bestritten
bitten
durchgeschnitten
entglitten
erbitten
fürbitten
gelitten
geritten
geschnitten
geschritten
gestritten
glitten
inmitten
kitten
litten
mitten
ritten
Schlitten
schnitten
schritten
stritten
Tritten
überschritten
umstritten
unbestritten
unumstritten
verbitten
verkitten
verschnitten
zerschnitten
zusammenkitten
zerstritten
→ eiten, iten, itt, itte

ittend

→ itten

itter

Baby-Sitter
bitter
dritter
Flitter
Fürbitter
Geknitter
Gewitter
Gitter
Leichenbitter
Ordensritter
Raubritter
Ritter
Schnitter
Splitter
Strauchritter
Ungewitter
Zither
Zwitter

itterig

gewitterig
→ ittrig

ittern

absplittern
auswittern
durchzittern
erbittern
erzittern
flittern
gewittern
klittern
knittern
schlittern
splittern
umgittern
umwittern
verbittern
vergittern
verwittern
zerknittern
zersplittern
zittern
→ itter

ittert

hinein-geschlittert
→ ittern

itterung

Erbitterung
Verbitterung
Verwitterung
Witterung
Zersplitterung

ittes

damit es
litt es
→ litt, itten

ittest

→ itten

ittet

gesittet
→ itt, itte, itten

ittig(ch)

schnittig
sittig
strittig
•
bitt ich
Fittich
litt ich
ritt ich
→ itten

ittler

Krittler
Mittler
Vermittler

ittlich

durchschnittlich
fortschrittlich
sittlich
unerbittlich
unsittlich

ittliche

→ ittlich

ittlichen

entsittlichen
→ ittlich

ittlung

Bekritt(e)lung
Betit(e)lung
Übermitt(e)lung
Vermitt(e)lung
→ ung

ittrig

knitt(e)rig
splitt(e)rig
zitt(e)rig

itts

Defizits
→ itt, itz

ittst

→ itten, itzt

ittung

Gesittung
Quittung
Verkittung

itz

Ansitz
Antlitz
Besitz
Blitz
erbitt's
Flitz
Fritz
Fürwitz
Geistesblitz
Grundbesitz
Hochsitz
Kiebitz
Kitz
Landsitz
litt's
Moritz
Mumpitz
Mutterwitz
potz Blitz!
Schlitz
schnitt's
Schnitz
Sitz
spitz
Stieglitz
Vorsitz
Vorwitz
Wahnwitz
Witz
Wohnsitz
→ itten, itts, itzen

itzchen

Fritzchen
Kinkerlitzchen
Ritzchen
Spitzchen
→ itz

itze

Fingerspitze
Gespritze
Haubitze
Hitze
Lakritze
Litze
Nörgelfritze
Hitze
Siedehitze
Skizze

Spitze
Spritze
Zitze
→ itz, itzen

itzel

Gekritzel
Gespitzel
Gewitzel
Kitzel
Lockspitzel
Ritzel
Schnitzel
Spitzel
→ itzeln

itzeln

bespitzeln
bewitzeln
kritzeln
pitzeln
schnitzeln
spitzeln
witzeln
→ itzel

itzen

abblitzen
besitzen
blitzen
dabeisitzen
dasitzen
durchblitzen
erhitzen
festsitzen
fitzen
flitzen
kiebitzen
nachsitzen
ritzen
schlitzen
schnitzen
schwitzen
sitzen
spitzen
spritzen
stibitzen
stillsitzen
überhitzen
überspritzen
überspitzen
verfitzen
verschwitzen
versitzen
zuspitzen
→ itz, itze

itzend

→ itzen

itzende

Vorsitzende
→ itzen

itzer

Beisitzer
Besitzer
Flitzer
Geglitzer
Glitzer
Gutsbesitzer
Schnitzer
Schwitzer
Sitzer
spitzer
Spritzer
Stibitzer
Vorsitzer
Zweisitzer

itzern

glitzern
→ itzer

itzig(ch)

aberwitzig
blitzig
fürwitzig
hitzig
schwitzig
sitzig
spitzig
spritzig
vorwitzig
witzig
•
sitz ich
schwitz ich
→ itzen

itzlein

Kitzlein
Ritzlein
→ itz

itzt

abgeblitzt
geschlitzt
geschnitzt
gespitzt
gewitzt
verschmitzt
zugespitzt
→ itt, itten, itze, itzen

itzung

Anspitzung
Besitzung
Bespritzung
Einspritzung
Erhitzung
Sitzung
Überhitzung
Überspitzung
Zuspitzung

ium

Amphibium
Bakterium
Dezennium
Kalendarium
Offizium
Refugium
Sakrilegium
Szenarium
→ um

iv

aggressiv
Akkreditiv
aktiv
Archiv
attraktiv
defensiv
definitiv
demonstrativ
depressiv
destruktiv
Detektiv
Diapositiv
effektiv
eruptiv
exklusiv
expansiv
explosiv
extensiv
fiktiv
impulsiv
inaktiv
induktiv
instinktiv
instruktiv
intensiv
intuitiv
karitativ
kollektiv
konservativ
konstruktiv
korporativ
Leitmotiv
lukrativ
massiv
Massiv
Motiv
naiv
negativ
objektiv
offensiv
oliv
ostentativ
passiv
positiv
primitiv
produktiv
progressiv
Purgativ
qualitativ
quantitativ
radioaktiv
reaktiv
regulativ
relativ
Rezitativ
selektiv
sensitiv
Stativ
subjektiv
subversiv
suggestiv
sukzessiv
ultimativ
unproduktiv
→ ief

ive

Direktive
Exekutive
Legislative
Lokomotive
Naive
Offensive
Olive
Perspektive
Positive
→ ief, iv

iven

Aktiven
Passiven
→ ief, iv, ive

ix

fix
Kruzifix
Onyx
Phönix
Six
→ icks

ixe(n)

Nixen
→ icks, ix

ixer

fixer
Mixer

ixt

verflixt
→ icksen

iz

Benefiz
Hospiz
Indiz
Justiz
Miliz
Notiz
Piz
Profits
sieht's
→ ieden, iet, ieten, iets

izchen

Miezchen
→ iz, ize

ize

Circe
Komplize
Mestize
Novize
→ iz, izen

izen

Novizen
Notizen
siezen
stibitzen
striezen
triezen
→ ize

o

allwo
anderswo
apropos
a tempo
A und das O
Auto
Bajazzo
Banderillero
Banjo
Benno
blanko
Bonmot
bravissimo
bravo
brutto
Buffo
Bungalow
Büro
Cembalo
Chapeau
comme il faut
coram publico
de facto
Depot
desto
Domino
ebenso
Echo
ego
Embryo
en gros
eo ipso
ergo
ex officio
feurio
Figaro
Flambeau
Folio
fortissimo
franko
Fresko
Gaucho
Gigolo
Gros
Gusto
hallo!
heiopopeio
hoho!
holdrio!
Horrido!
Hugo
Impresario
in concreto
in dulci jubilo
Inferno
inkognito
irgendwo
ipso facto
Intermezzo
Jabot
jetzo
Judo
Juno
Kalypso
Karo
Kilo
Kimono
Klio
Konto
Kredo
Leo
Maestro
Manko
mordio!
nirgendswo
nitschewo
Niveau
o!
oh!
Obligo
Odo
oho!
Palazzo
Paletot
Peppo
Pharao
Photo
pianissimo
piano
Pierrot
Pikkolo
plano
Plateau
Plumeau
Pluto
Po
poco
Poncho
Popo
Porto
presto
pro
pro domo
Radio
Risiko
Rokoko
Romeo

Rouleau
Sakko
Saldo
Salomo
Salto
Sappho
Schirokko
Schupo
Shampoo
so
sonstwo
soso
sowieso
Status quo
Steno
Stereo
Studio
Tableau
Tango
Tempo
Tilo
Torpedo
Torso
Tremolo
Trikot
Trio
Tschakko
Ulitma ratio
Ultimo
unisono
Velo
Vertiko
Veto
wieso
wo
Zoo
zwo
→ oh, ohen

ö

adieu
bleu
Bö
Jeu
Milieu
Monsieur
parbleu
peu à peu
Queue
→ öh, öhen

ob

Lob
hob
→ obe, oben

ob

Bob
darob
drob
grob
Hiob
Jakob
Job
Mob
Nabob
ob
Snob
→ opp

obbe(n)

Robben
schrobben

öbchen

Pröbchen
→ ob

obe

Anprobe
Feuerprobe
Garderobe
Gestobe
Getobe
Kraftprobe
Mikrobe
Niobe
Probe
Robe
→ ob, oben

öbe

Amöbe
höbe
Phöbe
zerstöbe

obel

Hobel
nobel
Nobel, König –
Zobel

öbel

Möbel
Pöbel

obeln

hobeln
knobeln
→ obel

öbeln

anpöbeln
Möbeln
pöbeln
vermöbeln

obelt

ungehobelt
→ obeln

oben

anproben
droben
durchtoben
enthoben
erhoben
erproben
gehoben
geloben
geschoben
gewoben
Globen
hoben
Kloben
koben
loben
oben
proben
schnoben
schoben
stoben
toben
umwoben
verschoben
verschroben
verwoben
woben
zerstoben
→ obe

ober

erober
Geschnober
Heuschober
Kober
Ober
Oktober
Schober
Zinnober

öber

Gestöber
gröber
Stöber

obere

obere
→ obern

oberer

Eroberer
→ ober

obern

erobern
schnobern
Schobern
→ ober

öbern

durchstöbern
stöbern
vergröbern

öblein

Pröblein
→ obe

öblich

gröblich
löblich

obs

hob's
Horoskop
Lobs
→ ob, obe, oben

obst

Jobst
Obst
Probst
→ ob, obe, oben

obt

verlobt
→ ob, obe, oben

obte

Verlobte
→ obt

obung

Erprobung
Verlobung

och

dennoch
doch
Gepoch
jedoch
Joch
Koch
kroch
Loch
Mauseloch
Mittwoch
Moloch
noch
Poch
Spundloch
→ ochen

oche

Diadoche
Epoche
Karwoche
Moloche
Roche
Woche
→ och, ochen

öche

Köche
kröche
röche

öchel

Geröchel
Knöchel

öchelchen

Knöchelchen
Löchelchen

öcheln

Knöcheln
röcheln
Todesröcheln

ochen

angesprochen
ausgesprochen
besprochen
einlochen
Flitterwochen
gebrochen
gekrochen
gestochen
Herzpochen
kochen
krochen
lochen
pochen
rochen
überkochen
ungebrochen
ungerochen
unterjochen
ununterbrochen
unwider-
sprochen
versprochen
vielbesprochen
→ oche

öchen

Köchen
kröchen
röchen

ocher

Gestocher
Kocher
Stocher
Unterjocher

öcher

Köcher
kröch' er
Löcher
röch' er

ochern

stochern
→ ocher

öchern

durchlöchern
knöchern
verknöchern
→ öcher

ochse(n)

Ochsen
ochsen
→ ochse, oxen

ochst (ockst)

bockst
lockst
ochst
→ oxen

ocht

Docht
durchlocht
gelocht
gemocht
ungekocht
→ ochen, och-
ten

ochten

ausgekochten
flochten
fochten
kochten
mochten
unangefochten
verflochten
verfochten
verkochten
vermochten
→ ochen, ocht

ochter

flocht er
gekochter
Tochter
unterjochter
→ ocht

ock

ad hoc
Barock
Bienenstock
Bildstock
Bloch
Block
Bock
Dock
en bloc
Felsblock
Five o'clock
Fock
Geflock
Gehrock
Gelock
Grog
Hock
Kutschbock
Krückstock
Lock
Morgenrock

Nock
Oberstock
Opferstock
Paddock
Pflock
Prellbock
Rebstock
Reifrock
Rock
Rohrstock
Schmock
Schock
Spazierstock
Stock
Sturmbock
Sündenbock
Tarock
Weinstock
Wurzelstock
Zeltpflock
Ziegenbock
→ ocken

öckchen

Blöckchen
Böckchen
Bröckchen
Flöckchen
Glöckchen
Löckchen
Pflöckchen
Pöckchen
Röckchen
Söckchen
Stöckchen

ocke

Armsünder-glocke
Berlocke
Bocke
Glocke
Hocke
Kokke
Locke
Pocke
Schneeflocke
Socke
→ ock, ocken

öcke

Blöcke
Böcke
Pflöcke
Röcke
Stöcke

ockel

Gockel
Monokel
Sockel

öckel

Pflöckel
Stöckel
→ öcke

öckeln

•abbröckeln
•bröckeln
→ öckel

ocken

ablocken
aufbocken
blocken
bocken
brocken
docken
einbrocken
erschrocken
flocken
frohlocken
hocken
locken
Schmocken
schocken
socken
Spinnrocken
stocken
trocken
unerschrocken
verbocken
verlocken
verstocken
→ ock, ocke

öcken

anpflöcken
Böcken
löcken
pflöcken
Röcken
→ öcke

ocker

Hocker
locker
Ocker
Stubenhocker
Verlocker

ockern

→ ocker

ockig(ch)

blockig
bockig
flockig
glockig
lockig
pockig
stockig
•
bock' ich
lock' ich
→ ocken

öcklein

Löcklein
Pöcklein
Röcklein
→ ock, öckel

ockne(n)

austrocknen
erschrocknen
trocknen
vertrocknen
→ ocken

ocks

Bocks
Rocks
→ ochs, ock, ox

ochse

→ ochse, oxe

ockt

aufgebockt
aufgestockt
blondgelockt
eingebrockt
gelockt
→ ocke, ocken

ockung

Aufstockung
Frohlockung
Lockung
Stockung
Verlockung
→ ung

od

à la mode
Code
Freitod
Heldentod
Kleinod
kommod
Kreuz(es)tod
Nimrod
Od
Opfertod
Tod
→ ode, ōt

öd

blöd
→ öde, öden, öt

ode

Antipode
Episode
Kommode
Kustode
marode
Methode
Mode
Ode
Pagode
Periode
Reneklode
Rhapsode
Sode
Synode

öde

Einöde
Öde
schnöde
spröde
Tragöde
→ öde

odel

Gebrodel
Gejodel
Jodel
Model
Rodel

ödel

Aschenbrödel
Knödel
Trödel

odeln

brodeln
jodeln
modeln
rodeln
ummodeln

ödeln

blödeln
trödeln
vertrödeln
→ ödel

odem

Odem
Brodem
marodem

oden

Boden
Heuboden
Hoden
Loden
Paukboden
roden
Schnürboden
Soden
Tanzboden
→ ode

öden

anöden
blöden
entblöden
öden
verblöden
veröden
→ öde

oder

Geloder
kommoder
maroder
Moder
oder
Roder

öder

Köder
öder
schnöder
→ öde

odern

kommodern
lodern
marodern
modern
vermodern

odernd

hellodernd
→ odern

ödie

Komödie
Tragödie

odisch

altmodisch
episodisch
melodisch
methodisch
modisch
periodisch
rhapsodisch
→ isch

odler

Jodler
Modler
Rodler

oen

echoen
Heroen

of

Bahnhof
Bischof
doof
Friedhof
Gasthof
Gerichtshof
Gutshof
Hof
Kasernenhof
Kirchhof
Lichthof
Philosoph
Schlachthof
Schloßhof
Schwof
Theosoph
Viehhof
Vorhof

öfchen

Höfchen
Öfchen
Zöfchen

ofe

Ganove
Katastrophe
Zofe
→ of, ofen

ofel

Pofel
schofel

ofen

Brutofen
Hochofen
Ofen
Schmelzofen
schwofen
→ of, ofe

off

Farbstoff
Gesprächsstoff
Kunststoff
Lesestoff
Sauerstoff
schroff
soff
Sprengstoff
Stoff
Treibstoff
Wirkstoff
→ offen

öff

Bluff
Gesöff
Töfftöff

offe

schroffe
→ off, offen

öffe

besöffe

Schöffe
→ öff

offel
Kartoffel
Pantoffel
Stoffel
Toffel

öffel
Löffel
Stöffel
Töffel

offeln
Kartoffeln
moffeln
Pantoffeln
→ offel

offen
besoffen
betroffen
erhoffen
ersoffen
gesoffen
getroffen
hoffen
offen
Schroffen
soffen
troffen
übertroffen
unübertroffen
verhoffen
versoffen
→ off, offe

öffen
bluffen
söffen
töffen

offer
Koffer
schroffer

offt
unverhofft
→ oft, offen

öflein
Öflein
Zöflein

oft
•allzuoft
•ebensooft
•oft
•sooft
→ offt

ög
analog
Dialog
en vogue
Epilog
erwog
flog
Futtertrog
Herzog
Katalog
Koog
Log
Monolog
Nekrolog
Pädagog
Prolog
Sog
Trog
→ ogen

og
→ ock

oge
Astrologe
Bakteriologe
Biologe
Demagoge
Droge
Geologe
Gewoge
Graphologe
Philologe
Piroge
Soge im –
Synagoge
Theologe
Woge
Zoologe
→ ög

oge (nasal)
Doge
Eloge
Loge

ogel
Gemogel
Kogel
Pechvogel
Spaßvogel
Vogel
Wandervogel
Zugvogel

ögelchen
Trögelchen
Vögelchen
→ ogel

ogen
belogen
betrogen
bewogen
bezogen
Bilderbogen
bogen
eingezogen
entflogen
erlogen
erzogen
gebogen
gelogen
gepflogen
getrogen
gewogen
Himmelsbogen
logen
Regenbogen
Rogen
sogen
trogen
überzogen
umgebogen
umgezogen
umwogen
umzogen
ungelogen
ungezogen
verbogen
verlogen
verzogen
vollzogen
wogen
zogen
→ og, oge
•
endogen
exogen
psychogen

ögen
bezögen
Bögen
entzögen
flögen
mögen
sögen
Unvermögen
Vermögen
verzögen
zögen
→ ogen

ogge(n)
Doggen
Koggen
loggen
Piroggen
Roggen

ogie
Demagogie
Graphologie
Jogi
Soziologie
→ i

ogig(ch)
bogig
wogig
•
log ich
→ ogen

ogik
Demagogik
Logik
Pädagogik

ogisch
archäologisch
astrologisch
chronologisch
demagogisch
logisch
meteorologisch
pädagogisch
psychologisch
soziologisch
theologisch
zoologisch
→ isch

ogt
Fronvogt
Vogt
wogt
→ og, ogen

oh
Floh
froh
lebensfroh
lichterloh
roh
schadenfroh
Stroh
→ o

öh
→ ö, öhen

ohe
frohe
Lohe
Waberlohe
→ oh, ohen

öhe
Anhöhe
Bergeshöhe
flöhe
Höhe
→ ö, öhen

oheit
Hoheit
Roheit
→ eit

ohen
drohen
entflohen
flohen
frohen
hohen
lohen
umdrohen
verlohen
verrohen
→ o, ohe

öhen
entflöhen
erhöhen
flöhen
überhöhen
→ öhe

ohend
gefahrdrohend
→ ohen

oher
Droher
hoher
woher

ohl
ebensowohl
Geratewohl
gleichwohl
Hohl
jawohl
Kohl
Lebewohl
obwohl
sowohl
unwohl
wiewohl
Wohl
wohl
→ ol

ohle
Bohle
Dohle
Gejohle
Sohle
Talsohle
→ ol

öhle
→ öle

ohlen
befohlen
bekohlen
besohlen
empfohlen
Fohlen
gestohlen
johlen
kohlen
sohlen
verhohlen
verkohlen
versohlen
verstohlen
wiederholen
→ olen

öhlen
→ ölen

ohlene
Schutzbefohlene
→ ohlen

ohn
Arbeitslohn
Argwohn
entflohn
Finderlohn
Gotteslohn
Hohn
John
Lohn
Mohn
Schwiegersohn
Sohn
Sündenlohn
Taglohn
→ on

öhn
Föhn
Gedröhn
Gestöhn
Höhn
→ ön

öhnchen
Böhnchen
Söhnchen
→ önchen

ohne
Bohne
ohne
→ ohn, one

öhne
argwöhne
Gedröhne
Gehöhne
Gestöhne
Söhne
→ öne

ohnen
beiwohnen
belohnen

einwohnen
entlohnen
lohnen
wohnen
→ onen

öhnen

angewöhnen
argwöhnen
aussöhnen
dröhnen
eingewöhnen
entwöhnen
erdröhnen
gewöhnen
höhnen
löhnen
stöhnen
verhöhnen
versöhnen
verwöhnen
→ önen

ohnend

lohnend
→ ohnen

öhnend

dröhnend
→ öhnen

ohner

Anwohner
Einwohner
Entlohner
Bewohner
→ oner

öhner

Tag(e)löhner
Versöhner
→ öner

ohnig(ch)

→ onig

öhnig

→ önig

öhnlich

→ önlich

ohnt

→ önt

ohr

Fernrohr
Ohr
Rohr
Schilfrohr
Schlappohr
Sprachrohr
→ or, ohren

öhr

→ ör

ohre

→ ore

öhre

Föhre
Möhre
Röhre
→ öre

ohren

anbohren
bohren
durchbohren
Mohren
→ oren

öhren

→ ören

oir

Boudoir
Couloir
Repertoir
Reservoir
Trottoir

oje

Boje
Koje
Levkoje

ojen

ausbojen
rojen
schwoien

o-isch

heroisch
stoisch

ok

Chok
reziprok
Schmok

oke

Mischpoke
→ ok

öke(n)

blöken
höken

oker

Joker
Koker
Poker

öker

Höker
Schmöker

ökern

hökern
schmökern

okus

Hokuspokus
Jokus
Krokus
Lokus
→ us

ol

Alkohol
Anatol
Benzol
frivol
hol
Idol
Interpol
Kamisol
Kapitol
Karbol
Karneol
Monopol
Parasol
Pirol
Pol
Stanniol
Symbol
Terzerol
Vitriol

•

Overall
→ ohl, ole, olen

öl

→ öle

olch

Dolch
Molch
solch
Strolch

olche(n)

erdolchen
strolchen
→ olch

old

abhold
Arnold
Berthold
Blattgold
Colt
Flittergold
Gerold
Gold
Helmold
Herold
hold
Kobold
Leopold
Luitpold
Raufbold
Rauschgold
Reinhold
Sold
Talmigold
Trunkenbold
Tugendbold
ungewollt
Unhold
Witzbold
wunderhold
→ olle, ollen, olt

olde

Dolde
Isolde
→ old, olden, olt

olden

besolden
golden
holden
übergolden
umgolden
vergolden
→ old, olde, olt

older

holder
Holder
Polder
Vergolder
Wacholder

oldig

doldig
goldig
→ ig

oldung

Besoldung
Vergoldung
→ ung

ole

Aureole
Banderole
Barkarole
Bowle
Dole
Gladiole
Gloriole
Kapriole
Karriole
Konsole
Kreole
Metropole
Mole
Parole
Phiole
Pistole
Sole
Stole
Triole
Vakuole
Viole
→ ohle, ol, olen

öle

Gegröle
Genöle
Höhle
Öle
Töle
→ ölen

olen

ausholen
beiholen
einholen
erholen
heimholen
herholen
holen
kapriolen
karriolen
nachholen
rigolen
überholen
verholen
wiederholen
→ ohlen, ol, ole

ölen

aushöhlen
grölen
höhlen
nölen
ölen
unterhöhlen
→ öle

oler

Abholer
Verkohler
→ olen

öler

Gröler
Köhler

olf

Adolf
Golf
Rolf
Rudolf
Werwolf
Wolf

ölf(e)

Wölfe
zwölfe

olheit

Frivolheit
Hohlheit

olie

Folie
Magnolie

olig(ch)

wohlig
bedrohlich
hol' ich
versohl' ich

olisch

alkoholisch
apostolisch
diabolisch
katholisch
melancholisch
mongolisch
symbolisch

olk

Fußvolk
Kolk
Volk
→ olke, olken

ölk

Bölk
Gewölk

ölkchen

Völkchen
Wölkchen

olke

Staubwolke
→ olk, olken

ölke

Gewölke
wölke

olken

Molken
molken
Wolken

ölken

bewölken
bölken
entwölken
umwölken

olkig
molkig
wolkig
→ ig

ölklein
Völklein
Wölklein
→ olke

oll
ahnungsvoll
andachtsvoll
angstvoll
anmutsvoll
Apoll
armvoll
Atoll
aussichtsvoll
bedeutungsvoll
blutvoll
dornenvoll
drangvoll
ehrenvoll
ehrfurchtsvoll
eindrucksvoll
erbarmungsvoll
erwartungsvoll
freud(en)voll
fried(e)voll
gedankenvoll
gefahr(en)voll
gefühlsvoll
gehaltvoll
geheimnisvoll
geistvoll
gemütsvoll
geräuschvoll
geschmackvoll
glanzvoll
gnadenvoll
gottvoll
grauenvoll
Groll
handvoll
hoffnungsvoll
hoheitsvoll
huldvoll
humorvoll
jammervoll
klangvoll
kunstvoll
lebensvoll
leidvoll
liebestoll
liebevoll
machtvoll
mannstoll
maßvoll
mitleidsvoll
Moll
mühevoll
mundvoll
mutvoll
pascholl
prachtsvoll
Protokoll
prunkvoll
qualvoll
ränkevoll
rätselvoll
reizvoll
rücksichtsvoll
ruhevoll
salbungsvoll
schmachvoll
schwungvoll
seelenvoll
segensvoll
sinnvoll
Soll
sorgenvoll
stimmungsvoll
taktvoll
toll
tränenvoll
Troll
trostvoll
überquoll
übervoll
unheilvoll
unschuldsvoll
verantwortungs-
voll
verdienstvoll
verhängnisvoll
vertrauensvoll
voll
vorwurfsvoll
wehmutsvoll
weibertoll
weihevoll
wertvoll
widerspruchs-
voll
wirkungsvoll
wonnevoll
wundervoll
würdevoll
zaubervoll
Zoll
zweckvoll
→ ollen

öll
Geröll
→ ölle, öllen

öllchen
Knöllchen
Röllchen
→ olle

olle
Bolle
Dolle
Eisscholle
Gastrolle
Holle, Frau –
Jolle
Kasserolle
Knolle
Kontrolle
Molle
Nebenrolle
Polle
Rolle
Scholle
Tolle
Trolle
wundervolle
→ oll, ollen

ölle
Gerölle
Gewölle
Hölle
Zölle
→ öllen

ollen
entquollen
geschwollen
grollen
quollen
rollen
schmollen
schwollen
sollen
Stollen
tollen
trollen
übelwollen
übergequollen
übervollen
verquollen
verschollen
verschwollen
verzollen
Weihnachts-
stollen
wohlwollen
wollen
zollen
→ oll, olle

öllen
schöllen
schwöllen
→ ölle

ollend
•übelwollend
•wohlwollend
→ ollen

oller
Hohenzoller
Koller
Kontroller
Liebeskoller
Oller
Poller
Roller
Schmoller
soll er
Tropenkoller
→ oll

öller
Böller
Söller

ollern
kollern
rollern
tollern
vollern
→ oll, oller

olles
soll es
→ oll, ollen

olig(ch)
achtzollig
drollig
knollig
mollig
wollig
•
groll ich
→ ollen

ollster
Polster
würdevollster
→ oll

ollt
gewollt
→ ollen, olt

ollter
durchtollter
gerollter
ungewollter
→ olt, olter

olm
Olm
Holm

odo
Fra Diavolo
Diabolo
Polo
Solo
→ o

olpern
holpern
stolpern

ölt
umjohlt
verkohlt
→ ohlen, olen

olt
Colt
Volt
→ old, ollen, ollt

olte(n)
abgegolten
gescholten
grollten
Revolten
sollten
tollten
unbescholten
vergolten
wollten
Volten
→ ollen

olter
Folter
Gepolter
holterdiepolter!
Kolter
→ ollter

olterer
Folterer
Polterer

oltern
foltern
poltern

olung
Abholung
Besohlung
Erholung
Überholung
Verkohlung
Versohlung
Wiederholung
→ ung

ölung
Höhlung
Ölung

olz
adelstolz
Bolz
Brennholz
Colts
Golds
Gut Holz!
Hagestolz
Holz
Kerbholz
Kobolz
Niederholz
Reisigholz
rollt's
schmolz
Schwefelholz
Solds
sollt's
Sperrholz
Stolz
Süßholz
Treibholz
Unterholz
Wimmerholz
wollt's
→ old, olle,
ollen, olzen

ölzchen
Bölzchen
Hölzchen
Zündhölzchen
→ olz

olzen
bolzen
geschmolzen
holzen
Schlagbolzen
schmolzen
stolzen
verholzen
zugeschmolzen
→ olz

ölzen
Gehölzen
schmölzen

öm
Agronom
Anatom
Arom
Astronom
Atom
autonom
Axiom
Chrom
Diplom
Dom
Gastronom
Gnom
go home!
Hippodrom
Idiom
Lavastrom
Ohm
Ökonom
Phantom
Pogrom
Rom
Sarkom
Strom
Symptom
Zustrom

om

Bonhomme
Slalom
Sodom
Tom
vom
→ ommen

oma

Aroma
Oma
→ a

ombe

Bombe
Hekatombe
Katakombe
Plombe
Trombe

omben

zerbomben
→ ombe

öme

Böhme
ströme
→ ömen

omen

Omen
verchromen
→ om

ömen

ausströmen
Böhmen
durchströmen
strömen
überströmen

omie

Gastronomie
Physiognomie
→ i

omik

Komik
Physiognomik
→ ik

omisch

anatomisch
agronomisch
astronomisch
komisch
ökonomisch
tragikomisch
→ isch

omm

erklomm
fromm
lammfromm
unfromm
Willkomm
→ ommen

omme

•Abkomme
•Nachkomme
→ ommen

ommel

Rohrdommel
Trommel

ommeln

bommeln
trommeln
→ ommel

ommen

Abkommen
angenommen
ankommen
Aufkommen
ausgenommen
Auskommen
beklommen
bekommen
benommen
davonkommen
durchkommen
eingenommen
Einkommen
entgegenkommen
entkommen
Fortkommen
freikommen
frommen
genommen
geschwommen
glommen
Herkommen
heruntergekommen
hochwillkommen
klommen
kommen
nahekommen
näherkommen
strenggenommen
übereinkommen
überkommen
umkommen
unbenommen
Unterkommen
unvollkommen
verkommen
vernommen
verschwommen
vollkommen
vorankommen
voreingenommen
Vorkommen
wegkommen
weiterkommen
wiederbekommen
wiederkommen
willkommen
zurechtkommen
zustande kommen
zuvorkommen

ommer

frommer
Pommer
Sommer

ommt

frommt
kommt
→ ommen

ōn

Absolution
Acheron
à condition
Administration
Adoption
Affektion
Aggression
Agitation
Akquisition
Aktion
Ambition
Amortisation
Amphytrion
Amputation
Anton
Äon
Argumentation
Attraktion
Auktion
Aversion
Baron
Bastion
Billion
Brustton
Dämon
Dekoration
Demonstration
Demoralisation
Depression
Deputation
Destillation
Diakon
Diktion
Dimension
Direktion
Diskretion
Diskussion
Disposition
Disputation
Division
Dotation
Eleison
Elektron
Emanzipation
Emigration
Eruption
Evolution
Exekution
Exkursion
Expedition
Explosion
Fabrikation
Fiktion
Föderation
Fraktion
Fron
Funktion
Fusion
Garnison
Generation
Gestikulation
Gratulation
Halluzination
Hormon
Ikon
Illumination
Illusion
Illustration
Imitation
Impression
Indiskretion
Infektion
Information
Inkarnation
Inquisition
Inspektion
Inspiration
Instruktion
Intention
Interpellation
Interpretation
Intervention
Intuition
Invasion
Investition
Kalkulation
Kanon
Kanton
Kaution
Koalition
Kollektion
Kollision
Kommission
Kommunion
Kompensation
Komplikation
Komposition
Kondition
Konfektion
Konfirmation
Konfusion
Kongregation
Konstitution
Konstruktion
Konversation
Konzentration
Konzeption
Konzession
Korporation
Korruption
Kron
Kyrie eleison
Legion
Legitimation
Lektion
Mammon
Manifestation
Megaphon
Mikrophon
Million
Mission
Modulation
monoton
Munition
Nation
Navigation
obschon
Obstruktion
Odeon
Operation
Opposition
Organisation
Orion
Ovation
Ozon
Päon
Peon
Parthenon
Passion
Pension
Perfektion
Person
Petition
Platon
polyphon
Portion
Position
Präparation
Präzision
Pression
Produktion
Profession
Proklamation
Proportion
Prostitution
Protektion
Provision
Provokation
Prozession
Publikation
Python
Ration
Reaktion
Rebellion
Redaktion
Region
Relation
Religion
Reparation
Requisition
Resignation
Resolution
Revision
Revolution
Rezension
Rezeption
Rotation
Rotspon
Sanktion
Satisfaktion
Saxophon
schon
Schwadron
Sektion
Sermon
Situation
Skorpion
Spion
Station
Telephon
Television
Thron
Ton
Tradition
Transaktion
Trillion
Union
Variation
Vegetation
Version
Vision
Visitation
Zivilisation
Zyklon
→ o, ohn, **one**, onen

on

Aaron
Akkordeon
Aktäon
Albion
Anakreon
Arion
Aron
Babylon
Bandonion
Bariton
Bronn
Chamäleon
Egon
hiervon
Hyperion
Laokoon
Marathon
Napoleon
Oberon
Orchestrion
Pantaleon
Pantheon
Pentagon
Piston
Pygmalion

Rubikon
Samson
Simon
Simson
Stadion
Trianon
von
wovon
→ onnen

on (nasal)

Affront
allons
Attention
Balkon
Ballon
Bataillon
Beton
Bon
Bonbon
Bouillon
Bouton
Chanson
Champion
Chiffon
Cochon
Coupon
Fasson
Feston
Flakon
Fond
Garçon
Jargon
Jeton
Jupon
Karton
Kompagnon
Kordon
Kotillon
Krayon
Kujon
Lampion
Liaison
Lorgnon
Medaillon
Mignon
Pantalon
Papillon
Pardon
Pavillon
Peleton
Perron
Plafond
Plastron
Pompon
Ponton
Postillon
Prison
Räson
Rayon
Saison
Salon
Seladon
Siphon
Slipon
Talon
Tampon
Waggon
→ and

ön

bildschön
formschön
Getön
obszön
Pön
schön
wunderschön
→ öhn, öne, önen

ona

Desdemona
in persona
Korona
Patrona
Pomona
Ramona

önchen

Krönchen
Milliönchen
Persönchen
Portiönchen
Tausendschön-chen
Tönchen
→ öhnchen

ōnd

•Erntemond
•Mond
•Vollmond
•Wonnemond
→ ōnt

ond

blond
→ ont

onde

Blonde
Sonde

onde (nasal)

Demimonde
Fronde
Ronde

onder

sonder
→ ond, ondern

ondere

besondere
blondere
insbesondere

ondern

absondern
aussondern
besondern
blondern
Hypochondern
sondern

one

Amazone
Äone
Bohne
Cicerone
Dornenkrone
Drohne
Epigone
Galeone
Hohne
Kanone
Kommilitone
Krone
Lazzarone
Limone
Makrone
Marone
Matrone
Melone
Mormone
ohne
Pantalone
Patrone
Pylone
Schablone
Teutone
Zitrone
Zone
zweifelsohne
→ ohne, on, onen

öne

Geklöne
Getöne
obszöne
Schöne
Töne
→ öhne, önen

onen

beiwohnen
belohnen
betonen
bewohnen
entlohnen
entthronen
fronen
innewohnen
schonen
thronen
tonen
verschonen
vertonen
wohnen
→ ohne, ohnen, on, one

önen

antönen
bekrönen
ertönen
frönen
klönen
krönen
tönen
übertönen
verpönen
verschönen
vertönen
→ öhnen, ön, one, öne

önend

frönend
hochtönend
→ önen

oner

Dragoner
monotoner
Schoner
Vertoner
→ ohner

öner

Fröner
obszöner
schöner
→ öhner

onern

Anwohnern
→ oner

önern

tönern
verschönern
→ öner

ones

bewohn' es
Lohnes
monotones
Sohnes
→ on, one

ong (nasal)

Gong
Pingpong
Song

onie

Agonie
Disharmonie
Harmonie
Laubenkolonie
Polyphonie
Sinfonie
→

onig(ch)

breitkronig
Honig
tonig
•
lohn' ich
wohn' ich
→ onen

önig(ch)

drönig
eintönig
föhnig
König
•
krön' ich
stöhn' ich
→ önen

onige(n)

→ onig

önige(n)

beschönigen
dröhnigen
→ önig

onik

Architektonik
Chronik
Elektronik
Harmonik
→ ik

onika

Harmonika
Tonika
Monika
Veronika
→ a

onisch

architektonisch
chronisch
dämonisch
disharmonisch
drakonisch
elektronisch
harmonisch
ironisch
kanonisch
komisch
lakonisch
platonisch
salomonisch
sardonisch
telephonisch
→ isch

önlich

gewöhnlich
persönlich
ungewöhnlich
unpersönlich
unversöhnlich
versöhnlich

önn

gönn'
könn'
Run
→ önnen

önnchen

Nönnchen
Sönnchen
Tönnchen

onne

Bonne
Kolonne
Nonne
Sonne
Tonne
Wonne
→ onnen

önne

→ önnen

onnen

besonnen
Bronnen
gesonnen
gewonnen
Madonnen
rebenumsponnen
sonnen
umsponnen
unbesonnen
versonnen
versponnen
zerronnen
→ innen, onne

önnen

begönnen
entrönnen
gönnen
können
mißgönnen
spönnen
vergönnen
weiterkönnen

onner

Donner
Eintonner

önner
Gönner
Könner
Nichtskönner

onnern
donnern
unbesonnern
verdonnern
→ onnen

önnern
begönnern
Könnern
→ önner

onnig
sonnig
wonnig

onnt
gekonnt
→ onnen, ont

ons
Alfons
Gespons
Pantalons

onst
•ansonst
•sonst
•umsonst
→ onnen

önt
altgewohnt
unbetont
unbewohnt
→ ond, one, onen

ont
besonnt
Diskont
Front
Hellespont
Horizont
→ ond, onnt

önt
gekrönt
preisgekrönt
unversöhnt
verpönt
→ öhnen, önen

onte
Fronte
konnte
Ponte
Remonte
→ ont

onung
Belohnung
Betonung
Entlohnung
Enttrohnung
Schonung
Vertonung
Wohnung

önung
Abgewöhnung
Antönung
Entlöhnung
Entwöhnung
Gewöhnung
Krönung
Löhnung
Tönung
Verhöhnung
Verpönung
Versöhnung
Verwöhnung

onze
Bonze
Bronze

öp
Heliotrop
Horoskop
Kaleidoskop
Mikroskop
Misanthrop
Periskop
Philanthrop
Stereoskop
Stethoskop
Teleskop
Zyklop

op
Äsop
Drop
→ opp

opel
Adrianopel
Opel
Popel

ope
Antilope
Kalliope
Parthenope
Trope

opf
Blumenkopf
Brausekopf
Bubikopf
Christoph
Dickkopf
Dummkopf
Feuerkopf
Geklopf
Katzenkopf
Kindskopf
Knopf
Kopf
Kropf
Pfeifenkopf
Pfropf
Querkopf
Sattelknopf
Schopf
Starrkopf
Strubbelkopf
Struwelkopf
Topf
Totenkopf
Tropf
Trotzkopf
Wirrkopf
Zopf
→ opfen

öpf
Geschöpf
→ öpfe

öpfchen
Knöpfchen
Köpfchen
Kröpfchen
Tröpfchen
→ opf

opfe
Geklopfe
Kopfe
→ opf, opfen

öpfe
Knöpfe
Köpfe
Kröpfe
Pfröpfe
Schöpfe
Töpfe
Tröpfe
Zöpfe
→ öpf, öpfen

öpfel
Klöpfel
Tröpfel
→ öpfeln

öpfeln
eintröpfeln
klöpfeln
knöpfeln
tröpfeln
verstöpfeln

opfen
ausstopfen
Herzklopfen
Hopfen
klopfen
Pfropfen
stopfen
Topfen
Tropfen
zustopfen
→ opfe

öpfen
abschöpfen
aufknöpfen
ausschöpfen
erschöpfen
knöpfen
köpfen
kröpfen
schöpfen
schröpfen
→ öpfe

opfer
Klopfer
Opfer
Stopfer

öpfer
Schöpfer
Schröpfer
Töpfer

öpfig
dickköpfig
zöpfig
→ öpfe

öpflein
Pfröpflein
Töpflein
Tröpflein
→ opf

opft
aufgepfropft
ausgestopft
vollgepfropft
→ opfen

öpft
erschöpft
geköpft
gekröpft
zugeknöpft
→ öpfen

opfung
Pfropfung
Verstopfung
Zerklopfung

öpfung
Erschöpfung
Köpfung
Schöpfung

oph
→ of

ophie
→ i

opisch
kaleidoskopisch
mikroskopisch
misanthropisch
philanthropisch
tropisch
utopisch
→ isch

opp
Galopp
hopp!
Hopphopp!
Mop
salopp
stop!
Stropp
tipptopp
topp!
→ ob, oppen

öppchen
Jöppchen
Schöppchen
→ oppe

oppe
Joppe
Kloppe
Koppe
Noppe
→ op, oppen

oppel
Doppel
Gehoppel
Gestoppel
Hoppelpoppel
Koppel
Stoppel
→ oppeln

oppeln
doppeln
hoppeln
koppeln
stoppeln
verdoppeln
verkoppeln
zusammen-
stoppeln
→ oppel

oppelt
gekoppelt
→ oppeln

oppen
foppen
kloppen
moppen
Schoppen
stoppen
Toppen
→ opp, oppe

oppt
bekloppt
gemoppt
gestoppt
→ oppen

ops
Drops
Hops
hops!
Klops
ob's
→ op

öps
gelob's
→ öb, öbe, öbs,
öp

opse
Gehopse
→ ops

öpse
Möpse
Schöpse

opsen
hopsen
mopsen

opser
Hopser
Mopser

or
Amor
Autor
behalte mir vor
bevor
Chor
davor
Dekor
Diktator
Direktor

Doktor
empor
Exzelsior
Faktor
Feodor
Flor
Fort
Furor
Gregor
hervor
hiervor
Horror
Humor
inferior
Inspektor
Isidor
junior
Kantor
Komfort
Kontor
Korps
Korridor
Labor
Lektor
Louisdor
Major
Marmor
Matador
Melchior
Mentor
Meteor
Mohr
Moor
Motor
Nestor
Pastor
Prior
Professor
Provisor
Reflektor
Reformator
Ressort
Revisor
Rumor
Sektor
Senator
Senior
sonor
Store
Tambourmajor
Tenor
Theodor
Tor
Tremor
Tresor
Tumor
Viktor
vor
wovor
Zensor
zuvor
→ ohr, oren

ör

Gehör
Gör
hör'
Likör
Nadelöhr
Öhr
Verhör
Zubehör
•
Akteur
Amateur
Ambassadeur
Causeur
Chasseur
Chauffeur
Cœur
Coiffeur
Couleur
Dekorateur
Deserteur
Dompteur
Exterieur
Flaneur
Gouverneur
Grandseigneur
Ingenieur
Inspekteur
Interieur
Jongleur
Kolporteur
Kommandeur
Kondukteur
Konstrukteur
Kontrolleur
Malheur
Masseur
Modelleur
Monseigneur
Monteur
Odeur
Operateur
Parole d'hon-
neur
Poseur
Provokateur
Rechercheur
Redakteur
Regisseur
Requisiteur
Retuscheur
Saboteur
Schikaneur
Schwadroneur
Seigneur
Souffleur
Spediteur
Transporteur
Valeur
Voyageur
→ ören

ora

Aurora
Debora
Flora
Korah, die Rotte
Nora
ora et labora
Pandora
Senora
Signora

orat

Lektorat
→ at

orben

erworben
gestorben
geworben
umworben
verdorben
verstorben

orbene

Erworbene
Verstorbene
→ orben

orch

Lorch
Storch
→ orchen

orchen

aushorchen
Dorchen
gehorchen
horchen
Lorchen

örchen

Histörchen
Likörchen
Maleurchen
Öhrchen
Pastörchen
Röhrchen

ord

Akkord
Bord
Fjord
Kord
Lord
Mord
Mylord
Nord
Rekord
Selbstmord
→ ort

orde

Horde
→ ord, orden,
ort

örde

Behörde
Förde

orden

ermorden
geworden
morden
Norden
Orden
umborden
→ ord, ort

ordern

abfordern
Altvordern
beordern
erfordern
fordern
überfordern
vordern
zurückfordern

ördern

befördern
fördern
Mördern

ordisch

gordisch
nordisch

ordne(n)

gewordnen
ordnen
überordnen
unterordnen
verordnen

ordnet(e)

Beigeordnete
nachgeordnete
verordnete
→ ordnen

ordung

Ermordung
Umbordung

ore

Empore
Folklore
Furrore
Furore
Herumgemore
Hore
Kommodore
Lenore
Leonore
Lore
Monsignore
Pore
Spore
Terpsichore
Trikolore
→ ohren, or, oren

öre

Chöre
erköre
Före
Föhre
Friseure
Gestöre
Göre
Tenöre
→ öhre, ör, ören

oren

Aggressoren
Alligatoren
angeboren
auserkoren
beschworen
eingeboren
Emporen
erfroren
erkoren
froren
geboren
gefroren
gegoren
geschoren
geschworen
Gladiatoren
Honoratioren
Horen
nachgeboren
neugeboren
rumoren
schmoren
schworen
Sporen
staubgeboren
totgeboren
Traktoren
traumverloren
umfloren
ungeschoren
unverfroren
verfroren
verloren
verschworen
wiedergeboren
→ aktor, ektor,
essor, ohren,
or, ore, otor

ören

angehören
beschwören
betören
empören
erhören
frören
gehören
hören
kören
röhren
schwören
stören
überhören
umhören
verhören
verlören
verschwören
zerstören
→ ör, öre

örend

beschwörend
sinnbetörend
→ ören

orene

Geschworene
Staubgeborene
Verschworene

örer

Beschwörer
Betörer
Empörer
Hörer
Ruhestörer
Störer
Verschwörer
Zerstörer
Zuhörer

ores

bevor es
bohr es
Dolores
erkor es
kapores
Moores
Rohres
senores
Senores
Tores
verlor es
Zores
→ oren

orf

Dorf
Schorf
Torf

örfchen

Dörfchen
→ orf

org

Borg
Georg
Ingeborg
→ orgen

orge
•Fürsorge
•Seelsorge
•Sorge
•Vorsorge
→ orgen

orgen
besorgen
borgen
geborgen
morgen
sorgen
umsorgen
verborgen
versorgen

orgt
→ orgen

ori
a posteriori
a priori
Lori

oria
Donner und Doria
Gloria
Historia
Viktoria
→ a

orial
direktorial
→ al

öricht
Röhricht
töricht

orie
Glorie
Historie
Trattorie
Zichorie

orig(ch)
honorig
humorig
morrig
porig
vorig
•
schwor ich
verlor ich
→ oren

örig
angehörig
gehörig
hellhörig
hörig
röhrig

orige
→ orig

örige
Angehörige
→ örig

orik
Historik
Motorik
Rhetorik
→ ik

orin
Assessorin
Autorin
Redaktorin
Professorin
→ in, or

orisch
allegorisch
diktatorisch
dilatorisch
dorisch
historisch
illusorisch
informatorisch
kategorisch
notorisch
obligatorisch
organisatorisch
provisorisch
provokatorisch
rhetorisch

orium
Brimborium
Direktorium
Krematorium
Kuratorium
Laboratorium
Observatorium
Oratorium
Provisorium
Repetitorium
Sanatorium
→ um

ork
Kork
Lork
→ orke, orken

orke
Borke
Forke
knorke
→ ork, orken

orkel
Forkel
torkel

orkeln
forkeln
torkeln

orken
entkorken
verborken
verkorken
→ ork, orke

örl
Girl
törl

orm
abnorm
enorm
Form
konform
Norm
Plattform
Reform
Umgangsform
Uniform
vorm

orme(n)
abformen
formen
normen
umformen
verformen
→ orm

ormer
Former
Reformer
→ orm, orme

orn
Ahorn
Ansporn
Bockshorn
Born
Dorn
Füllhorn
Heißsporn
Hifthorn
Horn
Jähzorn
Korn
Nebelhorn
Quickborn
Rittersporn
Sporn
Staubkorn
vorn
Zorn
→ ornen

örnchen
Dörnchen
Hörnchen
Körnchen
→ orn

orne(n)
anspornen
Nornen
spornen
verworrnen
→ orn

örnen
hörnen
körnen

orner
Sporner
verworr'ner

örner
Dörner
Hörner
Körner

örnern
hörnern
körnern

ornig
dornig
heißspornig
hornig
jährzornig
zornig

örnt
gehörnt
gekörnt

orph
polymorph
→ orf

orren
dorren
Knorren
schnorren
verdorren
verworren

orrst
schnorrst
→ orren, orst, orten

orrt(e)
→ orren, ort

orten
→ orren, orten

ors
vors
→ or

örs
Verhörs
→ ör, öre, ören

orsch
forsch
morsch
Schorsch

orsche(n)
erforschen
forschen
morschen
nachforschen
vermorschen

orscher
Forscher
morscher

orscht
unerforscht
→ orschen

örst
frorst
korst
umflorst
→ or, ore(n)

orst
Forst
Horst
morst
→ orrst

orste(n)
aufforsten
Borsten
geborsten
horsten
morsten
→ orst

ört
geschmort
schort
umflort
verbohrt
or, ore(n)

ort
ab sofort
Antwort
apport
ausgedorrt
Badeort
dort
ebendort
Ehrenwort
Export
fort
hinfort
Hort
immerfort
Import
Kinderhort
Kurort
Machtwort
Ort
Port
Rapport
Report
Scherzwort
Schimpfwort
Schlagwort
Schmähwort
sofort
Sport
Sprichwort
Standort
Transport
Vorort
Vorwort
weiter fort
Wort
Zufluchtsort
→ ord, orrt, orte

ört
geistesgestört
gestört
Hört!
unerhört
ungestört
→ ören

örtchen
Örtchen
Pförtchen
Törtchen
Wörtchen

orte
Borte
Eskorte
forte
Importe
Kohorte
Konsorte
Pforte
Pianoforte
Retorte
Sorte
Torte
→ ort

örte
erkorte
Geschmorte
→ ört

orten
allerorten
antworten
beantworten
befürworten
dorten
horten
orten
überantworten
verantworten
verdorrten
→ orren, ort, orte

orter
Orter
Porter
Reporter
Transporter

örter
Örter
Wörter

örtern
erörtern
Örtern
Wörtern

örtlein
Örtlein
Törtlein
Wörtlein
→ ort

örtlich
nördlich
örtlich
wörtlich

orts
allerorts
andernorts
Imports
→ ort

örung
Beschwörung
Betörung
Empörung
Erhörung
Störung
Verhörung
Verschwörung
Zerstörung

ōs
Bonmots
Büros
Bungalows
burschikos
famos
furios
Ghettos
glorios
grandios
kurios
Los
Moos
nebulos
rigoros
Ros'
Strohs
virtuos
wo's
•
ahnungslos
anspruchslos
arbeitslos
arglos
atemlos
ausdruckslos
ausnahmslos
aussichtslos
ausweglos
bedeutungslos
beispiellos
belanglos
bewußtlos
bodenlos
brotlos
ehrlos
endlos
energielos
erbarmungslos
erfolglos
ergebnislos
faltenlos
farblos
fassungslos
fehlerlos
formlos
fraglos
friedlos
fruchtlos
furchtlos
gedankenlos
gefühllos
geistlos
geräuschlos
geruchlos
geschmacklos
gesinnungslos
gewissenlos
gottlos
grundlos
haltlos
hemmungslos
hilflos
hoffnungslos
kampflos
kopflos
kraftlos
lautlos
leblos
lieblos
lückenlos
makellos
maßlos
mühelos
nutzlos
rechtlos
regungslos
reibungslos
reizlos
rettungslos
rückhaltlos
rücksichtslos
ruh(e)los
schamlos
schonungslos
schuldlos
schutzlos
sinnlos
skrupellos
sorg(en)los
sprachlos
tadellos
tatenlos
trostlos
uferlos
vaterlandslos
wahllos
wehrlos
wortlos
wolkenlos
wortlos
zahllos
ziellos
zügellos
zwanglos
→ o, ose, osen, oß

os
à la hausse
Albatros
Äolos
Demos
Eos
Epos
Eros
Ethos
Gros
Helios
jokos
Kokos
Kolchos
Kosmos
Kronos
Krösos
Logos
Lotos
Mythos
Obolos
Papieros
Pathos
Pegasos
Profos
Rhinozeros
Tantalos
→ oß

ös
amourös
bös
Erlös
generös
graziös
ingeniös
kapriziös
luxuriös
maliziös
melodiös
minuziös
monströs
muskulös
mysteriös
nervös
ominös
pompös
porös
preziös
religiös
ruinös
schikanös
seriös
skandalös
skrupulös
tendenziös
→ ösen, öß

osche
Boche
Frosch
drosch
→ oschen

ösch
Gösch
rösch

osche
Brosche
Galosche
Gosche
→ osch, oschen

ösche
drösche
Frösche
→ öschen

oschen
abgedroschen
droschen
erloschen
gedroschen
Groschen
verdroschen
verloschen
→ osche

öschen
abböschen
erlöschen
löschen
verlöschen
→ ösche

ös-chen
Dornröschen
Heideröschen
Höschen
Röschen
Schößchen
Stößchen

öschend
durstlöschend
feuerlöschend
→ öschen

öscht
abgeböscht
ausgelöscht
→ ösche

öschte(n)
→ ösche, öscht

öschung
Abböschung
Böschung
Erlöschung
Löschung

ose
Apotheose
Arbeitslose
atemlose
Badehose
Chose
Diagnose
Dose
Fose
Franzose
Gekose
Getose
Heckenrose
Heiderose
Heimatlose
Herbstzeitlose
Hose
Hypnose
Kolchose
Matrose
Metamorphose
Mimose
Narkose
Neurose
Obdachlose
Pose
Prognose
Pseudo-morphose
Psychose
Rose
Spirituose
Symbiose
Virtuose
Wasserhose
Windhose
Windrose
→ ōs, osen

öse
Ablöse
Balletteuse
bitterböse
Böse
deliziöse
Diseuse
Dompteuse
Friseuse
Gekröse
Getöse
Klöße
Masseuse
Öse
Pleureuse
Souffleuse
→ öse, ösen

ösel
Brösel
Schnösel

öseln
aufdröseln
bröseln
dröseln
→ ösel

osen
Almosen
erbosen
glosen
kosen
losen
Pretiosen
tosen
umtosen
verlosen
verwahrlosen
→ ose

ösen
ablösen
auflösen
bösen
dösen
erlösen
lösen
→ ös, öse

öser
Auslöser
Döser
Erlöser
Rätsellöser
→ ös, öse

öses
böses
lös es
→ öse

osig
kosig
moosig
rosig

osigkeit
•Ahnungslosigkeit
•Furchtlosigkeit
•Haltlosigkeit
•Harmlosigkeit
•Herzlosigkeit
•Hilfelosigkeit
•Machtlosigkeit
•Maßlosigkeit
•Mutlosigkeit
•Ratlosigkeit
•Rücksichtslosigkeit
•Schamlosigkeit
•Sinnlosigkeit
•Sittenlosigkeit
•Sorglosigkeit
•Trostlosigkeit
•Wehrlosigkeit
•Würdelosigkeit
•Zuchtlosigkeit
→ eit, igkeit

öslein
Höslein
Röslein
Löslein
→ ose

öslich
böslich
löslich
→ ösen

öß
Anstoß
bloß
Dolchstoß
faustgroß
Floß
Gegenstoß
Gnadenstoß
groß
Kloß
Mutterschoß
riesengroß
Rippenstoß
Schoß
Stoß
Todesstoß
Trauerkloß
Verstoß
Vorstoß
Zusammenstoß
→ ös

oß
Amboß
Boß
Erdgeschoß
Genoß
Geschoß
Koloß
kroß
Luftschloß
Lustschloß
Roß
Schlachtroß
Schloß
Sproß
Stahlroß
troß!
Troß
Walroß
→ os, ossen

öß
entblöß
→ ös, oßen

osse
Bundesgenosse
Eidgenosse
Flosse
Genosse
Geschlechtsgenosse
Glosse
Gosse
Karrosse
Kolosse
Leitersprosse
Posse
Sommersprosse
Weggenosse
Zeitgenosse
→ oß

öße
erboße
Foße
große
Soße
→ öß

oße
Hagelschloße
→ oß, ossen

öße
Blöße
Größe
Klöße
Stöße
→ ößen

ossel(n)
bosseln
drosseln
Drosseln
erdrosseln

ossen
abgeschossen
abgeschlossen
aufgeschlossen
ausgeschlossen
begossen
beschlossen
beschossen
durchschossen
entschlossen
entsprossen
erschossen
flossen
genossen
geschlossen
geschossen
gesprossen
gossen
hingegossen
schlossen
schossen
sprossen
umflossen
umschlossen
unentschlossen
unverdrossen
verdrossen
verflossen
vergossen
verschlossen
zerflossen
zugeschlossen
→ os, oß, osse

oßen
abstoßen
anstoßen
aufstoßen
ausstoßen
bloßen
durchstoßen
großen
stoßen
umstoßen
verstoßen
vorstoßen
→ öße

ößen
einflößen
entblößen
flößen
→ öße

oßend
abstoßend
→ oßen

ößer
Flößer
größer
Stößer

ößern
vergrößern
→ ößer

ossig(ch)
geschossig
sprossig
•
genoß ich
→ oßen

ößlein
Rößlein
Sprößlein
→ oß

öst (oßt)
behost
bemoßt
erbost
geliebkost
getrost
Jost
kost
Prost!
schloßt
stoßt
Toast
verlost
verwahrlost
→ ose, oßen

ost (oßt)
Edelrost
Feinkost
Frost
Hiobspost
Kompost
Kost
Most
Ost
Post
Rauhfrost
Rost
schloßt
schoßt
verschloßt
verschoßt
→ oß, ossen, osten

öst (ößt)
aufgelöst
eingeflößt
gelöst
verdöst
→ ösen, ößen

östchen
Pföstchen
Pöstchen
→ osten

öste
bemooste
proste
toste
→ osen, öst

oste (oßte)
Pfoste
schoßte
→ ost, osten

öste (ößte)
→ östen

öste
beköste
Fröste
→ ösen, ößen, östen

östeln
frösteln
rösteln

osten
getrosten
glosten
toasten
→ ösen, öst

osten (oßten)
frosten
kosten
Kosten
mosten
Osten
Pfosten
Posten
rosten
sproßten
Unkosten
verrosten
Vorposten
→ ost, oste

östen (ößten)
dösten
entblößten
erlösten
flößten
getrösten
größten
lösten
rösten
trösten
verdösten
vertrösten
→ öst, öste
ösen, ößen

öster
durchtoster
Kloster
→ ost

oster
Paternoster
→ osten

öster (ößter)
entblößter
gelöster
größter
Klöster
Röster
Tröster
→ öst

österlich
österlich
klösterlich

ostern
bemoostern
getrostern
Ostern

ostes
bemoostes
beschloßt es
Frostes
kost es

ostig(ch)
frostig
rostig
•
rost' ich
→ osten

östlein
Pföstlein
Pöstlein

östlich
köstlich
östlich

ösung (ößung)
Entblößung
Erlösung

Lösung
→ösen, ößen

osung

Auslosung
Liebkosung
Losung
→osen

ōt

Abendbrot
Abendrot
Angebot
Atemnot
Aufgebot
Brot
Despot
devot
feuerrot
Feuersnot
fuchsrot
Gebot
gebot
Gnadenbrot
Helot
Hungersnot
Idiot
knallrot
Kot
Lot
Massenaufgebot
Massentod
mausetot
Mittagsbrot
Morgenrot
mundtot
Not
Patriot
Pilot
purpurrot
puterrot
rosarot
rot
rubinrot
sackerlot!
sapperlot!
schamrot
scheintot
Schockschwere-
not!
Schot
Schrot
Schwerenot
Seenot
Segelboot
Todesnot
tot
Trenchcoat
Überangebot
ultrarot
Verbot
Wassernot
Zebaoth
Zelot
Zuckerbrot
→od, ohen, ote, oten

ot

Margot
Pot
Robot
→ott

öt

böt
→od, öden, öhn, öten

ötchen

Bötchen
Brötchen
Knötchen
Krötchen
Nötchen
Pfötchen
Schötchen
Zötchen

ote

Anekdote
Banknote
Boote
Bote
Eilbote
Expreßbote
Exote
Gote
Götterbote
Knote
Kojote
Kote
Muschkote
Nepote
Note
Pfote
Schote
Sendbote
Tote
Unglücksbote
Verbote
Zote
→ōt, oten

öte

Abendröte
Flöte
Kröte
Morgenröte
Nöte
Röte
Schamröte
Schildkröte
→öten

oten

ausbooten
bedrohten
drohten
entboten
geboten
knoten
lohten
loten
Piloten
Quoten
roboten
Schloten
schroten
verboten
verlohten
verrohten
verschroten
→oh, ote

öten

böten
erhöhten
erröten
flöten
in tausend Nöten
löten
röten
töten
vonnöten
→öte

otend

→oten

ötend

geisttötend
→öten

oter

bedrohter
roter
Sackerloter
Saperloter
→ōt

öter

erhöhter
Köter
Schwerenöter
Töter

otes

Bootes
verbot es
→ōt, oten

ötet

gelötet
gerötet
getötet
→öten

otig(ch)

knotig
kotig
zotig
•
knot ich
→oten

ötig(ch)

erbötig
nötig
vierschrötig
•
erröt ich
→öten

ötigen

abnötigen
benötigen
krötigen
nötigen
→ötig

otin

Botin
→ōt

otisch

anekdotisch
chaotisch
despotisch
erotisch
exotisch
gotisch
hypnotisch
idiotisch
neurotisch
patriotisch
zelotisch
zypriotisch

ötlein

Bötlein
Brötlein
Pfötlein
→öt, öte

ötlich

rötlich
tödlich

otor

Motor
Rotor
→or

ott

Abgott
bankrott
bigott
Boykott
Don Quichote
Fagott
Foxtrott
Gott
Herrgott
hott!
Hüh und Hott
Hundsfott
Komplott
Kompott
Pott
Sansculotte
Schafott
Schott
Schrott
Spott
Traugott
Trott
→ot, otte, otten

ottchen

Krottchen
Lottchen
Maskottchen

otte

Bergamotte
Charlotte
Flotte
flotte
Gavotte
Grotte
Hottentotte
Hugenotte
Kalotte
Kapotte
Klamotte
Kokotte
Kotte
Lieselotte
Lotte
Marotte
Maskotte
Motte
Ring(el)lotte
Rotte
Schalotte
Schamotte
Sprotte
Zotte
→ott, otten

ottel

Gezottel
Trottel
Zottel

otteln

trotteln
zotteln
→ottel

ottelt

gezottelt
trottelt
vertrottelt
verzottelt
zottelt

otten

ausrotten
einmotten
flotten
gesotten
rotten
Schotten
sotten
spotten
trotten
vergotten
verroten
verschrotten
verspotten
→ott, otte

otter

Dotter
Geschlotter
Gestotter
Globetrotter
Lotter
Otter
Schotter
Trotter
→ott

ötter

Abgötter
Götter
Spötter
vergötter

otterer

Stotterer
→ott, otter

ottern

abstottern
lottern
schlottern
schottern
stottern
verlottern
→otter

öttern

entgöttern
→ötter

ottert

→ottern

ottet

ausgerottet
eingemottet
vermottet
→otten

ottig(ch)
Bottich
zottig
•
sott ich
trott ich
→ otten

öttisch
abgöttisch
hundsföttisch
spöttisch

otto
Lotto
Motto
Otto
Risotto
→ o

ottung
Ausrottung
Einmottung
Vergottung
Zusammenrottung
→ ung

ötung
Abtötung
Errötung
Ertötung
Tötung
→ ung

otz
Klotz
leider Gotts
potz!
Protz
rott's
Rotz
Trotz
→ ott, otten, otzen

otze
Kotze
Protze
→ otz, otzen

ötze
Götze
Klötze

otzeln
brotzeln
frotzeln

otzen
abprotzen
beglotzen
ertrotzen
glotzen
kotzen
protzen
rotzen
schmarotzen
strotzen
trotzen
→ otze

ötzen
ergötzen
→ ötze

otzer
Protzer
Rotzer
Schmarotzer
Trotzer

otzig
großkotzig
protzig
trotzig

ötzlich
ergötzlich
plötzlich

otzung
Abprotzung
Ertrotzung
→ ung

ou
Clou
→ u

ouille
Bredouille
Patrouille

our
Jour
retour
Tambour
→ ur

ourig
hochtourig
→ urig

ours
Velours
→ ur

ous
Dessous
→ us

out
→ ut

ove(n)
→ ofe, ofen

over
doofer
power
Pullover

öwe
Löwe
Möwe
Salonlöwe

ower
→ over

owern
ausbaldowern
→ over

owle
Bowle
→ ole

ox
Box
Fox
Gebox
Gesocks
orthodox
paradox
Slowfox
→ ochs, ocks

oxe
boxe
Orthodoxe
→ ochse, ox, oxen

oxen
boxen
→ ochse, ox, oxe

oxt
•boxt
•niedergeboxt
→ ochst

oy
Cowboy
→ eu

oyer
Foyer
Plädoyer

u
ab und zu
Akku
allzu
Atout
Bijou
Billetdoux
Blindekuh
Clou
Coup
dazu
Degout
Dessous
du
entre nous
Filou
Fluh
Froufrou
geradezu
Getu
Glückzu!
Hautgout
heimzu
Hemmschuh
herzu
hierzu
hinzu
huhu!
Iglu
immerzu
im Nu
Interview
Kakadu
Kanu
Lulu
Marabu
muh!
nahezu
nanu!
Nu
partout
Passepartout
puh!
Ragout
Rendez-vous
Review
Sou
tabu
tu
Uhu
Winnetou
wozu
Zulu
→ uhe, uhen

ü
a fonds perdu
allzufrüh
Aperçu
Avenue
Bellevue
Debüt
Fichu
früh
Hottehü
hü!
Impromptu
Liebesmüh
Menü
Morgue
Parvenu
perdu
Revenue
Revue
→ ühe, ühen

üb
Abschub
Aufschub
Beelzebub
Bub
Cherub
Hub
Lausbub
Nachschub
Schub
Vorschub
→ uben

ub
Klub
→ upp

üb
Polyp
stereotyp
Typ
→ üben

ubbe(n)
Knubben
schrubben

ubber
Gebluber
Schrubber

ubbern
blubbern
schrubbern

übchen
Bübchen
Grübchen
Rübchen
Stübchen

ube
Bube
Fundgrube
Gassenbube
Gaststube
Goldgrube
Grube
Jauchegrube
Mordbube
Rotzbube
Schankstube
Spitzbube
Stube
Tube
Wolfsgrube

übe
Rübe
Schübe
trübe
→ üben

ubel
Double
Gejubel
Jubel
Rubel
Trubel

übel
Bübel
Dübel
Gegrübel
Kübel
Stübel
Übel
→ übeln

ubeln
jubeln
verjubeln
vertrubeln

übeln
grübeln
verübeln
→ übel

uben
gruben
Kuben
untergruben
→ ube

üben
ausüben
betrüben
drüben
eintrüben
grüben
hüben
schüben
trüben
üben
verüben
→ übe

uber
Huber
Schuber
Zuber

über
d(a)rüber
demgegenüber

gegenüber
herüber
hierüber
hintenüber
Nasenstüber
kopfüber
Stüber
tagsüber
trüber
über
vorn(e)über
vorüber
worüber

üblein

Büblein
Rüblein
Stüblein
→ ube

übler

Grübler
übler

üblich

betrüblich
üblich

ubs

→ ub

ubst

grubst
→ ube, uben

übt

geglüht
geübt
→ üben

übung

Betrübung
Trübung
Übung

ūch

Bannfluch
Besuch
Bettuch
Bilderbuch
Buch
Eunuch
Fluch
Gebetbuch
Gesetzbuch
Gesuch
Halstuch
Hungertuch
Liederbuch
Mundtuch
Sacktuch
Schnupftuch
Schweißtuch
Segeltuch
Tagebuch
Tuch
Versuch
→ uchen

uch

Abbruch
Anbruch
Anspruch
Aufbruch
Ausbruch
Ausspruch
Bruch
Durchbruch
Ehebruch
Eidbruch
Einspruch
Freispruch
Geruch
Richterspruch
Ruch
Schiedsspruch
Schiffbruch
Spruch
Tagesanbruch
Treubruch
Trinkspruch
Trostspruch
Umbruch
Urteilsspruch
Wahlspruch
Widerspruch
Wohlgeruch
Wolkenbruch
Wortbruch
Zauberspruch
Zusammenbruch
Zuspruch
→ uche, uchen

ūche

Buche
Gefluche
Hungertuche
Suche
→ ūch, uchen

uche

Bruche
→ uch

üche

Ausbrüche
Beinbrüche
Brüche
Gerüche
Hexenküche
Küche
Rüche
Sprüche
Widersprüche
→ uch

ūchelchen

Büchelchen
Küchelchen
Tüchelchen
→ ūch, uchen

üchelchen

Brüchelchen
Sprüchelchen
→ uch

uchen

Ansuchen
aussuchen
beanspruchen
besuchen
buchen
durchsuchen
ersuchen
fluchen
Gesuchen
heimsuchen
Kuchen
suchen
untersuchen
verbuchen
verfluchen
versuchen
→ ūch, ūche

ūchen

hanebüchen
→ ūche

uchend

hilfesuchend
→ uchen

ucher

Besucher
Flucher
Gottsucher
Sucher
Versucher
Wucher

ūcher

Bücher
Tücher
→ ūch

uchern

überwuchern
Versuchern
wuchern
→ ucher

uches

such es,
→ ūch, ūchen

üchig(e/n)

anrüchigen
brüchigen
eidbrüchigen
schiffbrüchigen
wortbrüchigen
→ uch

ūchlein

Büchlein
Küchlein
Rüchlein
Tüchlein

üchlein

Brüchlein
Gerüchlein
Sprüchlein

üchlich

unverbrüchlich
widersprüchlich

ūchs = uks

Anwuchs
Aufwuchs
Auswuchs
Bewuchs
erwuchs
Nachwuchs
Spuks
trug's
Wuchs
Zugs
→ ug, ugen, uk

uchs = uks

Bux
Drucks
flugs
Fuchs
Gedrucks
Geglucks
Jux
luchs
Mucks
Schmucks
verjux
→ uchsen, uck

uchse = uckse

Gegluckse
→ uchs, ucksen

uchsen = ucksen

buchsen
Buchsen
fuchsen
glucksen
luchsen
mucksen
verjuxen
→ uchs, ucks, uxen

üchsen = ücksen

Büchsen
büchsen
Füchsen
Lüchsen
Schminkbüch-
sen
Sparbüchsen
Streubüchsen

uchsig

fuchsig
juxig
mucksig

üchslein = ückslein

Büchslein
Füchslein
→ uchse

uchst = uckst

abgeluchst
verjuxt
→ uchsen, uckst

ūcht

untersucht
verflucht
verrucht
→ ūchen

ucht

Anzucht
Aufzucht
Ausflucht
Bucht
Ehrsucht
Eifersucht
Eigensucht
Fahnenflucht
Fahrerflucht
Flucht
Frucht
Geltungssucht
Gewinnsucht
Habsucht
Herrschsucht
Klatschsucht
Landflucht
Leibesfrucht
Manneszucht
Notzucht
Prunksucht
Putzsucht
Rachsucht
Schlucht
Schmähsucht
Schwindsucht
Sehnsucht
Selbstsucht
Selbstzucht
Spottsucht
Sucht
Tobsucht
Trunksucht
Unzucht
Vergnügungs-
sucht
Verschwen-
dungssucht
Viehzucht
Wucht
Zucht
Zuflucht

ücht

Gerücht
Gezücht
→ üchten

ūchte

Besuchte
Gebuchte
→ ūcht

uchte

→ ucht

üchte

anzüchte
Ausflüchte
Früchte
Süchte
→ ucht, üchten

ūchten

besuchten
buchten
gesuchten
verfluchten
→ ūcht, ūchte

uchten

ausbuchten
befruchten
einbuchten
fruchten
Juchten
wuchten
→ ucht

üchten

flüchten
züchten

üchter

ernüchter
schüchter
Züchter

üchtern
einschüchtern
ernüchtern
nüchtern
verschüchtern
Züchtern

üchtert
eingeschüchtert
ernüchtert

uchtet
ausgebuchtet
gewuchtet
→ uchten

uchtig
buchtig
fruchtig
schluchtig
wuchtig

üchtig
ehrsüchtig
eifersüchtig
eigensüchtig
fahnenflüchtig
flüchtig
gewinnsüchtig
habsüchtig
händelsüchtig
herrschsüchtig
lebenstüchtig
mondsüchtig
naschsüchtig
prunksüchtig
putzsüchtig
ränkesüchtig
ruhmsüchtig
schwindsüchtig
sehnsüchtig
selbstsüchtig
süchtig
tobsüchtig
tüchtig
züchtig

üchtige(n)
eifersüchtigen
ertüchtigen
notzüchtigen
Süchtigen
tüchtigen
verflüchtigen
züchtigen
→ üchtig

üchtigt
berüchtigt
→ üchtigen

üchtling
Flüchtling
Züchtling

uchtung
Ausbuchtung
Befruchtung
→ ung

uchung
Buchung
Durchsuchung
Ersuchung
Haussuchung
Untersuchung
Verfluchung
Versuchung
→ ung

uchze
Geschluchze
→ uchzen

uchzen
juchzen
schluchzen
→ uchze

uchzer
Juchzer
Schluchzer

uck
Abdruck
Ausdruck
Ausguck
Druck
Eindruck
Gegendruck
gluck-gluck
Händedruck
hau-ruck!
Hochdruck
horuck!
Kluck!
Kuckuck
Luck
Luftdruck
Muck
Nachdruck
Nepomuk
Puck
Ruck
Schluck
Schmuck
Stuck
tucktuck!
Überdruck
→ ucken

ück
Bruchstück
Eheglück
eingedrückt
Erdenglück
Frühstück
gebück
Gegenstück
Geldstück
Glück
Grundstück
Kunststück
Liebesglück
Meisterstück
Mundstück
Musikstück
Mutterglück
Schelmenstück
Schmuckstück
Schriftstück
Seitenstück
Stück
Unglück
Zierstück
zurück
→ ücke, ücken

ückchen
Brückchen
Lückchen
Mückchen
Perückchen
Schlückchen
Stückchen

ucke
Glucke
Krucke
Schnucke
Spucke
→ uck, ucken

ücke
Ausdrücke
Brücke
Heimtücke
Kommando-
brücke
Krücke
Lücke
Mücke
Perücke
Tücke
→ ück, ücken

uckel
Buckel
Geruckel
Geschnuckel
Gezuckel
Huckel
Nuckel
Posemuckel

uckelchen
Buckelchen
Nuckelchen
Schnuckelchen

ückelchen
Bückelchen
Schnückelchen

uckeln
aufbuckeln
buckeln
juckeln
katzbuckeln
nuckeln
puckeln
ruckeln
schnuckeln
zuckeln

ucken
abdrucken
abgucken
aufmucken
beeindrucken
begucken
drucken
ducken
durchzucken
glucken
gucken
hucken
jucken
kucken
mucken
rucken
schlucken
schmucken
spucken
vergucken
verjucken
verschlucken
zucken
→ uck, ucke

ücken
abdrücken
abrücken
Alpdrücken
anstücken
aufrücken
ausrücken
ausschmücken
bedrücken
beglücken
berücken
bestücken
Brücken
bücken
drücken
durchdrücken
eindrücken
einrücken
entzücken
erdrücken
frühstücken
glücken
Kücken
mißglücken
pflücken
rücken
Rücken
schmücken
stücken
überbrücken
unterdrücken
verdrücken
verrücken
verunglücken
verzücken
vorrücken
zerpflücken
zerstücken
zücken
zusammen-
drücken
zusammen-
rücken

uckend
→ ucken

ückend
niederdrückend
→ ücken

uckende(n)
juckenden
→ ucken

ückende(n)
beglückenden
entzückenden
berückenden
→ ücken

ucker
Drucker
Ducker
Gucker
Jucker
Mucker
Schlucker
schmucker
Stern(en)gucker
Topfgucker
Zucker

ücker
Bedrücker
Beglücker
Drücker
Heimtücker
Pflücker

uckerchen
→ ucker

ückerchen
→ ücker

uckerei
Druckerei
Duckerei
Zuckerei
→ ucker

ückerei
Drückerei
→ ücker

uckern
kluckern
muckern
schmuckern
tuckern
zuckern
→ ucker

ückern
→ ücker

uckes
druck es
Schluckes
→ uck, ucke

ückes
drück es
→ ück, ücke

ücklein
Lücklein
→ ücke

ücklich(e/en)
ausdrücklichen
eindrücklichen
glücklichen
nachdrücklichen
unglücklichen

ücklings
Bücklings
rücklings

ucks
→ uchs

ücks
Glücks
hinterrücks
schmück's
Stücks
→ ücke, ücken

ucksen
drucksen
glucksen
mucksen
rucksen
verjuxen

uckst
gemuckst
verdruckst
→ uchst, ucken

uckt
Äquadukt
gedruckt
geduckt
Produkt
vermuckt
Viadukt
→ ucke, ucken

ückt
eingedrückt
gebückt
gedrückt
weltentrückt
→ ücke, ücken

uckte(n)
gedruckten
schluckten
→ ucke, ucken, uckt

ückte(n)
Bedrückten
→ ückt

uckung
Verschluckung
Zuckung
→ ung

ückung
Beglückung
Berückung
Bestückung
Entzückung
Überbrückung
Unterdrückung
Zerpflückung
Zerstückung

ud
Absud
Gertrud
Hollywood
Mud
Sud
Talmud
Waltrud
→ uden, ut

üd
Süd
→ üden, üt

uddel
Duddel
Kuddelmuddel
Schmuddel

uddeln
buddeln
puddeln
schmuddeln
schnuddeln

ude
Bude
Drude
Grude
Jude
Lude
Schaubude
Trude

üde
amtsmüde
Attitüde
Etüde
hundemüde
hundsmüde
lebensmüde
nimmermüde
Platitüde
Rüde
Solitüde
todmüde
verlüde
→ üden

udel
Gedudel
Gehudel
Gesprudel
Gestrudel
Gesudel
Nudel
Prudel
Pudel
Rudel
Sprudel
Strudel
Trudel

udeln
besudeln
dudeln
hudeln
lobhudeln
nudeln
prudeln
pudeln
sprudeln
strudeln
sudeln
trudeln
→ udel

udelt
getrudelt
versprudelt
→ udeln

uden
Buden
entluden
luden
verluden
→ ude

üden
entlüden
ermüden
lüden
müden
rüden
übermüden
verlüden
→ üde

uder
Bruder
Fechtbruder
Fuder
Geschluder
Luder
Puder
Ruder
Schindluder
Steuerruder
Tippelbruder
Zechbruder

üder
Brüder
Gebrüder
prüder
→ ud, uder

udern
ludern
pludern
pudern
rudern
schludern
verludern
→ uder

uderer
Luderer
Ruderer

üdern
verbrüdern
→ üder

udert
→ udern

udler
Dudler
Lobhudler
Sudler

üdlich
südlich
unermüdlich

ue
→ uhe

uen
→ uhen

uend
→ uhen

uf
Abruf
Angstruf
Anruf
Aufruf
Ausruf
Behuf
Beruf
Freudenruf
Hilferuf
Hochruf
Huf
Luv
Nachruf
Notruf
ruf
schuf
Verruf
Widerruf
Zuruf
→ ufen

ufe
behufe
Gerufe
Stufe
Vorstufe
→ uf, ufen

ufen
abrufen
abberufen
anrufen
aufrufen
ausrufen
berufen
einstufen
rufen
schufen
stufen
unberufen
verrufen
wachrufen
widerrufen
zurückrufen
zurufen
→ uf, ufe

üfe (n)
prüfen
nachprüfen
schüfen
überprüfen

ufend
abstufend
hilferufend
→ ufen

ufene
Einberufene
→ ufen

ufer
Ausrufer
Rufer
Ufer

üfer
Küfer
Prüfer

ufern
ausufern
→ ufer

uff
Auspuff
Bluff
druff
Knuff
Muff
piff-paff-puff!
Puff
Suff
Tuff
uff!

üff
Tartüff
→ üffen

uffe
→ uff, uffen

üffe
Knüffe
Püffe
→ üffen

üffel
Büffel
Gebüffel
Geschnüffel
Rüffel
Schnüffel
Süffel
Trüffel

uffeln
muffeln
schnuffeln

üffeln
beschnüffeln
büffeln
rüffeln
schnüffeln
süffeln
tüffeln
→ üffel

uffen
bluffen
knuffen
puffen
suffen
verpuffen
→ uff, uffe

üffen
verblüffen
→ uff, üff, üffe

uffer
Knuffer
Puffer

uffig(ch)
muffig
puffig
•
bluff' ich
→ uff, uffen

uft
Duft
Gruft
Kluft
Luft
Schuft
→ uffen, uften

üft
schwergeprüft
→ üten

üft
Geklüft
→ üften

üftchen
Grüftchen
Klüftchen
Lüftchen
→ uft

ufte
→ uft, uften

ŭfte
→ üft, üften

üfte
Düfte
Geklüfte
Grüfte
Hüfte
Klüfte
Lüfte
→ uft, ŭften

uften
abschuften
duften
knufften
pufften
schuften
verduften
verpufften
→ uffen

ŭften
•prüften
•schwergeprüften

üften
auslüften
durchlüften
lüften
verblüfften
zerklüften

üftet
gelüftet
→ üften

üftlein
Lüftlein
→ uft

uftig
duftig
kluftig
luftig
schuftig

ufung
Abstufung
Anrufung
Ausrufung
Berufung
Einstufung
→ ung

ug
Abzug
Anzug
Atemzug
Aufzug
Ausflug
Auslug
Auszug
Betrug
Beutezug
Bezug
Bug
Charakterzug
Durchzug
Einzug
Festzug
Flug
Fug
Gedankenflug
Gegenzug
genug
Heereszug
Henkelkrug
Hochflug
Höhenflug
Höhenzug
Humbug
klug
Kreuzzug
Krug
Leichenzug
Luftzug
Lug
lug
Maßkrug
neunmalklug
Pflug
Raubzug
Rückzug
Schachzug
schlug
Spielmannszug
Streifzug
superklug
Triumphzug
Trug
übergenug
überklug
Überzug
Umzug
Unfug
Verzug
Vollzug
Vorzug
Wegzug
Wesenszug
Wolkenflug
Zuzug
→ ugen

uge
fuge
Kluge
→ ug, ugen

üge
Anzüge
ertrüge
Flüge
früge
Gefüge
gefüge
Krüge
Lüge
Notlüge
Rüge
ungefüge
Winkelzüge
Züge
→ ug, ugen

ügel
Bügel
Flügel
Geflügel
Hügel
Krügel
Prügel
Rebenhügel
Schießprügel
Windesflügel
Zügel

ügeln
ausbügeln
ausklügeln
beflügeln
bügeln
erklügeln
klügeln
prügeln
überflügeln
verprügeln
zügeln
→ ügel

ügelt
geflügelt
geprügelt
sturmbeflügelt
→ ügeln

ugen
befugen
beschlugen
betrugen
bevorzugen
frugen
fugen
lugen
schlugen
trugen
vertrugen
zerschlugen
→ uge

ügen
begnügen
beifügen
belügen
betrügen
einfügen
fügen
genügen
lügen
Mißvergnügen
pflügen
rügen
schlügen
trügen
umpflügen
verfügen
vergnügen
vorlügen
zufügen
zusammenfügen
→ üge

ugend
Jugend
Tugend
Untugend

ügend
ungenügend
→ ügen

uger
Kluger
→ ug

üger
Betrüger
gefüger
klüger
Pflüger
Rüger
ungefüger

ügig(ch)
freizügig
gefügig
geringfügig
großzügig
zügig
•
genüg 'ich
→ ügen

ügler
Ausflügler
Bügler
Klügler
Nachzügler

üglich
abzüglich
anzüglich
bezüglich
diesbezüglich
füglich
untrüglich
unverzüglich
vergnüglich
vorzüglich

ügsam
fügsam
genügsam
ungenügsam

ugt
unbefugt
→ ugen

ügt
stillvergnügt
umgepflügt
wohlgefügt
→ üge, ügen

ügung
Fügung
Verfügung
Vergnügung

uh
Handschuh
Kuh
Ruh
Schuh
Unruh
→ u, uhe

uhe
Getue
Grabesruhe
Seelenruhe
Truhe
tue
→ uh, uhen

ühe
Brühe
Frühe
Kühe
Mühe
→ ühen

uhen
ausruhen
geruhen
muhen
ruhen
tuen
→ uhe

ühen
abbrühen
abmühen
aufbrühen
Avenuen
bemühen
blühen
brühen
durchglühen
erblühen
erglühen
frühen
glühen
mühen
Revuen
sprühen
umsprühen
verblühen
verbrühen
verfrühen
verglühen
versprühen
→ ühe

uhend
beruhend
wohltuend
→ uhen

ühend
geistessprühend
→ ühen

uhig(ch)
geruhig
•
geruh' ich
tu ich
→ uhen

ühig(ch)
brühig
sprühig
•
bemüh' ich
→ ühen

uhl
Beichtstuhl
buhl
Glockenstuhl
Pfuhl
Stuhl
Sündenpfuhl
Webstuhl
→ ul

ühl
Angstgefühl
Bühl
fühl
Gefühl
Gestühl
Gewühl
Kalkül
kühl
Mitgefühl
Molekül
Pfühl
Schamgefühl
schwül
Taktgefühl
Vestibül
Vorgefühl
→ ühlen

uhle
Kuhle
Stuhle
Tuhle
→ uhl, ule

ühle
Kühle
Mühle
Schwüle
Stühle
Tretmühle
Zwickmühle
→ ül, ühl, ühlen

uhlen
→ ulen

ühlen
abkühlen
abspülen
aufwühlen
auskühlen
durchspülen
durchwühlen
fühlen
kühlen
mitfühlen
schwülen
spülen
umwühlen
unterkühlen
wühlen
zerwühlen
→ ül, ühle

ühlend
zartfühlend
→ ühlen

ühler
Fühler
Kühler
Schüler
Wühler

ühlig(ch)
feinfühlig

spühl' ich
→ ühlen

ühlt
tiefgefühlt
tiefgekühlt
überkühlt
→ ühlen

ühlung
Abkühlung
Befühlung
Fühlung
Kühlung
→ ülung

uhm
→ ūm

ühmt
→ ümt

ühn(e)
→ ün, üne

uhr
Abfuhr
Aufruhr
entfuhr
erfuhr
fuhr
Ruhr
Spieluhr
Turmuhr
Uhr
Zufuhr
→ ur

uhren
→ uren

ühren(d)
→ üren(d)

ührer
→ ürer

ührig
→ ürig

ührt
→ ürt

ui
hui!
pfui!
→ i

uk
Hexenspuk
Kautschuk
Luk
Spuk
Teufelsspuk
→ uke, uken

uke
Feluke
Kruke
Luke
Spuke
stuke
→ uk, uken

uken
buken
spuken
→ uk, uke

ukt
Kondukt
spukt

ul
Konsul
Mogul
somnambul
→ uhl, ulen

ül
gewitterschwül
ridikül
→ ühl

uld
Geduld
Huld
Schuld
Ungeduld
Unschuld
→ ult

ulde(n)
dulden
erdulden
gedulden
Gulden
Mulden
schulden
verschulden

uldet
unverschuldet
→ ulden

uldig(e/en)
beschuldigen
entschuldigen
geduldigen
huldigen
mitschuldigen
muldigen
Schuldigen
ungeduldigen
unschuldigen

uldiger
geduldiger
→ uldigen

uldigt
→ uldigen

uldigung
Anschuldigung
Beschuldigung
Entschuldigung
Huldigung

uldung
Duldung
Geduldung
Verschuldung

ule
Buhle
Schule
Somnambule
Spule
→ uhle, ul, ulen

üle
Kanüle
Pendüle
→ ühle

ulen
buhlen
einschulen
schulen
spulen
umschulen
→ uhl, uhle, ule

ülen
→ ühlen

üler
→ ühler

ülfe
Gehülfe
Sylphe
→ ilfe

uli
Lapislazuli
Muli

ulk
Pulk
Ulk

ulke(n)
Pachulken
ulken

ull
John Bull
Mull
Null
pull

üll
Beryll
Chlorophyll
Gebrüll
Idyll
Müll
Tüll
→ üllen

ulle
Ampulle
Bulle
Pulle
Schatulle
Schrulle
Stulle
Trulle
→ ullen

ülle
Fülle
Hülle
Sybille
→ ül, üllen

ullen
einlullen
lullen
pullen
schnullen
→ ulle

üllen
abfüllen
anbrüllen
brüllen
einhüllen
enthüllen
erfüllen
füllen
hüllen
knüllen
überfüllen
umfüllen
umhüllen
verhüllen
zerknüllen
→ ülle

uller
Schnuller
Skuller

üller
Anbrüller
Enthüller
Erfüller
Füller
Knüller
Müller
Verhüller

ullern
bullern
kullern

üllt
brüllt
dankerfüllt
haßerfüllt
überfüllt
→ üllen

üllung
Enthüllung
Erfüllung
Füllung
Verhüllung

ulpe
Stulpe
Tulpe

ülps
Rülps
stülps

ulst
durchpulst
Geschwulst
lullst
pulst
Schwulst
Wulst

ült
geschult
verbuhlt
→ ulen

ult
bullt
Dult
eingelullt
Insult
Katapult
Kult
lullt
okkult
Pult
Tumult
→ uld, ulden

ulter
eingelullter
okkulter
Schulter

ultern
→ ulter

ülung
Abkühlung
Ausspülung
Fühlung
Kühlung

Spülung
→ ühlung

ulze

Schnulze
Schulze
Sulze

üm

Begum
Boom
Grillroom
Groom
Konsum
posthum
Ruhm
Tea-room
•
Ahnentum
Altertum
Bauerntum
Beamtentum
Besitztum
Bistum
Brauchtum
Bürgertum
Christentum
Deutschtum
Eigentum
Faktotum
Fürstentum
Heiligtum
Heldentum
Herzogtum
Irrtum
Königstum
Künstlertum
Muckertum
Priestertum
Protzentum
Reichtum
Rittertum
Schmarotzer-
tum
Schrifttum
Siechtum
Sklaventum
Strebertum
Vagabundentum
Vasallentum
Verbrechertum
Volkstum
Wachstum
Witwentum
Witwertum
Wuchertum

um

Abiturium
Abstraktum
ad absurdum
ad infinitum
ad referendum
Alpinum
Aluminium
Aquarium
Athenäum
Atrium
Auditorium
Brimborium
bum!
bum-bum!
d(a)rum
Dekorum
Delirium
Diarium
Dominium
Dumdum
dumm
ebendarum
Elysium
Evangelium
Faktotum
Faktum
Fixum
Fluidum
Forum
Gaudium
Gebrumm
Gesumm
Gremium
Gymnasium
Harmonium
Herbarium
herum
hierherum
hierum
hintenherum
Imperium
Individuum
in infinitium
Interludium
Interregnum
jerum
Jubiläum
Kehrum
Kollegium
Kolloquium
Kompendium
Konservatorium
Konsilium
Konsortium
Konzilium
Kriterium
krumm
Kuriosum
kurzum
linksum
Linoleum
Lustrum
Märtyrium
Maximum
Medium
Memorandum
Minimum
Ministerium
Morphium
Mumm
Mysterium
Narkotikum
Nervus rerum
Neutrum
Novum
Odium
Opium
Oprimum
Oratorium
Ordinarium
Panoptikum
Pensum
Plenum
Podium
post festum
Präludium
Präsidium
Privilegium
Publikum
Punktum
Radium
reihum
rings(her)um
Rum
rundherum
Säkulum
Sammelsurium
Samum
Serum
Silentium
Spektrum
Spezifikum
Stadium
Stipendium
Studium
summ
Technikum
Territorium
Tonikum
Trumm
Tuskulum
um
Unikum
Universum
Vakuum
Visum
warum
wiederum
worum
Zentrum
zum
→ ummen

üm

anonym
Kostüm
Parfüm
pseudonym
rühm
Synonym
ungestüm

ümchen

Blümchen
Kostümchen
Krümchen
Mühmchen

ume

Blume
Krume
Muhme
→ üm

üme

→ üm, ümen

ümeln

•krümeln
•verkrümeln

umen

Volumen
→ ume

ümen

beblümen
rühmen
verblümen
→ üm

ümer

Altertümer
Eigentümer
Fürstentümer
Heiligtümer
Irrtümer
Reichtümer
ungestümer
→ üm

umig

blumig
krumig

ümlich(ig)

altertümlich
eigentümlich
irrtümlich
kindertümlich
krümlig

umm

erzdumm
Gesumm
schrumm!
schrummfide-
bumm!
summ!
taubstumm
→ um, umme

umme

dumme
Gebrumme
krumme
Mumme
stumme
Summe
Taubstumme
Unsumme
→ ummen

ummel

Bummel
Gebrummel
Gefummel
Hummel
Mummel
Pummel
Rummel
Stummel
Tummel
→ ummeln

ümmel

Getümmel
Herumgelümmel
Krümmel
Kümmel
Lümmel
→ ümmeln

ummeln

befummeln
beschummeln
bummeln
einmummeln
fummeln
rummeln
schummeln
tummeln
verbummeln
→ ummel

ümmeln

lümmeln
mümmeln
verstümmeln
→ ümmel

ummelt

eingemummelt
→ ummeln

ummen

aufbrummen
brummen
einmummen
mummen
summen
verdummen
vermummen
verstummen
→ umme

ummer

Brummer
dummer
Hummer
krummer
Kummer
Nummer
Schlummer
Schumme
Stummer
Summer

ümmer

dümmer
krümmer
Trümmer
verkümmer
zertrümmer

ummern

benummern
einschlummern
entschlummern
schlummern
wummern
→ ummer

ümmern

bekümmern
dümmern
→ ümmer

ummert

benummert
→ ummern

ümmert

unbekümmert
→ ümmern

ümmerung

Verkümmerung
Zertrümmerung

ummheit

Dummheit
Krummheit
Stummheit

ummig(ch)

brummig
schummig
•
brumm' ich
→ ummen

ummler

Beschummler
Bummler
Tummler

ummt

→ umt

ummung
Verdummung
Vermummung
Verstummung

ump
Haderlump
Klump
Lump
plump
Pump
→ umpe, umpen

ümpchen
Klümpchen
Stümpchen
→ ump

umpe
Gelumpe
Pumpe
Schlumpe
Stumpe
→ ump, umpen

umpel
Gehumpel
Gerumpel
Kumpel
Rumpel
Schrumpel
Stumpel

ümpel
Gerümpel
Hümpel
Tümpel

umpelig
humpelig
→ umplig

umpeln
humpeln
krumpeln
rumpeln
schrumpeln
überrumpeln
verschrumpeln
→ umpel

ümpeln
ausrümpeln
entrümpeln
hümpeln
krümpeln
kümpeln
→ ümpel

umpen
auspumpen
Humpen
klumpen
Kumpen
lumpen
pumpen
verlumpen
verpumpen
zerlumpen
→ ump, umpe

ümper
Gestümper
Krümper
Stümper

ümpern
klümpern
stümpern
→ ümper

umpf
dumpf
Rumpf
schrumpf
Strumpf
stumpf
Sumpf
Triumph
Trumpf
→ umpfen

ümpfchen
Rümpfchen
Strümpfchen
Stümpfchen
Sümpfchen

umpfe
trumpfe
→ umpf, umpfen

ümpfe
Rümpfe
Strümpfe
Stümpfe
Sümpfe
Trümpfe
→ ümpf, ümpfen

umpfen
abstumpfen
auftrumpfen
einschrumpfen
schrumpfen
sumpfen
übertrumpfen
versumpfen
→ umpf, umpfe

ümpfen
rümpfen
→ ümpfe

umpfig(ch)
dumpfig
schrumpfig
sumpfig
•
sumpf' ich
→ umpfen

umpft
abgestumpft
bestrumpft
→ umpfen

umpfung
Abstumpfung
Schrumpfung
Übertrumpfung
Versumpfung

umpig(ch)
klumpig
lumpig
•
verpump' ich
→ umpen

umplig
hump(e)lig
pump(e)lig
rump(e)lig
schrump(e)lig

umpt
ausgepumpt
zerlumpt
→ umpen

ums
bums!
Gebrums
Gesums
Sums
ums
→ um

umsen
bumsen
sumsen

umt
aufgebrummt
Kumt
→ ummen

ümt
beblümt
berühmt
geblümt
rühmt
unverblümt
verblümt

un
abtun
antun
dartun
dazutun
dick(e)tun
dun
genugtun
gleichtun
großtun
heimlichtun
hervortun
Huhn
immun
inopportun
je nun
Kattun
kommun
kundtun
mittun
Neptun
nun
opportun
ruhn
schöntun
Schuhn
Sumpfhuhn
Taifun
Tribun
Tun
übeltun
umtun
verschämt tun
vertun
wiedertun
wohltun
Zutun
→ uhen

ün
corriger la fortune
grün
Immergrün
kühn
tollkühn
→ ühe, ühen, ünen

und
Abgrund
Ausbund
Befund
Bund
bunt
Edmund
Erdenrund
Fund
Gebund
gesund
Grund
halbrund
Hintergrund
Höllenschlund
Hund
kerngesund
Kindermund
kund
Kunterbunt
Lebensbund
Leumund
Meeresgrund
Mund
Pfund
profund
Raimund
rund
Schlund
Schoßhund
Schrund
Schund
Schwein(e)hund
Schwund
Sigismund
Spund
Sund
todwund
und
Untergrund
Vagabund
Volksmund
Vormund
Wach(t)hund
waidwund
Windhund
wund
→ unde, unden

ündchen
Bündchen
Fündchen
Hündchen
Mündchen
Pfündchen
Pfründchen
Plauder-stündchen
Schäfer-stündchen
Stündchen
Sündchen

unde
Abendrunde
Abendstunde
Abschieds-stunde
Adelgunde
Brandwunde
Ehrenrunde
Feierstunde
Geisterstunde
Heilkunde
Hildegunde
Kunde
Kunigunde
Mittagsstunde
Mitternachts-stunde
Morgenstunde
Mußestunde
Ortskunde
Rosamunde
Rotmunde
Schreckens-stunde
Schrecksekunde
Schrunde
Schummer-stunde
Sekunde
Sprechstunde
Sterbestunde
Stunde
Tafelrunde
Tanzstunde
Todesstunde
Todeswunde
Überstunde
Urkunde
Weihestunde
Wunde
zugrunde
→ und, unden

ünde
Erbsünde
Gründe
Pfründe
Schründe
Sünde
Todsünde
→ und, ünden

ündel
Bündel
Hündel
Mündel
Rutenbündel
Strahlenbündel

ündeln
bündeln
gründeln
zündeln
→ ündel

unden
abrunden
angebunden
aufgebunden
aufrunden
bekunden
beurkunden
bevormunden
empfunden
entschwunden
erdgebunden

erkunden
gebunden
gefunden
geschunden
geschwunden
gesunden
gewunden
munden
runden
stunden
überrunden
ungebunden
unumwunden
verbunden
verschwunden
verwunden
zeitgebunden
→ und, unde

ünden

begründen
entzünden
ergründen
gründen
künden
münden
ründen
stünden
verbünden
verkünden
verstünden
zünden
→ ünde

undend

→ unden

ündend

→ ünden

under

Burgunder
Erkunder
Flunder
Holundor
Plunder
Wunder
Zunder
→ und

ünder

Armesünder
Begründer
gesünder
Gründer
Künder
Sünder
Verkünder
Zünder

underer

Bewunderer
→ under

ünderer

Plünderer
→ ünder

undern

•bewundern
•verwundern
•wundern
→ under

ündern

ausplündern
plündern
ründern
→ ünder

undert

bewundert
hundert
Jahrhundert
verwundert
wundert

undet

abgerundet
beleumundet
gestundet
gesundet
→ unden

undete(n)

mundeten
Verwundeten
→ unden

ündete(n)

gegründeten
unbegründeten
Verbündeten
zerschründeten
→ ünden

undig(ch)

heilkundig
kundig
mundig
offenkundig
ortskundig
pfundig
schrundig
•
bekund' ich
→ unden

ündig(ch)

achtstündig
abgründig
ausbündig
bündig
fündig
hintergründig
mündig
sündig
siebenpfündig
vordergründig
•
künd' ich
→ ünden

undige(n)

bekundigen
kundigen
→ undig

ündige(n)

aufkündigen
bündigen
entmündigen
kündigen
sündigen
verkündigen
versündigen
→ ündig

ündisch

abgründisch
bündisch
tiefgründisch

ündlein

Gründlein
Pfündlein
Pfründlein
Stündlein
→ und

ündlich

entzündlich
fernmündlich
gründlich
mündlich
ründlich
stündlich
sündlich
unergründlich

undung

Abrundung
Bekundung
Bevormundung
Erkundung
Gesundung
Stundung
Überrundung
Verwundung

ündung

Begründung
Entzündung
Ergründung
Gründung
Mündung
Ründung
Verkündung
Zündung

undus

Fundus
Lumpazi-
vagabundus
profundus

une

Buhne
Dune
Harpune
Kommune
Lagune
Rune
→ un

üne

Bühne
Düne
Grüne, ins –
Hühne
Ranküne
Sühne
Tribüne
→ ün, ünen

unen

Runen
→ une

ünen

erkühnen
kühnen
sühnen
→ ün, üne

üner

grüner
Hühner
kühner
Sühner

unft

Abkunft
Ankunft
Auskunft
Brunft
Herkunft
Niederkunft
Übereinkunft
Unterkunft
Unvernunft
Zukunft
Zunft
Zusammenkunft

ünfte

Auskünfte
Einkünfte
fünfte
Unterkünfte
→ unft

ünftig

künftig
unvernünftig
vernünftig
zünftig

ung

Abdankung
Abdeckung
Abenddämme-
rung
Abgeltung
Abgrenzung
Abhebung
Abirrung
Abkanzelung
Abkapselung
Ablagerung
Abordnung
Absonderung
Absprung
Abtretung
Abwandlung
Abwand(e)rung
Abwaschung
Abwechslung
Abwertung
Abwick(e)lung
Abzäumung
Äderung
Alterung
Anbändelung
Anberaumung
Änderung
Aneignung
Anerkennung
Anfeindung
Anfertigung
Anfeuerung
Auflehnung
Anflehung
Anforderung
Anfreundung
Anführung
Angewöhnung
Anhäufung
Ankündigung
Ankurbelung
Anmeldung
Annäherung
Anordnung
Anremp(e)lung
Anrufung
Anstellung
Anwandlung
Anzapfung
Artung
Atmung
Aufbahrung
Aufbietung
Aufblähung
Aufbürdung
Auffassung
Auffindung
Aufforderung
Aufführung
Aufheiterung
Aufhetzung
Aufklärung
Auflehnung
Auflockerung
Auflösung
Aufmunterung
Aufopferung
Aufräumung
Aufrechnung
Aufregung
Aufreizung
Aufrufung
Aufrüstung
Aufrütt(e)lung
Aufschichtung
Aufschiebung
Aufschwung
Aufspaltung
Aufspeicherung
Aufspürung
Aufstellung
Aufstöberung
Auftürmung
Aufwartung
Aufweckung
Aufweichung
Aufwendung
Aufwerfung
Aufwertung
Aufwieg(e)lung
Aufzeichnung
Ausartung
Ausbauschung
Ausbesserung
Ausbildung
Ausbootung
Ausbreitung
Ausbuchtung
Ausdehnung
Auseinander-
setzung
Auserwählung
Ausführung
Ausgießung
Ausgleichung
Aushändigung
Aushebung
Aushöhlung
Aushungerung
Auskühlung
Ausladung
Ausleihung
Auslieferung
Auslobung
Auslösung
Ausmalung
Ausmessung

Ausmusterung
Ausnützung
Auspeitschung
Ausplünd(e)-
rung
Ausprägung
Ausquartierung
Ausquetschung
Ausrangierung
Ausrechnung
Ausrenkung
Ausrichtung
Ausrüstung
Ausschiffung
Aus-
schmückung
Ausschreibung
Ausschreitung
Ausschüttung
Ausschweifung
Äußerung
Aussöhnung
Ausspannung
Aussperrung
Ausspielung
Ausstopfung
Ausstoßung
Ausstrahlung
Ausstreuung
Ausstellung
Austreibung
Ausübung
Auswählung
Auswand(e)-
rung
Auswaschung
Ausweitung
Auswertung
Auswirkung
Auszahlung
Auszählung
Auszehrung
Auszeichnung
Automatisierung
Bahnung
Bändigung
Bauchung
Beängstigung
Beanspruchung
Beantwortung
Bearbeitung
Beaufsichtigung
Bebauung
Bedachung
Bedrohung
Beeinflussung
Beendigung
Beerdigung
Befähigung
Befehdung
Befeindung
Befestigung
Beflaggung
Befolgung
Beförderung
Befragung
Befriedigung
Befruchtung
Befürchtung
Begeisterung
Beglaubigung
Begleichung
Beglückwün-
schung
Begnadigung
Begnadung
Begründung
Begünstigung
Begutachtung
Behauptung
Behausung
Behelligung
Beherrschung
Beherzigung
Behinderung
Behütung
Beilegung
Beipflichtung
Beisetzung
Beiwohnung
Bejahung
Bekämpfung
Beköstigung
Bekräftigung
Belangung
Belästigung
Belehnung
Beleidigung
Belieferung
Belobigung
Belustigung
Bemänt(e)lung
Bemerkung
Bemühung
Bemutterung
Benachrichti-
gung
Benutzung
Bepflanzung
Beratung
Berechnung
Berechtigung
Bereicherung
Bereinigung
Bergung
Berichtigung
Berücksichti-
gung
Beruhigung
Besänftigung
Beschädigung
Bescheinigung
Beschleunigung
Beschmutzung
Beschönigung
Beschuldigung
Beschwichti-
gung
Beseitigung
Beseligung
Besichtigung
Besiedlung
Besinnung
Besorgung
Besprechung
Besserung
Bestärkung
Bestreitung
Betätigung
Beteuerung
Betonung
Beunruhigung
Bevölkerung
Bewaffnung
Bewaldung
Bewältigung
Bewertung
Bewilligung
Bewölkung
Bewunderung
Bezähmung
Bezeichnung
Bezichtigung
Bildung
Billigung
blutjung
Blutung
Bocksprung
Bombardierung
Dämmerung
Darlegung
Demütigung
Dichtung
Drohung
Drosselung
Dung
Düngung
Dünung
Durchführung
Durchkreuzung
Eignung
Einarbeitung
Einäscherung
Einbeziehung
Einbildung
Einfassung
Einflechtung
Einflüsterung
Einfügung
Einfühlung
Einführung
Einigung
Einkleidung
Einladung
Einleitung
Einlieferung
Einmischung
Einprägung
Einräumung
Einschätzung
Einschiebung
Einschiffung
Einschläferung
Einschränkung
Einschüchte-
rung
Einsegnung
Einsetzung
Eintragung
Eintrübung
Einwanderung
Einweihung
Einwendung
Einwilligung
Einwirkung
Eiterung
Empfehlung
Entartung
Enteignung
Entfremdung
Entführung
Enthauptung
Entheiligung
Entkräftung
Entladung
Entlarvung
Entlohnung
Entmachtung
Entmutigung
Entpuppung
Entschädigung
Enttäuschung
Entwertung
Entwick(e)lung
Entziehung
Erbitterung
Erdrückung
Ereiferung
Erfrischung
Ergötzung
Erheiterung
Erhöhung
Erinnerung
Erledigung
Erleichterung
Ermächtigung
Ermang(e)lung
Ermäßigung
Ermitt(e)lung
Ermunterung
Erniedrigung
Ernüchterung
Eroberung
Eröffnung
Erscheinung
Erschütterung
Ertüchtigung
Fälschung
Federung
Fesselung
Festigung
Feuerung
Firmung
Fixierung
Folgerung
Forderung
Formung
Forschung
Fortpflanzung
Fügung
Fühlung
Füllung
Fütterung
Gabelung
Gefährdung
Gehrung
Geißelung
Geltung
Gemarkung
Gemütsbewe-
gung
Genehmigung
Genugtuung
Gewährung
Gliederung
Götterdämme-
rung
Gotteslästerung
Häufung
Haushaltung
Heiligung
Heilung
Heimsuchung
Herablassung
Herabwürdigung
Hinhaltung
Hornung
Hortung
Huldigung
jung
Kappung
Katzensprung
Kimmung
Klärung
Knebelung
Knechtung
Kopp(e)lung
Kräftigung
Kräuselung
Kreuzigung
Kreuzung
Krümmung
Kundgebung
Kündigung
Kundmachung
Kupp(e)lung
Ladung
Lagerung
Lästerung
Läuterung
Leistung
Leugnung
Liebeserklärung
Lieferung
Linderung
Lockerung
Lockung
Lüftung
Maßregelung
Mäßigung
Meldung
Milderung
Mißachtung
Mißbilligung
Mißstimmung
Musterung
Mutmaßung
Nachahmung
Nacheiferung
Nachempfin-
dung
Nachforschung
Nachprüfung
Nachsendung
Nachstellung
Nachwirkung
Nahrung
Neuerung
Niederung
Niederwerfung
Nötigung
Nutzung
Öffnung
Opferung
Ordnung
Ortung
Paarung
Peinigung
Plünderung
Prüfung
Quetschung
Raffung
Rechnung
Rechtfertigung
Rechtsprechung
Regelung
Reifung
Reihung
Reinigung
Richtigstellung
Rodung
Rötung
Rückführung
Rückwirkung
Ruhestörung
Salbung
Sättigung
Säuberung
Schädigung
Schaffung
Schaustellung
Schicksals-
fügung
Schickung
Schiebung
Schilderung
Schlachtung
Schmähung
Schulung
Schummerung
Schwängerung
Schwung
Seitensprung
Selbstachtung
Selbstbeherr-
schung
Selbsterhaltung
Selbstverleug-
nung
Seligpreisung

Seligsprechung
Sicherung
Sied(e)lung
Sinnes-
täuschung
Sinngebung
Spendung
Sprung
Stärkung
Steigerung
Steinigung
Steu(e)rung
Stillegung
Stillung
Strahlung
Streuung
Strömung
Stützung
Täf(e)lung
Tak(e)lung
Teu(e)rung
Totenehrung
Tötung
Traumdeutung
Trocknung
Tröstung
Überalterung
Überanstren-
gung
Überantwortung
Überarbeitung
Überbietung
Überbringung
Überbürdung
Überdachung
Überdeckung
Überein-
stimmung
Überflutung
Überforderung
Überführung
Überfüllung
Überhäufung
Überhebung
Überhöhung
Überholung
Überladung
Überlassung
Überlieferung
Überlistung
Übermannung
Übermitt(e)lung
Übermüdung
Überpflanzung
Überprüfung
Überquerung
Überraschung
Überredung
Überrump(e)-
lung
Überschätzung
Überschüttung
Überschwung
Übersied(e)lung
Überspannung
Überstürzung
Übertölp(e)lung
Übertretung
Übervölkerung
Überwachung
Überwältigung
Überwertung
Umänderung
Umarbeitung
Umbildung
Umdrehung
Umfassung
Umformung

Umgebung
Umgehung
Umgestaltung
Umgrenzung
Umhalsung
Umhüllung
Umkehrung
Umkleidung
Umrahmung
Umschattung
Umschlingung
Umschreibung
Umschwung
Umstellung
Umstimmung
Umstoßung
Umstrickung
Umstürzung
Umwälzung
Umwandlung
Umwandung
Umwerbung
Umwertung
Unterbindung
Unterbreitung
Untergrabung
Unterjochung
Unterlassung
Untermalung
Untermischung
Unternehmung
Unterordnung
Unterredung
Unterrichtung
Unterschiebung
Unterschlagung
Unterstellung
Unterweisung
Unterwerfung
Unterzeichnung
Ursprung
Verabredung
Verabscheuung
Verabschiedung
Veralberung
Veränderung
Veranlassung
Verantwortung
Verärgerung
Veräst(e)lung
Veräußerung
Verbannung
Verbesserung
Verbeugung
Verblödung
Verblüffung
Verblutung
Verbreiterung
Verbreitung
Verbrüderung
Verbündung
Verdächtigung
Verdickung
Verdingung
Verdorrung
Verduftung
Verdunk(e)lung
Verdünnung
Verdunstung
Verdurstung
Vered(e)lung
Verehelichung
Vereidigung
Vereinbarung
Vereinfachung
Vereinigung
Vereinsamung
Verelendung

Verewigung
Verfärbung
Verfehlung
Verfeindung
Verfeinerung
Verfertigung
Verfinsterung
Verflachung
Verfolgung
Verformung
Verfügung
Vergasung
Vergebung
Vergeltung
Vergeudung
Vergewaltigung
Vergnügung
Vergötterung
Vergrößerung
Vergünstigung
Verhärtung
Verheilung
Verheiratung
Verherrlichung
Verhimm(e)lung
Verhüllung
Verhung(e)rung
Verinnerlichung
Verjüngung
Verklärung
Verkleidung
Verkleinerung
Verkopp(e)lung
Verkörperung
Verkraftung
Verkrampfung
Verkrümmung
Verkrüpp(e)lung
Verlagerung
Verlängerung
Verlegung
Verlöschung
Vermassung
Vermenschli-
chung
Vermischung
Vermitt(e)lung
Vermoderung
Vermutung
Vernachlässi-
gung
Verneb(e)lung
Veröffentlichung
Verordnung
Verquickung
Verrechnung
Verrichtung
Verringerung
Verrohung
Versagung
Verhandlung
Verschiebung
Verschiffung
Verschlammung
Verschlech-
terung
Verschleppung
Verschmähung
Verschmelzung
Verschönerung
Verschüch-
terung
Verschüttung
Verschwägerung
Verschwörung
Verschweigung
Verschwendung
Verseuchung

Versieg(e)lung
Versiegung
Versippung
Versklavung
Versorgung
Versperrung
Verspottung
Verständigung
Verstärkung
Versteifung
Versteigerung
Verstoßung
Verstümm(e)-
lung
Versündigung
Versüßung
Verteidigung
Verteu(e)rung
Vertonung
Vertröstung
Verunglimpfung
Verunreinigung
Verunstaltung
Veruntreuung
Verurteilung
Vervollkomm-
nung
Verwachsung
Verwahrung
Verwässserung
Verwechs(e)-
lung
Verehrung
Verweigerung
Verwertung
Verwick(e)lung
Verwilderung
Verwunderung
Verwünschung
Verwüstung
Verzärt(e)lung
Verzauberung
Verzeichnung
Verzögerung
Verzückung
Verzweif(e)lung
Vollführung
Vorbeugung
Vorführung
Vorhaltung
Vorkehrung
Vorladung
Vorsehung
Vorspieg(e)lung
Vorsprung
Vortäuschung
Wahrnehmung
Wahrsagung
Währung
Waldung
Wand(e)lung
Wand(e)rung
Wandung
Wartung
Waschung
Wegzehrung
Weigerung
Weissagung
Weiterung
Weltanschau-
ung
Werbung
Wertschätzung
Wertung
Widerhandlung
Widerlegung
Widerrufung
Widersetzung

Widmung
Wiederbelebung
Wiedergutma-
chung
Wiederher-
stellung
Wiederholung
Wiedervergel-
tung
Wirrung
Witterung
Wölbung
Wucherung
Würdigung
Zeitung
Zerfleischung
Zerklüftung
Zerknirschung
Zermürbung
Zerrung
Zerschlagung
Zersetzung
Zerteilung
Ziehung
Zielsetzung
Zögerung
Zubilligung
Züchtigung
Züchtung
Zueignung
Züg(e)lung
Zumutung
Zurückdrängung
Zurückhaltung
Zurücklassung
Zurücksetzung
Zusammen-
legung
Zusammen-
rottung
Zusammen-
setzung
Zusammen-
stellung
Zusicherung
Zuwider-
handlung
→ ungo

unge

Junge
Landzunge
Lästerzunge
Lausejunge
Lunge
Schiffsjunge
Zunge
→ ung

ünge

Gelünge
schlünge
schwünge
sprünge

üngel

Gezüngel
Klüngel

üngeln

klüngeln
umzüngeln
züngeln

ungen

aufgedrungen

ausbedungen
bedungen
durchdrungen
Engelszungen
entsprungen
erzwungen
gedrungen
gedungen
geschwungen
gesprungen
jungen
mißlungen
Nibelungen
notgedrungen
umgeschlungen
umschlungen
ungezwungen
verklungen
verschlungen
versprungen
→ inge, unge

üngen

düngen
verjüngen
Sprüngen
→ ünge

unger

Heißhunger
Herumgelunger
Hunger
junger

ünger

Dünger
Jünger
jünger

ungern

lungern
verhungern
→ unger

üngt (st)

düngst
jüngst
verjüngst
→ üngen

unk

Labetrunk
Prunk
Schlaftrunk
Süßtrunk
Strunk
Stunk
Trunk
unk
Willkommens-
trunk
→ ung, unke,
unken

ünkchen

Fünkchen
Strünkchen
Trünkchen
→ unk

unke

Bunke
Dschunke
Erzhalunke
Funke
Halunke
Spelunke
Tunke
Unke
→ unk, unken

unkel

dunkel
Gefunkel
Gemunkel
Geschunkel
Karfunkel
Kunkel
Ranunkel
Runkel
→ unkeln

unkeln

dunkeln
durchfunkeln
funkeln
munkeln
schunkeln
verdunkeln
→ unkel

unkelt

→ unkeln

unken

anfunken
betrunken
erstunken
ertrunken
freudetrunken
funken
gestunken
getrunken
lichttrunken
liebestrunken
prunken
schlaftrunken
schönheits-
trunken
siegestrunken
traumversunken
trunken
tunken
umgesunken
unken
Unken
untergesunken
versunken
wonnetrunken
zugetrunken
→ unke

unkene

Betrunkene
gesunkene
→ unken

unker

Bunker
Funker
Geflunker
Junker
Klunker

unkerei

Flunkerei
Prunkerei
Tunkerei
Unkerei

unkern

bunkern
flunkern
→ unker

ünklein

Fünklein
Strünklein
Trünklein

unks

funks
Runks
→ unk

unkt

Angelpunkt
Gesichtspunkt
Höhepunkt
Kernpunkt
Knotenpunkt
Mittelpunkt
Kostenpunkt
Punkt
Scheitelpunkt
Schnittpunkt
Schwerpunkt
Standpunkt
Treffpunkt
tunkt
unkt
Wendepunkt
Zeitpunkt
→ unken

ünktchen

Pünktchen
→ unkt

unkten

auspunkten
→ unken

unktet

gepunktet
→ unken

ünlich

grünlich
kühnlich

ünne

•dünne
•hauchdünne
•verdünne

uns

Gottseibeiuns
uns

unsch

Flunsch
Punsch
Wunsch

unst

Abgunst
Brunst
Dunst
Feuersbrunst
Gunst
Inbrunst
Kunst
Mißgunst
Ungunst

ünste

Dünste
Künste
→ unst, ünsten

unsten

brunsten
dunsten
Gunsten
verdunsten
zugunsten
zuungunsten
→ unst

ünsten

ausdünsten
dünsten
Künsten
→ ünste

ünstig

blutrünstig
brünstig
günstig
mißgünstig
ungünstig
→ ünstigen

ünstige(n)

abgünstigen
begünstigen
brünstigen
→ ünstig

unt

→ und

unte(n)

bunten
drunten
Hunten
unten

unter

bunter
d(a)runter
herunter
hierunter
hinunter
mittendrunter
mitunter
munter
unter
worunter

untern

aufmuntern
buntern
ermuntern
→ unter

ünung

Dünung
Erkühnung
Sühnung

unz

Hinz und Kunz
Stunz
→ unze, unzen

unze

Gegrunze
Plunze
Punze
schlunze
Unze
→ unzen

unzel

Funzel
Geschmunzel
Rapunzel
Runzel

unzeln

Funzeln
runzeln
schmunzeln
→ unzel

unzen

grunzen
hunzen
Punzen
Unzen
verhunzen
→ unze

up

Pup
Schlup
Sirup
→ upen

üp

Polyp
Prototyp
stereotyp
Typ

upe

Gehupe
Hupe
Lupe

upen

glupen
hupen
pupen

upf

Ausschlupf
Hupf
Schlupf
Schupf
Stupf
Tupf
Untersch upf
→ upfen

upfe

→ upf, upfen

üpfe

Gehüpfe
→ üpfen

upfen

ausrupfen
auszupfen
hupfen
lupfen
rupfen

schlupfen
schnupfen
stupfen
Tupfen
unterschlupfen
verschnupfen
zupfen
→ upf, upfe

üpfen

anknüpfen
aufknüpfen
ausschlüpfen
durchschlüpfen
entschlüpfen
hüpfen
knüpfen
lüpfen
schlüpfen
unterschlüpfen
verknüpfen
zuknüpfen
→ üpfe

upfer

Hupfer
Kupfer
Schnupfer
Tupfer

üpfer

Hüpfer
Schlüpfer

upft

→ upfen

üpfung

Entschlüpfung
Verknüpfung
→ üpfen

upp

Club
schwupp!
schwuppdi-
wupp!
→ uppe

üppchen

Grüppchen
Püppchen
Schüppchen
Süppchen
Trüppchen

uppe

Gruppe
Kruppe
Kuppe
Puppe
Schalupe
schnuppe
Schuppe
Suppe
Truppe
→ uppen

uppel

Kuppel
Puppel

üppel

Knüppel
Krüppel

uppeln

kuppeln
puppeln
verkuppeln

üppeln

verkrüppeln
→ üppel

uppen

entpuppen
huppen
kuppen
schruppen
schuppen
Stuppen
verpuppen
→ uppe

uppern

beschnuppern
knuppern
puppern
schnuppern

uppig

puppig
ruppig
schuppig
struppig

üpplein

Grüpplein
Süpplein
Trüpplein
→ uppe

upps

Schupps
Trupps
schwups!
→ upp

uppt

abrupt
geschuppt
→ uppen

uppung

Abschuppung
Entpuppung
Verpuppung

upsen

schupsen
stupsen
→ uppen

upt

→ uppt

ur

Abitur
Agentur
à jour
Amour
Apparatur
Architektur
Armatur
Arthur
Augur
Azur
Baldur
Blessur
Bravour
Cour
Dressur
Dur
Figur
Flur
Frisur
Garnitur
Glasur
Kandidatur
Karrikatur
Klausur
Klaviatur
Kommandantur
Komtur
Konjunktur
Kontur
Korrektur
Kreatur
Kultur
Kur
Lasur
Mensur
Merkur
Miniatur
Mixtur
Montur
Natur
nur
obskur
Politur
Pompadur
Positur
Professur
Prozedur
pur
Purpur
Rasur
Remedur
Reparatur
retour
Richtschnur
Schnur
Schur
schur
Schwur
Signatur
Skriptur
Skulptur
Sonnenuhr
Spur
Statur
Struktur
stur
Tambour
Temperatur
Tinktur
Tonsur
Tortur
Tour
Treuschwur
Troubadour
Unnatur
Ur
Velour
Zensur
Zündschnur
zur
→ uhr, urren

ür

Clair obscur
dafür
en miniature
führ
für und für
Gebühr
Geschwür
Haustür
hierfür
Himmelstür
Hintertür
Kür
Reaumur
rühr
Tür
über Gebühr
Ungebühr
Willkür
wofür
→ üre, üren

ürbe(n)

erwürben
mürben
stürben
zermürben

urch

dadurch
hierdurch
hindurch
Lurch
mittendurch
querdurch
wodurch
zwischendurch
→ urchen

urche(n)

durchfurchen
furchen
Furchen
Lurchen
zerfurchen

ürchen

Figürchen
Hürchen
Schnürchen
Spürchen
Türchen
Ührchen

ürde(n)

aufbürden
bürden
Bürden
Ehrwürden
Hochwürden
Hürden
Pairswürden
Standeswürden
überbürden
würden

ürder

bürd' er
fürder
würd' er

ürdig(ch)

•denkwürdig
•ehrwürdig
•fluchwürdig
•fragwürdig
•glaubwürdig
•liebenswürdig
•merkwürdig
•nichtswürdig
•würdig
•
bürd ich
würd' ich
→ ürden

ure

Fuhre
Hure
Lemure
Lure
Mure
Sinekure
Sure
→ uhr, ur

üre

Allüre
Aventüre
Bordüre
Broschüre
Konfitüre
Lektüre
Maniküre
Ouvertüre
Pediküre
Schüre
Schwüre
Turnüre
Walküre
→ üren

uren

Amouren
Auguren
Dioskuren
erfuhren
fuhren
huren
puren
schwuren
spuren
sturen
Uhren
verfuhren
vermuren
→ ur, ure

üren

abführen
abschnüren
anführen
aufführen
aufrühren
aufspüren
ausführen
auspüren
berühren
durchführen
einführen
einrühren
einschnüren
entführen
entschnüren
erführen
erküren
erspüren
fortführen
führen
gebühren
heimführen
irreführen
küren
maniküren
nachspüren
nasführen
pediküren
rühren
schnüren
schüren
spüren
überführen
verführen

verspüren
vollführen
zuführen
zusammenführen
zuschnüren
verspüren
→ ür, üre

ürend
ungebührend
verspürend
→ üren

ürer
Anführer
Aufrührer
Führer
Heerführer
Rädelsführer
Schürer
Spürer
Verführer

urf
Abwurf
Anwurf
Auswurf
Entwurf
Maulwurf
Schlurf
Turf
Überwurf
Vorwurf
Wurf

urfe (ve)
Kurve
→ urf

ürfe
Entwürfe
schürfe
Vorwürfe
Würfe
→ ürfen

urf(v)en
kurven
schlurfen
wurfen

ürfen
abschürfen
Anwürfen
bedürfen
Einwürfen
schlürfen
würfen
→ ürfe

ürfend
abschürfend
schlürfend
schürfend
tiefschürfend

ürfnis
Bedürfnis
Zerwürfnis

urft
Notdurft
→ urfen

urg
Burg
Chirurg
Dramaturg
Gralsburg
Hochburg
Ritterburg

ürg
→ ürgen

ürge
Bürge
Gewürge
→ ürgen

urgen
→ urg

ürgen
abwürgen
bürgen
erwürgen
Jürgen
verbürgen
würgen

ürger
Bürger
Ehrenbürger
Erdenbürger
Erwürger
Spießbürger
Würger

ürgerin
Bürgerin
Würgerin
→ ürger

urie
Furie
Injurie
Kurie

urien
Asturien
→ urie

urig(ch)
•breitspurig
•einspurig
•großspurig
•
spur' ich
→ ur, uren

ürig(ch)
ehrenrührig
geführig
•
spür' ich
→ üren

ürgt
unverbürgt
→ ürgen

ürgung
Erwürgung
Verbürgung

urke
Gurke
Schurke

urksen
abmurksen
knurksen
murksen

ürlich
ausführlich
figürlich
gebührlich
kreatürlich
natürlich
übernatürlich
ungebührlich
unnatürlich
unwillkürlich
widernatürlich
willkürlich

urm
Aussichtsturm
Beifallssturm
Glockenturm
Kirchturm
Leuchtturm
Lindwurm
Regenwurm
Sandsturm
Sturm
Turm
Unglückswurm
Wartturm
Wirbelsturm

ürm
Gestürm
Gewürm
→ ürm, ürmen

ürmchen
Glühwürmchen
Stürmchen
Türmchen
Würmchen

urme(n)
wurmen
→ urm

ürme(n)
anstürmen
auftürmen
bestürmen
erstürmen
stürmen
türmen
→ ürm

ürmer
Bestürmer
Gipfelstürmer
Stürmer
Türmer
Würmer

ürmlein
Würmlein
→ urm, ürmchen

ürmung
Auftürmung
Bestürmung
Erstürmung

urn
purpurn
turn

urne
Nokturne
Urne
→ urnen

urnen
turnen
→ urne

ürnen
erzürnen
hürnen
zürnen

urnus
Burnus
Turnus
→ uß

urr
knurr
→ urren

urre
Gesurre
Schnurre
Schurre
→ urren

urren
absurren
anmurren
aufmurren
gurren
knurren
murren
schlurren
schnurren
schurren
surren
zurren

urrig(ch)
knurrig
schnurrig
•
knurr' ich
→ urren

urrst
→ urst

urrt
→ urren, urt

urst
Durst
Hanswurst
Rachedurst
Tatendurst
Wissensdurst
Wurst
→ urre, urren

ürst
•Fürst
•Kurfürst
→ ürste, ürsten

ürstchen
Bürstchen
Fürstchen
Würstchen
→ ürste

ürste
Bürste
Kratzbürste
Würste
→ ürsten

ursten
dursten
wursten

ürsten
bürsten
dürsten
Fürsten
verdürsten
Würsten

ürstend
rachedürstend
→ ürsten

ürstet
gebürstet
gefürstet
→ ürsten

urstig
durstig
rachedurstig
wurstig

ürt
Ausgeburt
Fehlgeburt
Geburt
Mißgeburt
Nachgeburt
spurt
Totgeburt
verhurt
Wiedergeburt
→ uren

urt
absurd
Furt
Gurt
Kurt
Leibgurt
Spurt
→ urren

ürt
abgeführt
angeführt
aufgeführt
aufgeschürt
aufgespürt
berührt
eingerührt
eingeschnürt
entführt
geführt
gerührt
geschürt

gespürt
führt
rührt
überführt
verführt
vorgeführt
zugeführt
zugeschnürt
→ üren

urte

Gurte
Jurte
→ urten

ürte

→ ürt, ürten

urten

Furten
Gurten
schnurrten
spurten
→ urren

ürten

•entgürten
•gürten
•umgürten
→ ürt

urtig(ch)

hurtig
•
gurrt' ich
spurt' ich
→ urren

ürtig(ch)

•ebenbürtig
•gebürtig
•
gürt' ich

ürung

Abführung
Abschnürung
Anführung
Aufführung
Aufführung
Ausführung
Berührung
Einführung
Einschnürung
Entführung
Führung
Irreführung
Rührung
Schürung
Überführung
Verführung
Vorführung
Zuführung
Zurückführung

urve

→ urfe

urven

→ urfen

urz

Absturz
Einsturz
Gurts
kurz
Lendenschurz
schnurz
Schurz
Spurts
Sturz
Umsturz
Wettersturz
Wurz

ürz

Gewürz
kürz
→ ürze

urze

→ urz

ürze

Kürze
Schürze
Stürze
Würze
→ ürz, ürzen

urzel

Gepurzel
Purzel
Sturzel
Wurzel

ürzel

Bürzel
Kürzel
Pürzel

urzeln

entwurzeln
purzeln
verwurzeln
wurzeln
→ urzel

urzelt

gepurzelt
gewurzelt
→ urz

urzen

kurzen
schnurzen
→ urz

ürzen

abkürzen
abstürzen
aufstürzen
bestürzen
einstürzen
hereinstürzen
hinabstürzen
hineinstürzen
hinunterstürzen
kürzen
stürzen
überstürzen
umstürzen
verkürzen
würzen
→ ürze

ürzt

gekürzt
geschürzt
gewürzt
→ ürzen

ürzung

Abkürzung
Bestürzung
Kürzung
Schürzung
Überstürzung
Verkürzung

üs

bist du's
Blues
diffus
Filous
Geschmus
Grus
konfus
Mus
Schmus
Schuh's
→ ü, üß

us

Adlatus
Aloisius
Amadeus
Amandus
Ambrosius
Angelus
Antonius
Äolus
Apollonius
Archtypus
Argus
Arius
Arminius
Artus
Asmus
Athanasius
Augustus
Autobus
Automatismus
Avus
Bacchus
Bambus
Bartholomeus
Bazillus
Beatus
Blasius
Bolschwismus
Bonus
Bonifazius
Brutus
Bus
Dionysius
Diskus
Donatus
Exitus
Exodus
Famulus
Fidibus
Filius
Fiskus
Fötus
Fundus
Gambrinus
Gaudeamus
Generalissimus
Genius
Genus
Globus
Habitus
Hieronymus
Hokuspokus
Homunkulus
Hubertus
Humanismus
Humus
Hymnus
Idealismus
Ignatius
Ikarus
Illusionismus
in hoc salus
Intimus
intus
Jakobus
Janus
Jesuitismus
Jesus
Jesus Christus
Jokus
jus
Justus
Kallus
Kantus
Kasus
Klerus
Kommunismus
Konservatismus
Konus
Korpus
Krokus
Krösus
Kubus
Kursus
Lapsus
Lazarus
Lokus
Luftikus
Lukullus
Lumpazi-
vagabundus
Luxus
Majordomus
Malefikus
Malepartus
Malus
Materialismus
Masochismus
Medikus
Militarismus
minus
Modus
Monarchismus
Monismus
Morphinismus
Moschus
Mulus
Musikus
Mystizismus
Mythus
Narzißmus
Nationalismus
Nihilismus
Nimbus
Numerus
clausus
Nuntius
Obolus
Obus
Ödipus
Omnibus
Opus
Ordinarius
Orgasmus
Orkus
Pankratius
Papyrus
Parnassus
Passus
Paulus
Pazifismus
Pegasus
Petrus
Pfiffikus
Phallus
plus
postumus
Praktikus
Primarius
Primus
Radius
Rebus
Renatus
Rhombus
Rhythmus
Ritus
Rizinus
Rupertus
Saulus
Schampus
Sebaldus
Serenissimus
Sexus
Servus
Simplizissimus
Sisyphus
Sixtus
Snobismus
Sozius
Spartakus
Spasmus
Spiritus
Status
Stimulus
Stoizismus
Studiosus
Tantalus
Tartarus
Thrombus
Tubus
Typus
Uranus
Usus
Utopismus
Venus
Virus
Zerberus
Zirkus
→ uß

usch

Busch
Dornbusch
Drusch
Federbusch
husch!
Husch
husch-husch!
kusch
Tusch
→ uschen

üsch

Gebüsch
Plüsch

üschchen

Büschchen
Hüschchen
Tüschchen

usche

Babusche
Gusche
Kartusche
Retusche
Tusche
→ usch, uschen

üsch

Büsche

Gebüsch
Plüsche
Rüsche

uschel
Gehuschel
Gemuschel
Getuschel
Muschel
Ruschel
→ uscheln

üschel
Büschel
Püschel
Rüschel

üschelchen
Büschelchen
Müschelchen
Rüschelchen

uscheln
fuscheln
huscheln
kuscheln
nuscheln
ruscheln
tuscheln
vertuscheln

uschen
duschen
fuschen
huschen
kurpfuschen
kuschen
Luschen
pfuschen
tuschen
verpfuschen
vertuschen
→ usch, usche

üschen
•Büschen
•Gebüschen
→ üsche

üs-chen
Blüschen
Drüschen
Flüßchen
Füßchen
Müschen

uscher
Pfuscher
Tuscher

uschig(ch)
huschig
fuschig
•
kusch' ich
→ uschen

uscht
bebuscht
gekuscht
→ uschen

use
abstruse
Bluse
Druse
Duse
Fluse
Kabuse
Meduse
Muse
Struse
Suse
→ üs, usen

üse
Analyse
Büse
Drüse
Düse
Gemüse
Kambüse
Tränendüse

usel
Dusel
Fusel

uselig
duselig
gruselig
→ useln

useln
beduseln
duseln
fuseln
gruseln
wuseln

uselt
beduselt
→ useln

usen
Busen
Meerbusen
schmusen
verknusen
vorschmusen
→ use

üsen
Drüsen
Düsen

user
konfuser
Schmuser

uslig
fuslig
→ uselig

uß
barfuß
fuß
Fuß
Gruß
Klumpfuß
Krakelfuß
Kratzfuß
Kriegsfuß
Leichtfuß
Plattfuß
Ruß
Schuhs
Willkommens-
gruß
→ üs

uß
Abfluß
Abguß
Abschluß
Abschuß
Anschluß
Anschuß
Aufguß
Aufschluß
Ausfluß
Ausguß
Ausschluß
Beschluß
Beschuß
Durchschuß
Einfluß
Einschluß
Einschuß
Entschluß
Erguß
Fehlschluß
Fehlschuß
Fluß
Genuß
Guß
Handkuß
Hexenschuß
Hochgenuß
Judaskuß
Kanonenschuß
Kurzschluß
Kuß
muß
Muß
Nuß
Pfeilschuß
Ratschluß
Redefluß
Regenguß
Reißverschluß
Salutschuß
Schluß
Schnappschuß
Schreckschuß
Schuß
Streifschuß
Stuß
Torschluß
Trugschluß
Überdruß
Überfluß
Überschuß
Verdruß
Verschluß
Vorschuß
Zusammenfluß
Zusammen-
schluß
Zuschuß
→ us

üß
→ üße

üß
büß
grüß
sauersüß
süß
zuckersüß
→ üße, üßen

üßchen
Füßchen
→ üße

üßchen
Flüßchen
Güßchen
Küßchen
→ uß

usse
Autobusse
Russe
→ us

uße
Buße
Einbuße
Fuße
Zubuße
→ üß, ußen

üsse
Flüsse
Güsse
Küsse
→ uß, üssen

üße
Freiersfüße
Füße
Grüße
süße
Süße
→ üßen

ussel
Bussel
Dussel
Fussel
Schussel

üssel
Hausschlüssel
Nachschlüssel
Rüssel
Schlüssel
Schüssel

usseln
busseln
pusseln
schusseln

ussen
beeinflussen
bevorschussen
bezuschussen
→ usse

ußen
berußen
fußen
rußen
verrußen
→ uße

üssen
fortmüssen
küssen
müssen
→ us, üsse

üßen
abbüßen
begrüßen
büßen
einbüßen
grüßen
verbüßen
versüßen
→ üße

üßer
Büßer
Lückenbüßer
süßer

üssig
abschüssig
dickflüssig
flüssig
lebensüber-
drüssig
leichtflüssig
schlüssig
überdrüssig
überflüssig
übschüssig
unschlüssig

üßig(ch)
barfüßig
hasenfüßig
leichtfüßig
müßig
plattfüßig
•
grüß' ich
→ üßen

üssige
schlüssige
→ üßig

üßige
barfüßige
leichtfüßige
→ üßig

üssigen
flüssigen
→ üssig

üßigen
bemüßigen
müßigen
plattfüßigen
→ üßig

üßlein
Flüßlein
Nüßlein
Küßlein
→ uß

ußlig
duß(e)lig
fuß(e)lig
puß(e)lig
schuss(e)lig

üßt
grüßt
verbüßt
→ üst

üst (üßt)
beruhst
geruhst
berußt
Blust
fußt
geruhst
Knust
rußt
schmust
tust
umschmust
verrust
Wust
→ uhen

ust (ußt)
Abenteuerlust
Armbrust
August
bewußt
Brust
Ehrverlust
gemußt
gewußt
Heldenbrust
Jagdlust
just
Kampfeslust
Lebenslust
Liebeslust
Lust
mußt
Reiselust
robust
Sangeslust
Schaffenslust
schuldbewußt
selbstbewußt
Sinneslust
Spottlust
Streitlust
Trust
unbewußt
Unlust
unterbewußt
verantwortungs-bewußt
Verlust
Wanderlust
Wollust
wußt
zielbewußt

üst (üßt)
blühst
büßt
gesüßt
glühst
ungesüßt
wüst
→ ühen, üßt
üßen

üst (üßt)
Gelüst
Gerüst
küßt
müßt
ungeküßt
wüßt

üstchen
Brüstchen
Gelüstchen
Lüstchen
→ ust

üste
Puste
→ üsten

uste (ußte)
bewußte
Kruste
wußte
→ ust

üste (üßte)
frühste
grüßte
Sandwüste
Steinwüste
verbüßte
versüßte
Wüste
→ üßen

üste (üßte)
Brüste
Büste
Gelüste
Gerüste
Küste
Rüste
Zyste
→ üßt

ustel
Gustel
Pustel

üsten
aushusten
Husten
husten
prusten
pusten
schmusten
verpusten

usten (ußten)
ankrusten
mußten
überkrusten
vertrusten
→ uste

üsten (üßten)
büßten
süßten
verwüsten
wüsten
→ üßen

üsten (üßten)
abrüsten
aufrüsten
ausrüsten
brüsten
entrüsten
gelüsten
küßten
Lüsten
müßten
rüsten
wüßten
→ üste

üster (üßter)
duster
Schuster
umschmuster
verrußter

uster (ußter)
Armbruster
bewußter
illuster
Liguster
Muster
robuster

üster (üßter)
begrüßter
düster
gegrüßter
gesüßter
verbüßter
Verwüster
wüster

üster (üßter)
Geflüster
geküßter
Küster
Lüster
Nüster
Rüster

üsterchen
Müsterchen
→ üster

üsterer
Flüsterer
lüsterer
→ üster

üstern
aufplustern
dustern
Dustern
schustern
Schustern

ustern
abmustern
anmustern
ausmustern
bemustern
durchmustern
illustern
mustern
→ uster

üstern
verdüstern
→ üster

üstern
einflüstern
flüstern
lüstern
→ üster

üstet
→ üsten

ustig
angriffslustig
beutelustig
heiratslustig
krustig
lebenslustig
lustig

üstig
rüstig
vollbrüstig
→ üstige

ustige
krustige
belustige
reiselustige
→ ustig

üstige
breitbrüstige
hochbrüstige
schmalbrüstige
wollüstige
→ üstig

ustigen
belustigen
krustigen
→ ustig

üstigen
→ üstig, üstige

üstlein
Brüstlein
Krüstlein
Lüstlein

üstung
Abrüstung
Aufrüstung
Brüstung
Entrüstung
Rüstung

ut
absolut
akut
Anmut
Armut
Attribut
ausgeruht
Azimut
beschuht
Bischofshut
Blut
Blutarmut
Brut
Disput
ebensogut
Edelmut
Fingerhut
Fischblut
Flut
Freimut
Frevelmut
Frohmut
Gleichmut
Glut
Großmut
Gut
gut
Halbblut
Hartmut
Helmut
Herzblut
herzensgut
hochgemut
Hochmut
Hut
Institut
Kaltblut
Kleinmut
Konvolut
Langmut
Lebensmut
Lilliput
Löwenmut
lud
Mahlgut
Mammut
Mißmut
Mut
Nachhut
Nippflut
Nut
Obhut
put-put!
Rekrut
resolut
ruht
Salut
Sanftmut
Schlapphut
Schwermut
seelengut
Sintflut
Springflut
Statut
Steingut
Strandgut
Strohhut
Sturmflut
Sud
Sündflut
Tollwut
Tribut
Tunichtgut
tut!
tut-tut!
Übermut
ungut
Unmut
Vollblut
Vorhut
Wagemut
Wankelmut
Warmblut
Weißglut
Wermut
wohlgemut
Wut
→ ude, uhen, ute, uten

üt
abgebrüht
ermüd
erblüht
Geblüt
Gemüt
Gestüt
Proselyt
sprüht
Süd
Traglodyt
verfrüht
→ üd, ühe, ühen, üten

ütchen
Blütchen
Gütchen
Hütchen

Mütchen
Rütchen
Schnütchen
Tütchen

ute

akute
Angelrute
Blute
blute
Getute
Gute
Jute
Kanute
Knute
Leimrute
Minute
Nute
nute
Pute
Redoute
Route
ruhte
Rute
Schnute
Schute
Stute
Tute
Ute
Verdute
Volute
Wünschelrute
Zuchtrute
Zuckerschnute
zugute
→ uhen, ut, uten

üte

Baumblüte
behüte
blühte
Blüte
erblühte
Flüte
Gemüte
Güte
Herzensgüte
Hochblüte
Hüte
hüte
Kajüte
Kirschblüte
Mythe
Orangeblüte
Pfirsichblüte
Seelengüte
sprühte
Tüte
→ ühen, üt, üten

uten

anmuten
ausgeruhten
befluten
bluten
durchbluten
durchfluten
Fluten
fluten
Gluten
guten
Minuten
nuten
ruhten
Ruten
Spießruten
sputen
Statuten
Stuten
tuten
überfluten
umfluten
verbluten
verfluten
vermuten
zumuten
→ ut, ute

üten

abblühten
abgeblühten
abgebrühten
behüten
Blüten
Gestüten
glühten
güten
hüten
Pfirsichblüten
verblühten
verglühten
vergüten
verhüten
wüten
→ ühen, üt, üte

uter

Bluter
Guter
Puter
Tuter

üter

abgebrühter
Behüter
bemühter
gebrühter
Gemüter
gesprühter
Güter
Hüter
Kaltblüter
Ladenhüter
Torhüter
verblühter
verfrühter
verglühter
versprühter
Vollblüter
Warmblüter
Wüter
→ üt

ütern

Gütern
Hütern
→ üter

ütes

blüht es
Gestütes
verfrühtes
vergüt' es
→ üt, üte

utet

blutet
durchblutet
sonnendurch-
flutet
tutet
überflutet
unvermutet
verblutet
vermutet
zugemutet
→ uten

utig

anmutig
blutig
entmutig
hochmutig
mißmutig
mutig
todesmutig
unblutig

ütig(ch)

brütig
demütig
edelmütig
einmütig
freimütig
frohmütig
gleichmütig
großmütig
gütig
gutmütig
heißblütig
heldenmütig
hochmütig
hundswütig
kaltblütig
kleinmütig
langmütig
leichtblütig
lippenblütig
reumütig
sanftmütig
schwermütig
übermütig
tollwütig
wankelmütig
wütig
•
lüd' ich
→ üt

ütige

Halbblütige
→ ütig

utigen

blutigen
entmutigen
ermutigen
→ utig

ütigen

begütigen
→ ütig

ütlein

Mütlein
Hütlein
Rütlein
Schnütlein
→ ute

ütlich

gemütlich
gütlich
minütlich
südlich
unermüdlich
ungemütlich
urgemütlich

ütsch

Geknutsch
knutsch
Mutsch
→ ütschen

utsch

Erdrutsch
futsch
Gelutsch
kutsch
lutsch
Putsch
putsch
Rutsch
rutsch
wutsch!

ütsche

Geknutsche
Mutsche
→ ütschen

utsche

Barutsche
Hutsche
hutsche
Kutsche
lutsche
Postkutsche
putsche
rutsche
Rutsche
→ utschen

ütschen

abknutschen
abnutschen
knutschen
zerknutschen

utschen

ablutschen
abrutschen
aufputschen
auslutschen
ausrutschen
entflutschen
entrutschen
flutschen
herausrutschen
hineinrutschen
hutschen
Kutschen
kutschen
lutschen
putschen
Rutschen
rutschen
wutschen

utscher

Kutscher
Lutscher
Rutscher

utscht

abgelutscht
gekutscht
lutscht
rutscht
verrutscht
→ utschen

utt

Butt
Dutt
kaputt
Mutt
Perlmutt
Schutt

ütt

lütt
schütt
verschütt

üttchen

Büttchen
Hüttchen
→ utt

utte

così fan tutte
Kutte
Nutte
Putte
→ utt

ütte

Bütte
Geschütte
Hundehütte
Hütte
Schütte
Sennhütte
Strohhütte
Strohschütte
→ ütt, ütten

uttel

Aschenputtel
Buttel

üttel

Büttel
Gerüttel
Geschüttel
Knüttel
Tüttel
→ ütteln

üttelchen

Knüttelchen
Tüttelchen
→ üttel

ütteln

ausschütteln
Kopfschütteln
niederknütteln
rütteln
schütteln
wachrütteln
zusammen-
schütteln
→ üttel

üttelt

gerüttelt
→ ütteln

utten

Hutten
Kutten
→ utte

ütten
ausschütten
lütten
schütten
überschütten
verschütten
zerrütten
→ ütte

utter
Allmutter
Butter
Futter
Gottesmutter
Großmutter
Kanonenfutter
Kutter
Mutter
Perlmutter
Pflegemutter
Rabenmutter
Schmerzens-
mutter
Schwieger-
mutter
Stiefmutter
Urmutter

ütter
lütter
Mütter
schütter
→ utter

uttern
bemuttern
buttern
futtern
zubuttern
→ utter

üttern
abfüttern
auffüttern
ausfüttern
erschüttern
füttern
Müttern
schüttern
überfüttern

uttert
bemuttert
futtert
vollgefuttert
→ uttern

ütterung
Erschütterung
Fütterung

üttung
Aufschüttung
Ausschüttung
Schüttung
Verhüttung
Zerrüttung

utung
Anmutung
Beflutung
Blutung
Überflutung
Vermutung
Zumutung

ütung
Brütung
Hütung
Vergütung
Verhütung

utz
Abputz
Arbeitsschutz
Aufputz
Ausputz
Butz
Ehrenschutz
Eigennutz
Federstutz
Gemeinnutz
Luftschutz
Lutz
Mutz
Nichtsnutz
Nutz
nutz
Putz
putz
Schmutz
Schutz
Stutz
stutz
Tierschutz
Trutz
Verputz
zunutz
→ utzen

ütz
Geschütz
Mütz
nütz
Schütz
stütz
unnütz
Wildschütz
→ ützen, üze

ützchen
Mützchen
Pfützchen
Schützchen

utze
zunutze
→ utz

ütze
ABC-Schütze
Baskenmütze
Dachschütze
Freischütze
Geschütze
Grütze
Mütze
nütze
Pfütze
Pudelmütze
Pütze
Scharfschütze
Schiffermütze
Schlafmütze
Schütze
schütze
Hafergrütze
Stütze
stütze
Zipfelmütze
→ ütz, ützen

utzeln
brutzeln
hutzeln
verhutzeln

utzen
Abruzzen
aufmutzen
ausnutzen
ausputzen
benutzen
beschmutzen
Butzen
Nutzen
nutzen
putzen
schmutzen
Stutzen
stutzen
trutzen
verdutzen
verputzen
verschmutzen
→ utze

ützen
abnützen
ausnützen
benützen
beschützen
Geschützen
Mützen
nützen
Schützen
schützen
Stützen
stützen
unnützen
unterstützen
vorschützen
→ ütz, ütze

utzend
Dutzend
benutzend
nutzend
putzend
→ utzen

utzer
Ausputzer
Benutzer
Fensterputzer
Putzer
Revoluzzer
Stutzer

ützer
Benützer
Beschützer
Schützer
Stützer
unnützer

utzig(ch)
begriffsstutzig
butzig
nichtsnutzig
putzig
schmutzig
stutzig
trutzig
•
stutz' ich
→ utzen

ützig(ch)
•eigennützig
•gemeinnützig
•
schütz' ich
→ ütten

utzt
abgenutzt
abgeputzt
angeputzt
aufgemutzt
aufgeputzt
ausgenutzt
ausgeputzt
benutzt
beschmutzt
geputzt
gestutzt
nutzt
putzt
ungenutzt
ungeputzt
verdutzt
verschmutzt
zugestutzt
→ utzen

ützt
abgestützt
geschützt
nützt
schützt
stützt
ungenützt
→ ützen

utzung
Abnutzung
Ausnutzung
Nutzung
Verschmutzung

ützung
Abnützung
Ausnützung
Beschützung
Stützung
Unterstützung

uven
•anfluven
•anluven
•luven
→ ufen

üver
klüver
→ üfer

ux
Jux
Lux
→ uchs, uxen

üxe
•Bangbüxe
•Büxe
→ üchse

uxen
abluxen
Buchsen
Buxen
drucksen
glucksen
luchsen
mucksen
verjuxen
→ uchsen

uz
duz
Fiduz
Instituts
Kukuruz
Kaputz
Uz
Vera Cruz
•
guten Muts
tut's
→ uzen

uze
Kapuze
→ uz

uzen
duzen
Kapuzen
uzen

y
Whisky
→ i, ü

yche
Psyche
→ üche

ym
pseudonym
→ üm

ymen
Hymen
→ ümen

ymphe
Nymphe
→ ümpfen

yp
Prototyp
→ üp

yr
Satyr
→ ür

yrer
Märtyrer
Syrer
→ ürer

yse
Analyse
Paralyse
Psychoanalyse
→ üse

yx
Nyx
Styx

Was sagten die Großen über Reim und Vers?

Ein reiner Reim wird wohl begehrt,
Doch den Gedanken rein zu haben,
Die edelste von allen Gaben,
Das ist mir alle Reime wert.

Goethe, Zahme Xenien V

Der Ursprung des Reims mag noch so gemein und unpoetisch sein, man muß sich an den Eindruck halten, den er macht, und dieser läßt sich durch kein Räsonnement wegdisputieren.
Schiller, Brief an Goethe, Jena, 18. 6. 1796

Mit Versen ist so wenig getan, wenn man sie früh schreibt. Man sollte warten damit und Sinn und Süßigkeit sammeln ein ganzes Leben lang und ein langes womöglich, und dann ganz zum Schluß, vielleicht könnte man dann, zehn Zeilen schreiben, die gut sind. Denn Verse sind nicht, wie die Leute meinen, Gefühle (die hat man früh genug) – es sind Erfahrungen.
Rainer Maria Rilke, Malte Laurids Brigge

Die Verse wurden erfunden, um das Gedächtnis zu unterstützen. Später behielt man sie bei, um den Genuß durch den Anblick der überwundenen Schwierigkeit zu vermehren.
Stendhal, Über die Liebe, 2, Fragment, 26

Es gibt Verse in unserer neuen deutschen Literatur, die selbst dann noch nicht entschuldigt wären, wenn es in den zehn Geboten hieße: Du sollst Verse machen!
Hebbel, Tagebücher, Rom, 21. 2. 1845

Weil ein Vers dir gelingt in einer gebildeten Sprache, Die für dich dichtet und denkt, glaubst du schon ein Dichter zu sein?
Schiller, Votivtafeln, Dilettant

Reime, aber fühle dabei.
Sag es in Versen,
Dichte! – Aber denke dabei.

Auf einem alten Kalenderblatt

Deutsche Metrik

Ein kurzer Abriß der Reim- und Verslehre

I. Der Reim

Über die Bedeutung des Reimes als Klangelement mit ganz bestimmten emotionalen, assoziativen und reproduzierenden Effekten wurde schon im Vorwort gesprochen, ebenso von den verschiedenen Reimarten:

1. Die Alliteration oder der Stabreim

Der Anlaut der betonten Silben aufeinanderfolgender Wörter ist gleich. Beispiel: Mit Mann und Maus; von Haus und Hof; mit Kind und Kegel; in Feld und Flur usw. Auch in der neueren Literatur findet man Stabreime, so zum Beispiel in Wagners «Rheingold»: «Wie im Traum ich ihn trug / wie mein Wille ihn wies.»

2. Die Assonanz, der Halbreim oder unvollständige Reim

Der Gleichklang erstreckt sich nur auf die Vokale in den betonten Silben und in den ihnen folgenden. Beispiel: laben – klagen; Friede – Liebe – Wiege usw. Diese Kunstform stammt aus Spanien. Man findet sie oft bei den Romantikern und in Volksliedern.

3. Der Schüttelreim

Bei ihm werden die anlautenden Konsonanten der reimenden Silben vertauscht. Beispiel: Heut sah ich früh ein Hündchen graben, / es wird wohl schon sein Gründchen haben.

4. Der Endreim

Der Reim – als Element der Verszeile – steht stets am Ende einer Verszeile. Der Länge nach unterscheidet man:

a) Einsilbige, stumpfe oder männliche Reime;
b) zweisilbige, klingende oder weibliche Reime;
c) dreisilbige oder gleitende Reime.

Die Länge des Reimes hat eine sehr starke Gesamtwirkung. Es ist also nicht gleich, ob man die kürzere oder längere Form wählt. Für alle Strophen sollte das gleiche Reimbild gewählt werden.

Der Qualität nach kann man unterscheiden:

a) Reine Reime: Bei diesem Reim stimmen die in ihm enthaltenen Vokale und Konsonanten ganz genau überein, doch kommt es nicht auf die Schreibweise, sondern auf das Lautbild an. Daher sind als reine Reime zum Beispiel auch zu bezeichnen: Echse und Klexe oder, bei Umlauten, zum Beispiel: Bräu und treu; Bläue und Treue. Man sollte sich befleißigen, nur reine Reime zu verwenden. Um dies zu erreichen, ist es aber nicht gestattet, grammatische Fehler zu machen, indem man etwa statt eines Genitivs den Dativ verwendet oder statt eines Nominativs den Akkusativ usw. Auch ein Wechsel der Konjugationsform ist nur bedingt gestattet, wenn zum Beispiel statt der Vergangenheitsform, also der erzählenden Konjugationsform, das Präsens gewählt wird, um die Dynamik durch Gegenwartsnähe zu erhöhen. Das ist ein erlaubter Kunstgriff. Der gleiche Vorgang ist aber unerlaubt, wenn er nur ausschließlich des Reimes wegen vorgenommen wird. Selbst Schiller und Goethe ließen sich Nachlässigkeiten zuschulden kommen, wie Jakob Grimm tadelte, was aber kein Freibrief für andere Dichter, vor allem nicht für Anfänger und Reimschmiede, sein sollte.

b) Unreine Reime: Zu unterscheiden sind:

ba) Die Unreinheit der kurzen Vokale. Sie beruhen auf einer Lautverwandtschaft der Vokale, wie etwa:
ä und ö (Dächer – Löcher); i und ü (ziehen – blühen); e und ö (See – Höh').

bb) Die Unreinheit langer Vokale, wie etwa:
ä und ö (Nähe – Höhe); ä und e (Tränen – Sehnen); e und ö (Szene – Töne); i und ü (Tür – vier).

bc) Die Unreinheit durch Mischung kurzer und langer Vokale, wie etwa:
Straßen – Massen; Ton – davon; Bild – zielt; ruft – Luft.

bd) Die Unreinheit der Konsonanten, wie etwa:
d und t (Eden – beten); g und k (Belege – Theke); g und ch (neige – reiche); f und v (schlafen – Sklaven); s und z (friß – Besitz); stimmhaftes und stimmloses «s» (Getöse – Größe).

be) Die Unreinheit der Doppellaute, wie etwa:
ei und eu (hinein – Leun); äu und ei (Häuser – Reiser).

Bei äu und ei stört aber eine Vertauschung nicht, ebenso wenig bei ai und ei, aid und eit usw.

Das Endreim-Verzeichnis in diesem Buche ist auf reinen Reimen aufgebaut. Bei Lautgleichheit aber ungleicher Schreibweise ist in Verweisungen dem Erlaubten Rechnung getragen. Schon die angeführten Beispiele zeigen, daß Unreinheiten nicht gleichmäßig unangenehm und störend empfunden werden. Wolfgang Kayser sagt in seiner ausgezeichneten «Kleinen deutschen Versschule» (erschienen im Lehnen Verlag, München), daß die Unreinheiten in Reimpaaren mehr stören, als wenn die Reime weit auseinander stehen. Er fährt fort, daß «wir bei den langen Vokalen und Diphthongen entschieden feinfühliger sind als bei den kurzen, und daß auch bei den Reimen zwischen langen und kurzen Vokalen die Unreinheit stark ins Ohr fällt».

Auch die Stilschicht spielt nach Kayser eine Rolle. Unreinheiten im volkstümlichen Ton fallen weniger ins Gewicht als in gehobenem Stil. Im übrigen werden aber konsonantische Unreinheiten stärker empfunden als vokalische.

c) Falsche Reime: Bei ihnen stimmen meist nur noch die Grundvokale überein, während die Konsonanten überhaupt nicht mehr übereinstimmen, wie beispielsweise «pumpen und Halunken» in einem Kinderreim. Überhaupt findet man falsche Reime häufig in Volks- und Marschliedern, was aber beim Gesang fast kaum auffällt. Oft kommt es auch vor, daß wohl die Konsonanten, nicht aber die Vokale übereinstimmen. Dies ist meist mundartlich bedingt (schlechte oder nachlässige Aussprache).

d) Die Kongruenz: Wie die Unreinheit, so ist auch die Kongruenz ein schwerer Fehler. Darunter ist zu verstehen, daß in dem Reim auch der anlautende Konsonant einbezogen ist. Der Endreim muß mit einem Vokal beginnen. Wird er um einen Konsonanten verlängert, so ist das ein Kunstfehler. Beispiel: Walten – Gewalten; abwärts – aufwärts usw. Besondere Gefahr liegt bei Nachsilben (Suffixe), soweit sie mit einem Konsonanten beginnen (-sen, -schen, -chen, -zen, -stern, -lich, -ling, -lei) sowie bei zusammengesetzten Wörtern, wie mit -wärts, -mal usw. Soweit zu solchen Wortkongruenzen keine reinen Reimwörter vorhanden sind, wurden sie im Wörterverzeichnis durch einen Punkt ● besonders gekennzeichnet. Wo der Reim sich überhaupt ausschließlich auf solche Nachsilben stützt, ist der Reim wenig schön und elegant. Besser ist es, nach anderen Möglichkeiten zu suchen. Ganz allgemein bezeichnet man Reime mit Kongruenz als «rührende Reime». Sie werden stets als störend empfunden, es sei denn, daß sie verwendet werden, um durch die Wiederholung etwas hervorzuheben, zu unterstreichen. Wir finden diesen Kunstgriff bei vielen großen Dichtern, wie bei Goethe, Novalis u.a.m. Dies gilt auch für den **identischen Reim,** bei dem völlig gleiche Reimwörter verwendet werden.

e) Gespaltene Reime: Es handelt sich dabei um Reime, die auf zwei Wörter verteilt sind. Sie sind in der zeitgenössischen Literatur häufig anzutreffen. Gegen diese Reime ist nichts einzuwenden; sie können geistreich und humorvoll sein.

f) Das Enjambement: Darunter versteht man das Übergreifen des Satzes in den nächsten Vers, mit anderen Worten: ein Nichtzusammenfallen von Satz- und Verszeile. Auch das Enjambement trifft man vielfach in modernen Dichtungen an, wie zum Beispiel bei Rilke oder Brecht. Oft geht das so weit, daß

g) der gebrochene Reim entsteht. Bei ihm wird ein Wort geteilt, um zu einem Endreim zu kommen. Ein klassisches Beispiel ist der Vers:

Hans Sachs war ein **Schuh-**
macher und Poet **dazu.**

In der Regel trifft man auf solche Reime nur bei grotesken oder humoristischen Gedichten.

h) Abgenutzte Reime: Aus Mangel an Originalität tauchen immer wieder gleiche Reime auf, die dadurch mit der Zeit abgegriffen sind. Wir empfinden sie als peinliche Klischees, unschön, kraftlos, gefühlsarm, ja als lächerlich. Es würde zu weit gehen, wollte man alle diese abgenutzten Reime aufführen. Um nur einige Beispiele zu geben: Liebe – Triebe; Herz – Schmerz; Winde – linde; Bäume – Räume; Bäume – Träume; Sang – Klang; Leib – Weib usw. Die Folge ist, daß es Stilepochen gab, in denen der Reim abgelehnt wurde und man sich mit einer rhythmischen Prosa begnügte. Wir haben darüber schon im Vorwort gesprochen und können daher in diesem Zusammenhang auf dieses verweisen.

Über die Reimstellung in den Versen und Strophen kommen wir im dritten Abschnitt dieser Ausführungen noch eingehend zurück, denn sie hat eine große Bedeutung.

II. Rhythmus und Metrum

Ob Prosa oder Poesie, der Sprache ist der Rhythmus eigen. Es ist der Wechsel von Hebung und Senkung oder Arsis und Thesis oder Betont und Unbetont, in Diagrammen gekennzeichnet durch: – oder / und ∪.

Die Betonung (Akzent/Iktus) verleiht jedem Wort einen eigenen, natürlichen Rhythmus. Zweisilbige Grundformen sind im Deutschen auf der ersten Silbe betont. Beispiel: líe – be, trá – gen, Ár – beit. Das bedeutet, daß der natürliche Versfuß oder Takt im Deutschen der Trochäus ist. Wir kommen darauf noch später zurück.

Verbinden sich solche Wörter zu Zusammensetzungen, so bleibt die Tonschwere der einzelnen Wörter erhalten. Beispiel: É – he – mánn, Rás – sel – bán – de. Sie ändert sich, wenn ein einsilbiges Wort (einschließlich von Präpositionen) sich mit einem andern Wort verbindet, das angehängt wird. Beispiel: Ráub – vo – gel, Schlácht – häu – ser, áb – klin – gen.

Vorsilben wie be-, ent-, er-, ge-, ver-, zer- usw. ändern die Betonung der Grundformen nicht. Beispiel: be – kléi – den, ent – bín – den. Bei Doppelpräfixen liegt der Ton auf der zweiten Vorsilbe. Beispiel: be – ún – ruh – igen.

Fremde Präfixe wie des-, dis-, ex-, inter-, non-, per-, pro- usw. sind betont. Beispiel: dé – mon – tie – ren. Unter Ausschluß dieser fremden Präfixe kommt durch die Vorsilben folgender Rhythmus zustande:

∪ / ∪
be – kléi – den.

Was bewirken nun die Suffixe (Nachsilben)?

Sehen wir uns einige häufige Suffixe an, wie zum Beispiel: -bar, -chen, -ei, -haft, -heit, -keit, -ling, -nis, -sal, -sel usw. Bei einsilbigen Stämmen wechselt der Rhythmus nicht.

Beispiel: rúch – bar, kléin – lich. Bei mehrsilbigen Wörtern ist dagegen die Endsilbe betont. Beispiel: Kléinig – kéit, Wíssen – schäft. Wir erkennen schon aus dem ersten Beispiel, daß auch beim Zusammentreffen zweier Endsilben, in unserem Beispiel -ig und -keit, die letzte Silbe betont wird.

Bei fremden Suffixen, wie zum Beispiel -al, -eur, -euse, -enz, -ismus, -itisch, -tät, -ur usw. liegt der Akzent auf der Endsilbe. Beispiel: Nat – ión, Ras – úr, Blam – áge. (Bei zweisilbigen Endungen meist auf der ersten Silbe der Endung. Beispiel: Marx – ís – mus.)

Nun zum Tonfall von Sätzen. Jeder Satz hat einen ganz natürlichen Tonfall, der nicht nur sinngebend ist, sondern auch der Spannung dient. Man spricht daher vom Spannbogen eines Satzes oder Satzteiles. Sehen wir uns ein Beispiel an:

◡ / /◡ /◡ /
Der Mann hatte großes Glück.

Das ist ein Aussagesatz. Wir haben im Eingang eine Fallspitze (die Tonhöhe sinkt), im Inneren eine Steigspitze (die Tonhöhe steigt) und im Ausgang einen Tonabfall zur Lösung der Spannung, also eine Entladung. Vor der Tonspitze liegen eine kleine und eine große Zäsur (Einschnitt), ein Verhalten des Tons, um die Spannung einzuleiten.

Bei einer Frage ergibt sich folgendes Diagramm:

/◡ ◡ / /◡ /
Hatte der Mann großes Glück?

Die Schwereabstufung ist nun nicht gleich. Man kann unterscheiden:

1. Die Überschwere: Man findet sie in stark betonter Steigpsitze oder im Schlußfall.
2. Die Vollschwere: Sie ergibt sich bei mäßiger Tonerhöhung oder Lautstärke beim Sprechen.
3. Die Kaumschwere: Sie herrscht vor bei noch lautem Abschwung.
4. Die Leichte: Sie ist bei nicht mehr lautem Abschwung vorhanden.

In der Regel decken sich Schwere und Wortton, doch kann auch davon abgewichen werden. Beispiel: Er hat sich nicht vérlobt, sondern éntlobt.

Die Schwereabstufung kann sich aber auch im Satzdiagramm verschieben und so den Sinn der Aussage – wie beim Wortton – verändern. Bezeichnet man die Überschwere mit **v**, die Vollschwere mit v, die Kaumschwere mit " und die leichte Schwere mit ', so werden die Verschiebungen im Diagramm sichtbar.

" **v** ' v
Beispiel: Der Mann hatte ⋮ großes Glück.
Das ist eine einfache Aussage.

v ' " v
Dor ⋮ Mann hatte großes Glück.
Das heißt: Dieser und kein anderer Mann hatto großes Glück.

v ' " v
Der Mann ⋮ hatte großes Glück.
Das heißt: Der Mann und nicht eine Frau hatte es.

" **v** ' v
Der Mann hatte ⋮ großes Glück.
Das heißt: Er hatte in der Vergangenheit und nicht in der Gegenwart großes Glück.

''   '   v   v
Der Mann hatte großes ⁞ Glück.
Das heißt: Der Mann hatte großes und nicht etwa nur ein kleines Glück.

''   '   v   v
Der Mann hatte großes Glück ⁞.
Das heißt: Der Mann hatte Glück und nicht etwa Unglück.

Wir sehen auch, daß sich die Zäsur verschiebt, das heißt die Stelle, an der der Redner eine kleine Pause macht. Sie liegt stets nach der Überschwere, um die Satzspannung zu erhöhen. Die Schreibe ist nur eine Niederschrift der Rede, wie die Noten eine Niederschrift der Töne sind. Primär ist daher die Rede (oder das Sprechen, anders ausgedrückt), und nicht etwa die Schreibe. Es wird mit Recht immer wieder – und besonders dem Anfänger – empfohlen, laut zu sprechen, was geschrieben wird; denn erst dann wird sich zeigen, ob es **gut** geschrieben ist.

Nun sollte man annehmen, daß die Schreibe dem Rechnung trüge, etwa in der Interpunktion. Leider dient aber die Interpunktion nur der logischen Gliederung des Satzes und nicht dem Redesinn. Es ist daher zu verstehen, daß manche Schriftsteller die Interpunktion bewußt anders handhaben. In der Regel muß der Redner die Niederschrift erst nach dem Redesinn einrichten. Oft werden aber auch schon bei der Niederschrift (bzw. beim Druck) kleine Hilfsmittel verwandt, um den Redesinn festzulegen. Die Überschwere wird durch Unterstreichung, Fettdruck oder Sperrdruck hervorgehoben. Was dann aber immer noch fehlt, ist ein Zeichen für die Zäsur.

Die Überschwere soll etwas Neues, etwas Besonderes oder einen Gegensatz hervorheben.

Die Vollschwere hebt eine besondere Bestimmung und Ergänzung hervor, etwa ein Attribut oder eine Verneinung.

Die Kaumschwere betont etwas leichter, wenn es sich nicht um etwas Entscheidendes handelt.

Die Leichte schließlich ist mehr oder weniger tonlos. Sie ist eine Satzfüllung oder -verbindung, wie zum Beispiel Artikel, Relativpronomen, Präpositionen, Bindewörter usw.

Es ist nun nicht Aufgabe dieser Ausführungen, sich eingehend mit der Klanggestalt der Rede oder des Satzes zu beschäftigen. Uns kann nur interessieren, wie sie sich bei der gebundenen Sprache verhält. Der Versrhythmus unterscheidet sich von dem besprochenen Prosarhythmus dadurch, daß Hebungen und Senkungen in einer im Versschema festgelegten Reihenfolge wechseln. Es entsteht dadurch ein kontinuierliches Auf- und Abschwingen, eine Folge von Takten, wobei der Takt eine Einheit ist, die von Hebung zu Hebung verläuft, von Iktus zu Iktus, das ist die nachdrückliche Betonung der Hebung im Vers, also der Versakzent. Unbetonte Stellen vor der ersten Hebung nennt man Auftakt. Wir kommen noch auf die Verstakte zurück. Die kleinste Einheit ist – im herkömmlichen Sprachgebrauch – der Versfuß. Die nächst höhere Einheit ist der Vers. Verse verbinden sich zu Versgruppen. Die höhere Einheit nennt man Periode, deren höchste Ordnung die Strophe ist. Gibt es in einem Gedicht keine höhere metrische Einheit als der Vers, so nennt man es stichisch.

Wir kommen so zum metrischen Grundmaß, in dem sich Versfuß, Vers, Periode und Strophe vereinen. Der Vers wiederum zerfällt in Auftakt, Versinneres und Versschluß. Über Vers und Strophe wird im nächsten Abschnitt gesprochen werden.

Was in der gebundenen Sprache am stärksten auffällt, ist der Versfuß. Obgleich im Deutschen nicht quantitierend, das heißt nach Längen und Kürzen, sondern nach der Akzentuierung gewertet wird, werden die antiken Bezeichnungen beibehalten. Es wird also von Hebungen und Senkungen, betonten und unbetonten Silben ausgegangen.

Die Vielfalt der antiken Versfüße, die nur sehr konstruktiv auf deutsche Verse in früherer Zeit übernommen wurde, kennt man heute nicht mehr.

Wir haben es daher hauptsächlich nur mit Jamben, Trochäen und Daktylen zu tun.

1. Der Jambus

Er beginnt mit einer Senkung, der eine Hebung folgt. Schema: ◡ /.

Man unterscheidet:

a) den zweifüßigen oder zweihebigen Jambus. Schema: ◡ / ◡ /.
Beispiel: Das ist die Welt,
Sie steigt und fällt. (Goethe, Faust II)

b) den dreifüßigen oder dreihebigen Jambus. Schema: ◡ / ◡ / ◡ /.
Beispiel: Komm lieber Mai und mache. (Volkslied)

c) den vierfüßigen oder vierhebigen Jambus. Schema: ◡ / ◡ / ◡ / ◡ /.
Beispiel: Und alles, was dazu gehört,
Es sind gar wunderbare Sachen. (Goethe, Faust I)

d) den fünffüßigen oder fünfhebigen Jambus. Schema: ◡ / ◡ / ◡ / ◡ / ◡ /.
Beispiel: Hier hab ich einst | den Orpheus eingeschwärzt.

Ungereimt und ohne Zäsur ist der fünffüßige Jambus, der Blankvers, in England ausgebildet, das klassische Schauspielversmaß.
Beispiel: Durch diese hohle Gasse muß er kommen. (Schiller, Tell)

e) den sechsfüßigen oder sechshebigen Jambus (den Senar).
Schema: ◡ / ◡ / ◡ / ◡ / ◡ / ◡ /.
Beispiel: Du sollst zum ersten Gott, hernach die Eltern ehren. (Opitz)
Eine Abart ist der antike Trimeter. Er hat männlichen Ausgang und ist reimlos. Gelegentlich können auch zweisilbige Senkungen verwendet werden. In der klassischen Form hat er Zäsuren nach der zweiten und vierten Hebung.

Mehr als sechs Hebungen kommen, abgesehen von dem achtfüßigen Tetrameter in Lustspielen, in der Poesie kaum vor. Es sei aber noch erwähnt, daß eine weitere Abart des sechsfüßigen Jambus der Alexandriner ist, der eine Zäsur nach der dritten Hebung aufweist. Beispiel: Spring an, mein Wüstenroß | aus Alexandria (Freiligrath).

2. Der Trochäus

Er beginnt mit einer Hebung, der eine Senkung folgt. Schema: / ◡.

Zu unterscheiden sind:

a) der zweifüßige oder zweihebige Trochäus. Schema: / ◡ / ◡.
Beispiel: Schwebet wieder
Auf und nieder. (Goethe, Faust I)

b) der dreifüßige oder dreihebige Trochäus. Schema: / ◡ / ◡ / ◡.
Beispiel: Ehrt ihr alle Gnaden,
Fürchtet jeden Schaden. (Goethe, Faust II)

c) der vierfüßige oder vierhebige Trochäus. Schema: / ◡ / ◡ / ◡ / ◡.
Beispiel: Ich vergaß des Wächters Pflichten. (Goethe, Faust II)

d) der fünffüßige oder fünfhebige Trochäus. Schema: / ◡ / ◡ / ◡ / ◡ / ◡.
Beispiel: Mir Geduld und guten Mut erzechend. (Goethe, Seefahrt)

e) der sechsfüßige oder sechshebige Trochäus. Schema: / ◡ / ◡ / ◡ / ◡ / ◡ / ◡.
Beispiel: Lange Tag' und Nächte stand mein Schiff befrachtet. (Goethe, Seefahrt)

3. Der Anapäst

Auf zwei Senkungen folgt eine Hebung. Schema: ◡◡/.

Für einen vierfüßigen Anapäst als Beispiel:

Und es wallet und siedet und brauset und zischt. (Schiller, Der Taucher)

4. Der Daktylus

Er beginnt mit einer Hebung, der zwei Senkungen folgen. Schema: /◡◡. Es kommen zwei- und fünffüßige Daktylen vor, die aber meist von jambischen oder trochäischen Dipodien eingeschlossen sind. (Dipodien sind zwei Versfüße, die eine Einheit bilden.) Oder sie enden mit einem starken Ausklang, wie beispielsweise:

Heischend, gebietend uns wieder zurück. (Goethe, Faust II)

Bemerkenswert ist der sechsfüßige Daktylus, der Hexameter, und der 2½- oder 1½-füßige Daktylus, der Pentameter, bei dem die Senkung hinter der dritten und sechsten Hebung fehlt. Johann Heinrich Voß' Übersetzung der Odyssee mag veranschaulichen, daß solche Verse uns fremdartig anmuten.

Beispiel: Grauenvoll donnerte dort an dem schroffen Gestade, die hohe

Schema: /◡◡/◡◡/◡◡/◡◡/◡◡/◡

Nur der Vollständigkeit halber sei noch auf andere antike Versfüße hingewiesen, wie:

der Amphibrachys	Schema: ◡/◡
der Spondeus	Schema: //
der Pyrrhichius	Schema: ◡◡
der Creticus	Schema: /◡/
der Jonicus a maiore	Schema: //◡◡
der Jonicus a minore	Schema: ◡◡//
der Choriambus	Schema: /◡◡/

Wie wir schon gesehen haben, werden in der gebundenen Rede dem Rhythmus einzelner Wörter oder Wortgruppen Takte «überlagert». Stellen wir uns die aneinandergereihten Takte als Transversalwelle vor, so entspricht jedem Wellenberg eine Hebung, jedem Wellental eine Senkung (oder auch als Longitudinalwellen – wie beim Schall – dann entspricht jede Verdünnung einer Senkung, jede Verdichtung einer Hebung), so müssen wir uns überlegen, auf welche Weise die «Überlagerung» erfolgt. Man könnte annehmen, daß eine Wortgruppe oder Atemgruppe mit dem Takt zusammenfallen müßte. So etwas kommt häufig vor. Man nennt es den

metrischen Rhythmus. Bei ihm entspricht der Takt genau dem Wortrhythmus. Atempausen (Kola) liegen genau am Ende eines jeden Taktes. Ist das aber der Fall, dann wird die Gleichmäßigkeit unerträglich; sie wird zur Starre, und die Gefahr des «Leierns» beim Vortrag ist groß. Die Spannung schwächt ganz erheblich ab. Kola und Metrum müssen selbständig bleiben und auch der Tonfall der Wörter sollte wechseln. Im Wechsel liegt die Kraft des Rhythmus. Man unterscheidet vier Rhythmustypen:

1. Der fließende Rhythmus. Dieser Typus ist dadurch gekennzeichnet, daß die Hebungen nicht so stark und die Pausen nicht zu weit sind. Gut ist es, wenn die Zeilen nicht zu lang sind. Dieser fließende Rhythmus ist schlechthin Melodie, also für Lieder besonders geeignet.

2. Der bauende Rhythmus. Der Rhythmus ist verhaltener; das Gewicht der einzelnen Wörter ist stärker. Fast immer liegt die Zäsur an gleicher Stelle, während die übrigen Kola sich auf die verschiedenen Formen, von denen keine ein Übergewicht hat, verteilen. Dadurch wird die Eintönigkeit vermieden.

3. Der gestaute Rhythmus. Ein Gleichfluß ist vermieden und selbst eine Wandlung der metrischen Form wird hingenommen. Die Kola verschieben sich in den Verszeilen.

Die Hebungen sind stark, die Senkungen stark fallend. Das Gefüge ist herb und spröde, aber doch von starker Wirkung.

4. Der strömende Rhythmus. Ähnlich dem fließenden Rhythmus, aber im Fluß stärker. Die Hebungen sind stark, die Kola weit, die meistens drei Hebungen umfassen. Die Zäsur nach der dritten Hebung in Daktylen, die sich zu einem Hexameter gruppieren. Da statt zweisilbiger Senkungen einsilbige verwendet werden und die dreihebigen Kola auf verschiedene Formen verteilt wird, wird Monotonie vermieden.

Zum Schluß müssen wir noch einmal auf den Versbau zurückkommen. Wir haben schon davon gesprochen, daß wir es mit fortschreitend immer höheren Einheiten zu tun haben: Versfuß (Takt) - bestehend aus Hebungen und Senkungen - Verszeile - Strophe. Wir haben ferner gesehen, daß der Eingang einer Verszeile betont oder unbetont sein kann, daß sie einen Auftakt (Anakrusis) haben kann, daß der Ausgang (Kadenz) betont (männlich) oder unbetont (weiblich) sein kann. Wir haben auch gehört, daß ein Satz eine Einheit ist.
Auch wurde bereits davon gesprochen, daß es nicht gut ist, wenn zwei gleichrangige Einheiten, wie Satz und Verszeile, sich decken. Es besteht die Gefahr der Monotonie, weil es an Gefälle fehlt. Diese Überlegungen führen zu der Frage, ob es Möglichkeiten gibt, diese Gefahr zu beseitigen? Ja, es gibt sie. Wir bedienen uns der

Kunstgriffe

Einen dieser Kunstgriffe haben wir schon kennengelernt: den Zeilensprung (Enjambement), das heißt der Satz schließt nicht mit der Verszeile, sondern wird auf die nächstfolgende Zeile weitergeführt. Was gemeint ist, mögen zwei Beispiele zeigen:

Beispiel 1 (Satz und Verszeile decken sich):

Wie fingst du den heutigen Donnerstag an?
Was hast du, Gugummer, am Morgen getan?
(Josef Guggenmos, Tageslauf)

Beispiel 2 (der Satz wird in der nächsten Zeile weitergeführt):

Um den Kopf weht eine Brise
von besonnter Luft und Wiese.
(Erich Kästner, Im Auto über Land)

Beim Vortrag merkt man unmittelbar den großen Unterschied im Gefälle.

Ein anderes Mittel ist die Behandlung der Versfüllung. Sie kann regelmäßig sein, das heißt das Schema des Versfußes ist in der Versfüllung peinlich genau eingehalten, etwa ein vierfüßiger Jambus, der ganz streng durchgeführt ist. Ein Wechsel im Eingang, zum Beispiel vom Jambus auf den Trochäus, das heißt auf den Verzicht eines Auftaktes, oder der Wechsel von Daktylus zum Anapäst kann den störenden Gleichfluß mildern. Das gilt auch für den Ausgang beim Wechsel von betonter und unbetonter Silbe. Die Versfüllung kann aber auch unregelmäßig sein. Dann folgen zwei Hebungen aufeinander. Das ist zum Beispiel der Fall bei dem stets vierhebigen Knittelvers. Wir finden ihn bei Hans Sachs (der aber im Gegensatz zu späteren Dichtungen noch die Silben zählte), ferner bei Schiller, Goethe, Gerhart Hauptmann u.a.m.)

Auch der freie Rhythmus löst sich vom starren Schema. Die Zahl der Hebungen ist bei ihm nicht festgelegt.

Beispiel:

Im flachen Bette
Schleicht er das Wiesental hin.
Und in dem glatten See
Weiden ihr Antlitz
Alle Gestirne. (Goethe)

Umgekehrt besteht auch die Freiheit, die Zahl der Senkungen zu variieren. So kann zum Beispiel anstelle eines Trochäus oder auch eines Spondeus ein Daktylus stehen

Beispiel: Stille Nacht, heilige Nacht.
Hirten erst kund gemacht.

oder anstelle eines Daktylus steht ein Trochäus, wie es im Hexameter üblich ist.

Beispiel: Saget Steine mir an! O sprecht ihr hohen Paläste!
Straßen, redet ein Wort! Genius, regst du dich nicht? (Goethe)

(Fehlt die Senkung hinter der dritten und sechsten Hebung, so wird aus dem Hexameter ein Pentameter.)

Es sei hier an das Distichon (Versmaß, das aus Hexameter und Pentameter besteht) von Schiller erinnert:

Im Hexameter steigt des Springquells flüssige Säule;
Im Pentameter drauf fällt sie melodisch herab.

Oder anstelle des Jambus tritt der Anapäst. Der Vers kann auch katalektisch sein, das heißt, der letzte Versfuß ist nicht vollständig. Enthält er aber eine Hebung, so wird er mitgezählt.

Ein weiteres Mittel, Abwechslung zu erzielen, ist, die Länge der Verszeilen zu ändern.

Beispiel: Der Neubau drüben mit der braunen Front (5 Hebungen)
wird von dem Regen täglich blässer. (4 Hebungen)
Nun ist er blond. (3 Hebungen)
(Erich Kästner)

Die Neuerer

Lassen wir den umstrittenen Begriff «Versfuß» und die antiken Bezeichnungen Jambus, Trochäus usw. einmal fort und sprechen wir von Steigung und Gefälle, so kann man zu folgender Einteilung kommen:

◡ /	zweistufige Steigung (Jambus)	/ ◡	zweistufiges Gefälle (Trochäus)
◡◡ /	dreistufige Steigung (Anapäst)	/ ◡◡	dreistufiges Gefälle (Daktylus)
/ /	zweistufige Ebene (Spondeus)		

Nun sprachen wir schon von der Wellenbewegung ~~~. Das bedeutet, daß Steigungen und Gefälle wieder zum Ausgangspunkt zurückkehren müssen, sich nicht übereinander aufbauen, sondern nebeneinander. Beispiel einer dreigliedrigen, zweistufigen Steigung (dreihebiger Jambus):

Nicht so:

Sondern so:

Es ist nun einleuchtend, daß die Rückkehr kurz oder lang sein kann, das heißt entweder – wie oben aufgezeichnet – kurz; ist sie lang, so ergibt sich folgendes Diagramm:

regelmäßig

oder

unregelmäßig

Fallen Ton- und Versakzent zusammen, so ist die Steigung hoch, andernfalls niedrig.

hoch

niedrig

Dabei kann es vorkommen, daß wenn eine vorhergehende oder nachfolgende Hebung einen schwächeren Iktus hat, die Steigung nicht mehr vom Ausgangspunkt ausgeht oder das Gefälle nicht sofort wieder zu ihm zurückkehrt, sondern stufenförmig.

Vorhergehende schwache Hebung

Nachfolgende schwache Hebung

Bei einer solchen Darstellung sind Wort- oder Satzpausen, die doch den Rhythmus zweifellos beeinflussen, berücksichtigt. Es ist daher verständlich, daß die Metrik nach einem Ausweg suchte, und so verwarf man den alten Aufbau (Andreas Heusler, Otto Paul) und lehnte sich an die Musik an.

Die Grundlage der alten deutschen Metrik beruhte auf der Feststellung: Nicht die Tondauer, das heißt die Länge oder Kürze einer Silbe (wie in der Antike) ist in der deutschen Metrik entscheidend, sondern der Wechsel der Tonstärke.

Die Neuerer sagen aber mit Recht: Der Versrhythmus beruht auf den Verhältnissen, in denen **Stärke** und **Dauer** des Tons zueinander stehen. Nach ihnen besteht der metrische Rahmen (Grundmaß) aus: Mora, Takt, Vers, Periode und Strophe.

Mora ist die kleinste Zeiteinheit im Verstakt, der Dauer einer kurzen Silbe entsprechend. Es ist das Viertel, das zugrunde gelegt wird und im Schema mit x bezeichnet wird.

Takt ist das Element, das von Hebung zu Hebung geht, und mit der Hebung (dem guten Taktteil) beginnt. Ein Takt wird im Schema durch einen senkrechten Strich dargestellt, also etwa: |x x|. Diese Striche sind nicht etwa Atempausen. Auftakt ist alles, was vor dem ersten Takt steht (vor der ersten Hebung).

Taktgeschlechter, das sind zusammenhängende Elemente. Sie werden im Schema mit nachstehenden Zeichen dargestellt:

4/4	└─┘	1/8	◡
3/4	└──	3/8	x.
1/2	___	1/16	⌒

So kann man verschiedene Taktgeschlechter unterscheiden. Um nur einige aufzuzeigen:

Der zweiteilige Takt (2/4) bezeichnet mit | x́ x | (Kurztakt)
Der dreiteilige Takt (3/4) bezeichnet mit | x́ x x |
Der vierteilige Takt (4/4) bezeichnet mit | x́ x x x |

Folgen nun zwei Kurztakte aufeinander und hat der zweite einen schwächeren Iktus, so vereinigen sich beide Takte mit einer Nebenhebung zu einem Viervierteltakt (Dipodie).

Es können auch 1/2-Takte zusammentreten (Ländlertakt): –́ – –. Wenn aber die 1/2-Takte in je 1/4-Takte zerfallen, so verhält sich das erste Viertel zum zweiten wie Hebung und Senkung. Es ergibt sich dann eine dreiteilige Taktgruppe, die man Tripodie nennt.

Vers. Das ist die nächst höhere metrische Einheit. Im Schema bezeichnet man ihn mit einem senkrechten Doppelstrich: ||. Der Vers besteht aus einer Anzahl von Takten. Versende und Taktende können, brauchen aber nicht zusammenzufallen.

Periode, das ist die nächst höhere metrische Einheit. Es handelt sich um Versgruppen.

Strophe. Das ist die höchste metrische Einheit, eine Periode höchster Ordnung. Fehlt diese Einheit in Gedichten, so nennt man sie stichisch.

Und nun kommt etwas Wichtiges. Die Mora kann auch gespalten sein, also etwa: x = ◡◡, dann hat der Takt mehr Silben. Eine Silbe wird gedehnt und füllt dann einen 1/2-Takt, 3/4- oder sogar 4/4-Takt aus. Taktteile, einschließlich von Hebungen, brauchen nicht gesprochen zu werden. Es handelt sich dann um Pausen, bezeichnet mit: ∧ (pausierte Mora) oder auch um längere Pausen, etwa: ∧∧.

Der Vers selbst gliedert sich in: Auftakt – Versinneres – Versverschluß (Kadenz). Das Versinnere beginnt mit einer Hebung (gute Taktteile). Kolongipfel sollte mit dem guten Taktteil zusammenfallen (Kolon ist Atemgruppe). Die Bestandteile des Kolon sind von dem Rhythmus des Verses unabhängig, wie auch die Länge der Kola keine Beziehung zur Taktlänge hat. Takt und Kolon überschneiden sich meistens. Die Kolongrenze heißt im Vers Schnitt oder Zäsur (im Schema: ⁞).

Gehen wir von dieser neueren Metrik aus, so wandeln sich auch die gewohnten Schemata.

Das Schema für den Jambus sieht dann so aus: x | x́ x | x́ x | x́ .....
für den Trochäus: | x́ x | x́ x | x́ x | x́ .....
für den Daktylus gibt es verschiedene Möglichkeiten:
im 3/4-Takt: | x́ x x | x́ x x | x́ .....
im 4/4-Takt: | –́ x̀ x | –́ x̀ x | –́ .....
(das Zeichen ` bedeutet: schwächere Nebenhebung)
im 2/4-Takt: | x́ – – | x́ – – | x́ .....

Der Vorteil der neuen Metrik liegt darin, daß die Taktzahl leichter zu ermitteln ist. Viele rhythmische Figuren lassen sich nur schwer nach der alten Methode aufzeichnen. Sie ergeben dann ein regelloses Bild. Anders ist es dagegen nach der neuen Methode unter Einbezug der Kola. Das einheitliche Grundmaß wird dann deutlich erkennbar. Zur Veranschaulichung eine Strophe aus Goethes «Ganymed»:

<table>
<tr><th></th><th>Altes Schema</th><th>Neues Schema</th></tr>
<tr><td>Du kühlst den brennenden</td><td>◡ / ◡ / ◡ ◡</td><td>x | –́ ∧ x | x́ x x̀ ∧ |</td></tr>
<tr><td>Durst meines Busens</td><td>/ ◡ ◡ / ◡</td><td>| –́ x̀ x | –́ x ∧ |</td></tr>
<tr><td>Lieblicher Morgenwind.</td><td>/ ◡ ◡ / ◡ /</td><td>| –́ x̀ x | x́ x x̀ ∧ |</td></tr>
<tr><td>Ruft drein die Nachtigall</td><td>/ ◡ ◡ / ◡ /</td><td>| –́ x̀ x | x́ x x̀ ∧ |</td></tr>
<tr><td>Liebend nach mir aus dem Nebeltal.</td><td>/ ◡ ◡ / ◡ ◡ / ◡ /</td><td>| x́ ◡ ◡ x̀ ◡ ◡ | x́ x x̀ |</td></tr>
</table>

Besonders bemerkenswert ist auch, daß der Vortragende aus dieser Methode der taktmäßigen Gliederung Gewinn zieht. Der Formwille des Dichters wird offenkundig, und das ist für die Interpretation von Versen von unschätzbarem Wert.

Es würde in diesem kurzen Abriß über die deutsche Metrik zu weit führen, sich eingehender mit dieser neuen Methode zu befassen, aber sie verdient volle Beachtung, und es kann nur nachdrücklich auf die Arbeit Otto Pauls (siehe Quellenverzeichnis) hingewiesen werden.

III. Strophen und Gedichtformen

Wenden wir uns nun der nächst höheren Einheit, der Strophe, zu. Betrachten wir zuerst die Reimstellung. Man unterscheidet:

1. Paarreime. Schema: aa bb cc dd, das heißt gepaart sind die Endreime zweier aufeinanderfolgender Verszeilen.

Beispiel: Laß dir erst deine Zähne **brechen,**
dann wollen wir uns weiter **sprechen!** (Wilh. Busch, Bewaffneter Friede)

2. Kreuzreime. Schema: ab ab cd cd, das heißt es reimen sich Zeile 1 und 3, 2 und 4 usw.

Beispiel: Es war ein König in **Thule,** (a)
War treu bis an das **Grab,** (b)
Dem sterbend seine **Buhle** (a)
Einen goldnen Becher **gab.** (b) (Goethe, Faust I)

3. Umrahmende Reime. Schema: abba cddc, das heißt die erste und vierte Zeile und die zweite und dritte Zeile reimen sich usw.

Beispiel: Und dann gingst du mit, mein **Kind.** – (a)
Und dann wie ein Blatt, **trug** (b)
Weit fort in taumelndem **Flug** (b)
Dich ein frischer **Wind.** (a) (Karl Peltzer, Verweht)

4. Schweifreime. Schema: aa b cc b, das heißt, die erste und zweite Zeile reimen sich, die dritte mit der sechsten Zeile und schließen die sich reimenden vierte und fünfte Verszeile ein.

Beispiel: Gott, inbrünstig möcht ich **beten,** (a)
doch der Erde Bilder **treten,** (a)
immer zwischen dich und **mich,** (b)
und die Seele muß mit **Grauen** (c)
wie in einen Abgrund **schauen,** (c)
strenger Gott, ich fürchte **dich!** (b)

Daneben gibt es aber auch Gedichtformen, die die Reime nach anderen, ihnen eigenen Gesetzen paaren, wie zum Beispiel Sonett, Stanze, Ghasel u.a.m. Verszeilen können nun – brauchen aber nicht – zu einer höheren Einheit zusammengefaßt werden, den Strophen. Doch der Ordnung in Strophen wird der Vorzug gegeben. Von etwa 100 Gedichten sind nur rund ein Achtel strophenlos. Aber auch bei strophenlosen Gedichten dürfen die reimenden Verszeilen nicht allzu weit voneinander entfernt sein. Abgesehen von strophenlosen Gedichten sind Verszeilen nun zusammengefaßt in: 2-Zeiler, 3-Zeiler, 4-Zeiler, 5-Zeiler, 6-, 7- oder 8-Zeiler, in 4- + 3-Zeiler, in unregelmäßige Zeiler und schließlich in Mammut-Zeiler mit 10 und 12 Zeilen. Demnach sind zu unterscheiden:

a) die zweizeilige Strophe.

Beispiel: Ein finsterer Esel sprach einmal
zu seinem ehelichen Gemahl:

«Ich bin so dumm, du bist so dumm,
wir wollen sterben gehen, kumm!»

Doch wie es kommt so öfter eben:
Die beiden blieben fröhlich leben. (Christian Morgenstern)

Man erkennt deutlich, daß es sich eigentlich um einen auseinandergezogenen Sechszeiler handelt, mit der Reimfolge: aa bb cc.

b) die dreizeilige Strophe.

Beispiel: Ihr blassen Krüppel, sanft von Kindern vorgeschoben,
und ihr Geschwächten aus dem Hospital,
ihr Irren von den Straßen aufgehoben

und ihr Entlaufnen aus dem Arbeitssaal;
Töchter der Magdalena, Kains robuste Söhne,
Verwanderte von China her und vom Ural:

(Paul Zech, Die neue Bergpredigt)

c) die vierzeilige Strophe. Wir können auf ein Beispiel verzichten, denn die vierzeilige Strophe ist die meist gebrauchte Ordnungsform, meistens mit Kreuzreimen, aber auch mit Reimpaarversen oder mit umarmenden Reimen. Eine besondere Form ist die Volksliederstrophe aus vier Verszeilen und dem Reimschema: abab cdcd (Kreuzreime), wobei in der Regel betonte und unbetonte Ausgänge wechseln. Sie ist vielleicht die melodiöseste Strophenform, schon allein, weil sie jambisch aufgebaut ist.

d) die fünfzeilige Strophe.

Beispiel: Ach wie bald
Schwindet Schönheit und Gestalt!
Tust du stolz mit deinen Wangen,
Die wie Milch und Purpur prangen?
Ach! Die Rosen welken all! (Hauff, Morgenrot, 3. Strophe)

Die Verszeilen dürfen bei dieser Strophenform nicht zu lang sein. Die stärkste Wirkung erzielt man, wenn die letzte Zeile betont ausklingt. Das Reimschema ist wieder – wie bei dem Dreizeiler – sehr verschiedenartig, wie zum Beispiel aabbc oder aa bab oder abaab.

e) die sechszeilige Strophe.

Beispiel: Der Frösche Not im tiefen Moor
War heuer groß wie nie zuvor:
Im Schilfe lag der Schlangen Brut
Und dürstete nach ihrem Blut,
Und kläglich quakten sie vereint
Nach Hilfe gegen ihren Feind. (Alois Wohlmuth, Hilferuf)

Die klassische Form des Sechszeilers ist die **Sestime**, auf die wir noch zu sprechen kommen. Das Reimschema kann wieder variiert werden, doch wirkt ein Schema: aabbcc leicht leierhaft. Ein Wechsel von betonten und unbetonten Reimen ist vorteilhaft.Der Wechsel des Ausklanges und die Änderung des Reimschemas verbessern das ganze Klangbild. Ein gutes Beispiel für diese Strophenform ist das Frühlingslied von Uhland.

f) die siebenzeilige Strophe. Das Reimschema ist wieder sehr variabel. Der Wechsel von betonter und unbetonter Silbe im Ausgang ist gut. Als Beispiel diene Schillers Ballade: «Zu Dionys, dem Tyrannen, schlich ...»

g) die achtzeilige Strophe. Die klassische Form ist die **Stanze** mit dem Reimschema: abababcc, in der Regel mit fünfhebigen Jamben und weiblichem Ausgang. Doch ist auch hier der Wechsel im Ausgang angebracht.

Damit kommen wir aber schon zu den Gedichtformen, die nur kurz mit ihrem Reimschema zusammengestellt werden sollen.

1. Die Terzine. Sie ist die klassische Form des Dreizeilers mit nicht ausgebildeter Strophenform. Der Reim läuft in die nächste Strophe über. Reimschema: aba bcb cde ded ..... yzy z. Es kommen aber auch andere Schemata vor, wie etwa: aba cdc efe usw., das heißt jeweils die erste und dritte Zeile reimen sich, während die zweite Zeile reimlos ist. Andere Schemata sind: aab ccd eef usw., das heißt die erste und zweite Zeile reimen sich, während die dritte Zeile reimlos ist. Oft bleibt auch umgekehrt die erste Zeile reimlos, oder das Schema ist: aab ccb usw. oder abb acc usw.

2. Das Ritornell. Ebenfalls ein Dreizeiler, aber mit anderem Reimschema. Die mittlere Zeile bleibt ungereimt: aba cdc efe ghg usw.

3. Die Stanze. Ein Achtzeiler. Reimschema siehe oben unter achtzeilige Strophe.

4. Die Siziliane. Ähnlich der Stanze, doch ist das Reimpaar ab viermal vorhanden, also: ab ab ab ab.

5. Die Spencer Stanze. Eine englische Abwandlung der Stanze mit dem Reimschema ababbcbc.

6. Das Distichon. Ein Zweizeiler aus einem Hexa- und einem Pentameter. Der einzelne Zweizeiler eignet sich für die Spruchdichtung.

7. Die Elegie. Werden mehrere Distichen aneinander gereiht, so kommen wir zur antiken Elegie (Klagelied).

8. Die Ode. Ein reimloses Gedicht mit kunstvollem Strophenbau. Man unterscheidet nach dem Aufbau der Strophen:

a) Die alkäische Ode	b) Die asklepiadische Ode	c) Die sapphische Ode
◡/◡/◡/◡◡/◡/	/◡/◡◡//◡◡/◡/	/◡/◡/◡◡/◡/◡
◡/◡/◡/◡◡/◡/	/◡/◡◡//◡◡/◡/	/◡/◡/◡◡/◡/◡
◡/◡/◡/◡/◡/	/◡/◡◡/◡	/◡/◡/◡◡/◡/◡
/◡◡/◡◡/◡/◡	/◡/◡◡/◡	/◡◡/◡

9. Das Triolett. Ein Achtzeiler, der aus Frankreich kommt. In der Regel vier Jamben in der Verszeile, mit dem Reimschema: a b a a a b a b, wobei die unterstrichenen Zeilen im Wortlaut fast jeweils gleich sind (identisch). Es gibt nur zwei Reime.

10. Das Rondeau (Rondo). Ein aus Frankreich kommendes barockes Ringgedicht. Es hat auch nur zwei Reime in 15 Zeilen, wobei sich die Eingangsworte nach jeder «Runde» wiederholen und zwar nach der achten Zeile und in der Schlußzeile. Die Zeilen dürfen nicht lang sein (etwa vier Jamben) und die Reime einmal männlich, einmal weiblich. Reimschema: a b a b a b a b + a a b a b +. (+ bedeutet die Wiederholung der Eingangsworte.)

11. Das Madrigal. Aus dem Italienischen. Ursprünglich ein Hirtenlied mit weltlichem Inhalt. Gruppen von drei bis zwanzig Versen. Das Reimschema ist nicht einheitlich, zum Beispiel a b a b c c d e d e oder a a a b b c e f f f g g e e a h a h. Wir finden diese Form bei Gellert, Wieland, Eichendorff und Goethe (Faust)

12. Das Ghasel (Gasel). Soviel wie «Gespinst». Aus dem Arabischen. Länge 20 bis 30 Zeilen. Jede gerade Verszeile hat das gleiche Reimwort, während die ungeraden Zeilen sich nicht reimen, mit Ausnahme der ersten Zeile, die auf die zweite Zeile reimt. Es ergibt sich daher folgendes Reimschema: a a b a c a d a ..... z a. Die einzelnen Zeilen können lang oder kurz sein, jambisch oder trochäisch. Wir finden diese Form bei Rückert, Schlegel, Platen u.a.m. Sie hat sich aber nicht gut eingeführt, weil es doch schwer ist, so viele gleiche Reime zu finden.

13. Der Kehrreim. Er ist keine selbständige Gedichtsform, sondern eine Strophenform. Es handelt sich um ein- oder mehrzeilige Verse am Ende jeder Strophe von ganz gleichem Inhalt und Versaufbau, wie sie meistens in Volksliedern (oder auch in Schlagern) verwendet werden.

Alle diese Formen (es gibt noch mehr, auf die hier aber nicht eingegangen werden kann) sind im engeren Sinne Strophenformen. Sie können sich nun auch zu Gedichtsformen im engeren Sinne zusammenschließen. Die Strophenzahl ist meistens nicht vorgeschrieben. In der Regel findet man Drei- oder Vierstrophigkeit.

14. Die Sestine. Aus dem Französischen. Es sind sechs sechszeilige Verse mit meistens fünf Jamben. Der Schluß bildet in der Regel eine dreizeilige Strophe. Charakteristisch ist, daß das Endwort einer Strophe in der Anfangszeile der nächsten Strophe sich wiederholt. Das Endwort des ersten Verses der ersten Strophe ist wieder gleich dem Endwort des zweiten Verses der zweiten Strophe usw. Diese Gleichheit des Reimwortes ist in unserem Schema durch ein = gekennzeichnet.

Reimschema: a b c d e f
=f =a =e =b =d =c
=c =f =d =a =b =c
=c =e =b =f =a =d
=d =c =a =c =f =b
=b =d =f =e =c =a
=b =d =f

In dieser Endstrophe wird in der Mitte jeweils eines der Reimwörter wiederholt, etwa in der ersten Zeile a in der zweiten Zeile c und in der dritten Zeile e.

15. Die Glosse. Sie kommt aus dem Spanischen und besteht aus vier Strophen und einem vierzeiligen Motto, das vorausgesetzt ist. Jede dieser vier Zeilen des Mottos wird nun in einer der Strophen glossiert, und dabei ist diese glossierte Zeile die letzte Zeile in einer Strophe. Die Strophen sind zehnzeilig und haben das Reimschema: a b a b a c d c c d. Das Schema kann aber auch abgewandelt werden. Übrigens braucht das Motto nicht selbst vom Dichter zu stammen, sondern kann von einem anderen übernommen werden. Die Glosse war vor allem in der Zeit der Romantiker beliebt.

16. Das Sonett. Es stammt aus dem Italienischen. Es hat in der deutschen Dichtung ein wechselvolles Dasein. Schnell eroberte es sich Geltung, um dann wieder unterzugehen, gewann dann aber wieder an Bedeutung und kann zu den schönsten Gedichtsformen gezählt werden. Es besteht aus vierzehn Verszeilen, nämlich zuerst zwei Vierzeiler, auf die zwei Dreizeiler folgen. Das Reimschema ist: abba cddc efe fef, doch kommen auch Variationen vor, wie zum Beispiel bei den Dreizeilern: eef gfg oder gfg efg.

Beispiel: Im Hinterhof klingt Tanzmusik.
Ein Leiermann dreht seinen Kasten.
Es ist, als ob die Töne fasten,
So dünn klingt es und fast antik.

Doch gehn die Fenster alle auf.
Ein Sechser fällt, die Köpfe nicken,
Es tanzt ein Kind in schmutz'gen Flicken,
Beglückt zur Orgel sieht's hinauf.

Sobald die Orgelpfeifen schweigen,
Das Kind in einem Abraum klaubt
Und bringt mit einem Kopfverneigen

Ein Blümchen, welk und auch verstaubt.
Der Leiermann, um Dank zu zeigen,
Sich seines Sechsers nun beraubt. (Lokapé, Die Drehorgel)

17. Die Kantate. Ebenfalls aus dem Italienischen, soviel wie Singspiel. Schon der Name besagt, daß sie eigentlich der Ergänzung durch die Musik bedarf. Sie ist eine lokkere Verbindung von Arie, Arioso, Rezitativ und Chorgesang (Arie = Sologesang, Arioso = ursprünglich Ruhepunkt im Sprechgesang, später selbständiger Gesangssatz, Rezitativ = in Tönen deklamierende Gesangsart, die vom Wort her bestimmt wird). Das Reimschema ist sehr verschieden. Es gibt keine feste Form. Hier ist nun der Übergang der Dichtung zur Instrumentalmusik gegeben, die nicht mehr in den Aufgabenbereich dieses kurzen Abrisses der Metrik gehört.

IV. Die poetische Sprache

In der gebundenen Sprache - soweit es sich um Poesie handelt, um die Kunst, Gefühle und Ereignisse in gehobener Sprache auszudrücken und wiederzugeben – kommen viele Redefiguren und Tropen (Wendungen) vor, jene der kraftvollen Lebendigkeit wegen, diese um die Bildhaftigkeit zu erhöhen. Bei den Figuren sind zu unterscheiden: grammatische und Sinnfiguren.

A. Grammatische Figuren

1. **Das Asyndeton** ist das Fehlen von Bindewörtern zwischen Satzteilen, zum Beispiel: Ich laufe, springe, haste (statt ich laufe, springe und haste).

2. **Das Polysyndeton** ist eine Häufung von Bindewörtern. Beispiel: Und alles wallet und siedet und brauset und zischt (statt: und alles wallet, siedet, brauset und zischt).

3. **Die Anapher,** die Wiederholung. Die gleichen Wörter werden wiederholt. Beispiel: O komm, o komm mein Mütterlein.

4. **Die Ellipse,** die Auslassung. Ausgelassen wird ein leicht zu ergänzender Satzteil, zum Beispiel: Schütze, das Gewehr zur Hand (statt: Schütze, nimm das Gewehr zur Hand).

5. **Die Aposiopese,** das Verstummen. Hier wird die Hauptsache zu ergänzen sein, zum Beispiel: Ich will Dich lehren, will Dich zwingen – (statt: ich will Dich lehren, will Dich zwingen zu gehorchen).

6. **Die Analoluthie,** der Satzbruch. Das ist ein Satzbau, bei dem das Ende grammatisch nicht dem Anfang entspricht. Beispiel: Und er schlug die Trommel, heftig und stark, aber die Trommel schweigt.

7. **Die Inversion,** die Umstellung. Es geht um die Umkehrung der regelmäßigen Satzfolge (Satzgegenstand – Satzaussage). Beispiel: Mir hat er nichts gegeben (statt: Er hat mir nichts gegeben).

B. Sinnfiguren

1. **Epitheton ornans,** das schmückende Beiwort. Ein Attribut, das dem Hauptwort beigefügt wird, um es bildhafter zu machen. Beispiel: Ich gehe den **steinigen** Pfad.

2. **Die Apposition,** die Beifügung. Meist im gleichen Fall wie das Bezugswort. Beispiel: Ich gehe den Pfad, **den steinigen.**

3. **Die Onomatopöie,** die Klangmalerei. In der Regel um Naturlaute nachzubilden. Beispiel: Es klatschte und prasselte der Regen.

4. **Die Antithese,** der Gegensatz. Zusammenstellung entgegengesetzter Begriffe. Diese Sinnfigur bezweckt eine Verdichtung des Gedankens. Meist wird auch durch die Gegenüberstellung eine Überraschung erzielt. Beispiel: Das Wesen der französischen Literatur ist Fasson, das Wesen der englischen ist Kaliber.

5. **Das Oxymoron,** die Zusammenstellung. Hier werden zwei sich ausschließende Begriffe zusammengestellt, so daß etwas Scharfsinniges und zugleich Törichtes gesagt wird. Beispiel: Eile mit Weile; beredtes Schweigen.

6. **Das Paradoxon,** das Widersinnige. Hier wird etwas scheinbar zugleich wahr und unwahr (unrichtig) dargestellt. Es dient in der Regel der Überspitzung, um die Aufmerksamkeit des Lesers zu erregen. Beispiel: Der Mann ist klug, aber seine Klugheit ist eine Dummheit.

7. **Die Aprosdokese,** das Auffällige. Bei ihr werden Wörter oder Redewendungen verwendet, die unerwartet kommen. Beispiel: Es war Frühling und ich ging durch einen Wald von Schlotten.

8. **Die Paraphrase,** die Umschreibung. Ein Gedanke wird mit mehr und anderen Worten umschrieben.

9. **Die Apostrophe,** die Wegwendung. Bei ihr wendet sich der Autor von der Sache ab und spricht statt von ihr zu einer gedachten Person, die anwesend ist. Beispiel: Wie groß bist du, o wie groß, du Sternenwelt!

10. Die Klimax, die Steigerung. Beispiel: Verdienstvoll ist es, für die Freiheit zu sterben, verdienstvoller, für sie zu streiten.

11. Der Pleonasmus, die überflüssige Häufung sinngleicher Wörter. Beispiel: Ich bin erschüttert, bewegt, gerührt.

12. Die Tautologie, das ist die Wiedergabe der gleichen Sache in einer Wortgruppe durch zwei sinnverwandte Wörter. Beispiel: Der weiße Schimmel; einzig und allein.

13. Der rhetorische Fragesatz. Es handelt sich gar nicht um eine Frage, sondern um eine Aussage. Beispiel: Wer reitet so spät durch Nacht und Wind.

14. Der Ausruf. Beispiel: Oh, geliebte Freundin; ratsch, das Tuch riß.

C. Die Tropen, die Redewendungen

Mit den rhetorischen Fragesätzen ist schon der gleitende Übergang zu den Tropen geschaffen. Im engeren Sinne wird der eigentliche Ausdruck durch einen bildlicheren ersetzt.

1. Der Metapher, die Verbildlichung. Ein Vergleich, der meist vom Konkreten zum Abstrakten führt, um bildhafter zu werden. Beispiel: Das Haupt der Familie; süßer Wohllaut; ein Blumenteppich.

2. Der Vergleich. Zum Unterschiede vom Metapher werden bei ihm der verglichene Gegenstand und das Bild nebeneinander gestellt. Beispiel: Der Wald, so dunkel und trächtig, wie sternenlose Nacht.

3. Die Personifikation. Eine Abart des Metaphers. Lebloses wird zu einer Person gemacht. Beispiel: Der Tau weinte auf den Steinen.

4. Die Allegorie, das Sinnbild, das Gleichnis. Wenn der Metapher ganz durchgeführt wird, entsteht eine Allegorie.

5. Die Metonyme, die Umnennung. Bei ihr liegt nicht ein Vergleich vor, sondern ein Begriff wird durch sein besonderes Merkmal umschrieben. Beispiel: Ganz Deutschland lag in tiefem Schmerz; laß das Eisen in der Scheide.

6. Die Synekdoche, das Mitverstehen. Verwandt mit der Metonyme. Bei ihr wird ein Teil für das Ganze, die Einzahl für die Mehrzahl usw. gesetzt. Beispiel: Hier findest Du ein gastlich Dach.

7. Die Hyperbel, die Übertreibung. Dinge oder Geschehnisse werden, um bildhaft zu werden, vergrößert. Beispiel: Bis zum Himmel spritzte das Blut.

8. Die Ironie, die Verstellung. In spöttischer Art wird das Gegenteil von dem gesagt, was wirklich gemeint ist. Beispiel: Ich habe ihn recht liebevoll die Rute kosten lassen.

9. Der Sarkasmus, der beißende Spott. Wird die Ironie zum beißenden Spott und Hohn gesteigert, so wird sie zum Sarkasmus. Beispiel: Und ehrenwert ist dieser Mann, so ehrenwert, daß er die Nation betrügt.

V. Arten der Poesie

Zum Schluß noch eine kurze Übersicht über die Arten der Poesie in Versen, also unter Ausschluß der Prosa (Roman, Novelle usw.). Man unterscheidet drei Hauptgattungen: 1. Epische Poesie, 2. lyrische Poesie und 3. dramatische Poesie.

1. Epische Poesie

In ihr wird sachlich eine Begebenheit als vergangen erzählt. Das Epos ist also eine Erzählung, und man unterscheidet der Herkunft nach Volks- und Kunstepos.

Dem Inhalt nach wird unterschieden in:

a) das Heldengedicht (heroisches Epos), das überlieferte und volkstümliche, sagenhafte Begebenheiten eines Volkes aufzählt. Beispiel: Nibelungen.

b) das höfische Epos (romantisches Epos), wie es sich uns beispielsweise im Parzival präsentiert.

c) Das historische Epos, dessen Inhalt sich mit einem geschichtlichen Ereignis befaßt. Beispiel: Tasso.

d) Das religiöse Epos. Beispiel: Klopstocks Messias.

e) Das idyllische Epos (bürgerliches Epos), wie etwa «Hermann und Dorothea» von Goethe.

f) Das Tierepos. Beispiel: Rheinecke Fuchs.

Die Epen sind immer sehr umfangreich. Daneben gibt es aber auch noch kürzere epische Formen:

g) Die Ballade. Ursprünglich in Italien «Tanzlied». Charakteristisch sind die starke Dramatik und Lebendigkeit, in der deutschen Dichtung in der Regel eine verhängnisvolle Verstrickung, düster und schwer im Geschehen.

h) Die Romanze. Ursprünglich im Spanischen jedes Lied. Sie ist der Ballade verwandt, unterscheidet sich aber von ihr durch eine gemilderte Dramatik. Sie ist leichter und beschwingter als die Ballade.

i) Die poetische Dichtung in Versen (oder auch in Prosa). Sie ist den Epen verwandt, aber von geringerem Umfang. Bei ihr unterscheidet man: aa) Das Idyll, undramatisch und anmutig. Beispiel: Der siebzigste Geburtstag. bb) Das Märchen in Versen (oder in Prosa). cc) Die Sage, mit historisch nicht verbürgten Vorgängen, in Versen (oder in Prosa). dd) Die Legende, mit den der christlichen Kirche entnommenen Sagen in Versen (oder Prosa). ee) Die Fabel, bei der Tiere, Pflanzen oder Naturkräfte als Personen handelnd auftreten, ein Lehrgedicht, das in einer allgemein-menschlichen Erfahrung ausklingt, in Versen (oder auch in Prosa). ff) Die Parabel, ein gleichnisartiges Lehrgedicht mit erzieherischem Kern, in Versen (oder Prosa).

2. Lyrische Poesie

Man unterscheidet Gefühls- und Gedankenlyrik, je nach dem Übergewicht von Empfindung oder Betrachtung.

Zur Gefühlslyrik sind zu rechnen:

a) Das Lied, schlicht und innig, rhythmisch streng gegliedert (wegen der Vertonung). Der Herkunft nach werden unterschieden: Volks- und Kunstlied; dem Inhalt nach: weltliche und geistliche Lieder.

b) Die Ode (Gesang). In begeisterter Sprache werden menschliche oder religiöse Ideale behandelt. Das Gedicht ist reimlos.

c) Die Hymne, verwandt mit der Ode, aber die Begeisterung ist noch stärker. Die Rhythmen sind meist frei, die Verszeilen reimen sich oder sind auch reimlos.

d) Die Dithyrambe, ebenfalls mit der Ode verwandt. Rhythmus und Sprache sind aber kühner.

Zur **Gedankenlyrik** sind zu zählen:

e) Die Elegie (Klagelied), wehmütig und klagend.

f) Die Satire, ein Spottgedicht, in welchem Fehler an Tatsachen aufgezeigt werden.

g) Das Pasquill. Geht der Spott in Schmähung über, so spricht man von Pasquill, also einer Schmähschrift.

h) Die Parodie, eine Verwandte der Satire, eine Form, die mit ungemäßen Texten verspottet und etwas lächerlich macht oder ins Komische verzerrt.

i) Die Epistel. Sie ist ebenfalls der Satire verwandt, doch tritt die Persönlichkeit des Richters stärker hervor.

k) Der Spruch (Sinnspruch oder Gnome). In ihm werden Lebenserfahrungen oder Erkenntnisse wiedergegeben.

l) Das Epigramm. Es handelt sich um ein kurzes Sinngedicht, spruchartig, geistvoll und meist mit überraschender Pointe. Es wird in der Regel als Distichon gebracht.

3. Dramatische Poesie

Die Charaktere der handelnden Personen sind die Quelle der Handlung, die aus innerer Notwendigkeit abläuft. Die Form der dramatischen Poesie ist der Dialog, mit gelegentlich eingestreuten Monologen (Selbstgesprächen), die dazu dienen, Stimmungen der handelnden Personen offenzulegen. Viele Dramatiker lehnen den Monolog als unnatürlich ab. In der zeitgenössischen Dramatik wird an ihrer Stelle ein «Sprecher», eine «Stimme», eingesetzt.

Eingeteilt wird das Drama in Aufzüge oder Akte, die wieder in Szenen oder Auftritte gegliedert sind. Seit der Jahrhundertwende wird vielfach in Bildern gegliedert, die mehr oder minder fest (oder locker) aneinandergereiht werden.

In der Zeit vor Lessing waren für den inneren Aufbau drei Gesetze zu beachten: Die Einheit des Ortes, die Einheit der Zeit und die Einheit der Handlung. Lessing wies nach, daß von diesen drei Einheiten nur eine unabdingbar ist: Die Einheit der Handlung, das heißt nur eine Person (der Held) darf im Mittelpunkt der Handlung stehen, und diese Handlung muß einzige Haupthandlung sein. Werden Nebenhandlungen (Episoden) eingeflochten, so müssen sie in diese Haupthandlung einmünden.

Die Hauptteile des Dramas sind:

a) Exposition, die Einleitung, die die Voraussetzungen aufzeigt, aus denen heraus die Handlung zu verstehen ist, bzw. aus denen heraus sie sich entwickelt. Zeit, Ort und Personen werden vorgeführt.

b) Das erregende Moment: Aus der Exposition drängt nun alles, gewissermaßen unerbittlich, zu einer Verwicklung.

c) Die aufsteigende Handlung. In mehreren Stufen drängt nun die Verwicklung zu einem Höhepunkt.

d) Der Höhepunkt. Das ist der Moment der höchsten Spannung, die wirkungsvollste und erregendste Szene für den Zuschauer. Die Gegensätze der handelnden Personen sind so stark, daß sie zu einer Lösung drängen.

e) Die Peripetie. Im Höhepunkt prallen die verschiedenen, bewirkenden Kräfte aufeinander. Noch ist nicht zu erkennen, welche Kräfte die Oberhand gewinnen. Aber in der Peripetie, dem Umschwung, bahnt sich bereits die Lösung an.

f) Die absteigende Handlung. Wie in der aufsteigenden Handlung alles in Stufen zum Höhepunkt zustrebt, so strebt nun alles in der fallenden Handlung stufenweise der Lösung zu.

g) Das retardierende Element. Am Schluß dieser Entwicklung steigt die Spannung noch einmal etwas an. Es hat den Anschein, als ob noch eine andere Lösung möglich wäre als die, die sich in der Peripetie angebahnt hat.

h) Die Lösung (Katastrophe). Dann aber ist die endgültige Wendung da.

Mitunter stellt der Dichter dem Drama noch einen Prolog voraus, eine Art Vorrede, um den Leser oder Zuschauer hinzustimmen.

Der Gattung nach unterscheidet man nachstehende Formen:

1. Die Tragödie. Der Ausgang ist tragisch. Der Held geht seiner Vernichtung entgegen (Schuld und Sühne).

2. Die Komödie. Heitere Begebenheiten werden aufgezeigt. Torheiten und Schwächen der handelnden Personen (Charakterkomödie) werden aufgedeckt. Das Vernünftige, die bessere Einsicht, siegt. Der Ausgang ist nicht tragisch, sondern heiter.

3. Das Lustspiel. Eine Abart der Komödie, leichter und meist auf komische Verwicklungen aufgebaut (Situationskomik)

4. Der Schwank (Posse). Der Vorwurf ist noch leichter als beim Lustspiel. Das ganze Spiel hat keinen anderen Zweck, als den Zuschauer zu belustigen.

5. Das Schauspiel. Es steht zwischen Tragödie und Komödie. Der Vorwurf ist ernst, aber im Gegensatz zur Tragödie «siegt der Held» über die feindlichen Gewalten.

6. Die Szenenfolge (Szenarium, das Spiel). Sie kann tragischen oder heiteren Ausgang haben. Der Unterschied zur Tragödie oder Komödie liegt darin, daß die starre Einteilung in Akte aufgegeben und an ihre Stelle eine Folge von Szenen oder Bildern gesetzt wird.

7. Das Libretto. Zum Schluß soll auch dieses noch erwähnt werden. Es ist der Text zu einem musikalischen Werk (Oper, Operette, Oratorium, Singspiel, Musical usw.).

Der Dramenstoff kann in Prosa oder in Versen abgefaßt sein. Wird er in Versen gebracht, dann hat sich der reimlose, fünfhebige Jambus, der sogenannte Blankvers, durchgesetzt.

Quellenverzeichnis

Blümel, Rudolf: Der neuhochdeutsche Rhythmus, Heidelberg.
Güntert, Hermann: Grundfragen der Sprachwissenschaft, Leipzig.
Heusler, Andreas: Deutsche Versgeschichte, Berlin und Leipzig.
Kayser, Wolfgang: Kleine deutsche Versschule, Lehnen-Verlag, München.
Paul, Otto: Deutsche Metrik, Max Hueber Verlag, München.
Petsch, Robert: Die lyrische Dichtkunst, Halle an der Saale.
Peltzer, Karl: Das treffende Zitat, Ott Verlag, Thun und München.
Ried, Otto: Wesen und Werden der deutschen Dichtung, Lurz Verlag, München.
Schurig, Walther: Das Prinzip der Abstufung im deutschen Vers, Halle.
Steputat, Willy: Reimlexikon, Phil. Reclam jun., Stuttgart.
Streißler, Friedrich: Deutsche Verslehre, Leipzig.